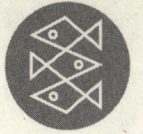

November 1942. In einem Wiener Obdachlosenheim wartet der fünfzehnjährige Israel Sumer Korman auf die Abfahrt des Zuges, der sein
Leben retten wird. Es ist ein Sonderzug, mit dem 137 Menschen zunächst
nach Istanbul fahren, um dann über Syrien weiter nach Palästina zu gelangen. Ohne es zu wissen, sind sie Teil eines Austauschs, der nach langen,
zähen Verhandlungen zwischen Nazi-Deutschland und Großbritannien
zustande gekommen ist. 301 in Palästina internierte Deutsche dürfen dafür ausreisen.

Klaus Hillenbrand hat mit dem heute in Australien lebenden Korman
gesprochen und seine Geschichte minutiös recherchiert. ›Der Ausge-
tauschte‹ ist das wahre Schicksal eines Zeitzeugen und eine Geschichte,
die in all ihren abenteuerlichen und beklemmenden Details ein unbekann-
tes Kapitel des Zweiten Weltkriegs nachzeichnet.

Klaus Hillenbrand wurde 1957 geboren. Er hat in Bonn und Berlin Politische Wissenschaft studiert. Nach seinem Diplom arbeitete er u.a. als freier
Journalist auf Zypern. Heute ist er leitender Redakteur (Chef vom Dienst)
bei der »taz« und Buchautor. Er ist verheiratet und lebt in Berlin.

Unsere Adresse im Internet: www.fischerverlage.de

Klaus Hillenbrand

DER AUSGETAUSCHTE

Die außergewöhnliche Rettung
des Israel Sumer Korman

Fischer Taschenbuch Verlag

Gewidmet dem Andenken an Hannah Korman
(1894 Radom – 1942 Treblinka)

Veröffentlicht im Fischer Taschenbuch Verlag,
einem Unternehmen der S. Fischer Verlag GmbH,
Frankfurt am Main, September 2011

© S. Fischer Verlag GmbH, Frankfurt am Main 2010
Karten: Peter Palm, Berlin
Druck und Bindung: GGP Media GmbH, Pößneck
Printed in Germany
ISBN 978-3-596-17845-2

Inhalt

Die Route der Austauschzüge im November 1942
(mit den damaligen Grenzen)

Kapitel I

November 1942, Wien Südbahnhof

Wien Südbahnhof, am Sonntag, dem 8. November 1942, abends. Eine scheinbar endlose Wagenschlange wird langsam und vorsichtig in die Station rangiert. Nur wenige Lampen beleuchten den düsteren Bahnsteig, den Bahnhof und den breiten Platz mit den glänzenden Straßenbahnschienen davor. Im »Reichsgau Groß-Wien« gilt aus Furcht vor alliierten Bombenangriffen strikte Verdunkelung. Die ganze Stadt ist zu Beginn des vierten Kriegswinters finster fast wie im Mittelalter. Die Wiener sind angewiesen, kein Licht aus ihren Wohnungen dringen zu lassen. Autos fahren mit verdeckten Scheinwerfern durch die dunklen Straßen.

Angesichts des Krieges hat die Deutsche Reichsbahn den Zugverkehr stark eingeschränkt. Die meisten internationalen Fernzüge sind längst aus dem Fahrplan gestrichen – den Deutschen wird nahegelegt, Reisen auf die Zeit nach dem gewiss bevorstehenden Endsieg zu verschieben. Statt ihrer rollen Schnellzüge für Fronturlauber durch das Reich und die besetzten Gebiete, bringen Soldaten in die Heimat und wieder hinaus, um noch mehr Land zu erobern, noch mehr Feinde umzubringen und die Macht Adolf Hitlers zu mehren. »Räder müssen rollen für den Sieg«, lautet die Parole. Doch in den letzten Monaten sind andere Eisenbahnzüge dazugekommen. Diese tragen ein rotes Kreuz und transportieren Verwundete.

Vorortzüge klappern aus der Station Wien Süd in den Nieselregen hinaus, als der letzte Waggon des noch leeren Sonderzugs mit quietschenden Bremsen vor dem Prellbock stoppt. Die dreizehn Wagen reichen weit über die Halle hinaus fast bis ans Ende des abgesperrten Bahnsteigs. Dabei sind Sitzwagen erster und zweiter

Klasse, Schlafwagen, ein Liegewagen, gleich zwei rote Speisewagen – ein Anblick wie im tiefsten Frieden. Zischend erfolgt die Bremsprobe. Die Dampfheizung wird an die führende Lokomotive angeschlossen, deren Heizer mächtig Kohlen schippt, damit die Maschine genug Druck hat für den schweren Express. Am Bahnsteig tauchen grün uniformierte Polizeibeamte und Männer in Zivilkleidung auf. Drei Krankenschwestern gesellen sich dazu. Dann treffen die Reisenden ein.

Es ist eine seltsame Gruppe, die auf dem abgesperrten Bahnsteig diesen abgesperrten Zug besteigt. Frauen mit kleinen Kindern sind in der Überzahl, nur wenige, zumeist ältere Männer sind dabei. Viele von ihnen tragen abgerissene Kleidung und haben kaum Gepäck bei sich. Andere erscheinen mit großen Schrankkoffern. Auf dem Bahnsteig herrscht ein aufgeregtes Sprachengewirr, Englisch, Französisch, Holländisch, Deutsch und Jiddisch. Die Fahrgäste kommen aus halb Europa, manche stammen eigentlich aus Australien und Südafrika. Viele Briten sind unter ihnen – und Juden. Diese kommen aus Deutschland, Frankreich, Belgien, den Niederlanden und Polen.

Juden ist die Reise mit der Eisenbahn in Deutschland eigentlich grundsätzlich verboten. Juden dürfen in Deutschland kein Restaurant und kein Kino betreten, sie dürfen nicht telefonieren, keine Straßenbahn nehmen, kein Radio, keine Wertsachen und kein Edelmetall besitzen. Der Besuch von Theatern oder Konzertveranstaltungen und Museen ist ihnen untersagt, ebenso das Betreten von Parkanlagen, der Kauf von Lotterielosen und Schnittblumen. Kindern ist der Besuch von Schulen und Kindergärten verboten, Erwachsenen das Studium an einer Universität. Juden müssen für ein paar Pfennige schwere Zwangsarbeit in der Kriegsindustrie leisten. Juden müssen einen Davidstern deutlich sichtbar an ihrer Kleidung tragen.

Juden dürfen nicht mehr leben.

Seit dem Vorjahr werden sie in Deutschland und in den besetzten Ländern systematisch deportiert, erschossen und vergast. In alten Reisezugwagen werden sie von der Reichsbahn in den Osten transportiert. Mit Viehwaggons bringt die Ostbahn sie aus den polnischen Städten in die Vernichtungslager. In den besetzten baltischen Staaten und der Sowjetunion werden sie zu Hunderttausenden von SS-Männern und ihren Helfern erschossen.

Hundertsiebenunddreißig Personen zählt die Reisegruppe in Wien Südbahnhof. Das sind nicht viele für dreizehn vierachsige stählerne Schnellzugwaggons. Für jeden ist reichlich Platz vorhanden. Höflich sind Polizisten und Bahnbeamte beim Einsteigen behilflich. Der Zug ist nur mäßig geheizt. Doch die Betten im Schlafwagen sind frisch bezogen, die beiden Speisewagen sind bestens verproviantiert. Die drei Krankenschwestern, die zwei Polizeibeamten und drei deutsche Zivilisten steigen ebenfalls ein.

Einer der Reisenden heißt Israel Sumer Korman. Der jüdische Junge reist allein. Er ist fünfzehn Jahre alt und hat braune Haare und blaue Augen. Zwei Wochen zuvor, zu Hause im polnischen Radom, haben sie ihm gesagt, er müsse keine Pistolen mehr montieren und nicht mehr auf der harten Werkbank in der Fabrik übernachten, denn er würde auf eine Reise gehen. Er hat sich noch vom Vater und den beiden Onkeln verabschiedet. Am darauffolgenden Morgen haben ihn die Deutschen mit dem Pferdewagen zu einem großen Büro gebracht, und von dort ging es zu Fuß weiter zum Bahnhof. Er durfte dabei auf dem Bürgersteig laufen, obwohl dies Juden schon seit Jahren streng verboten ist. Ihm wurde befohlen, den Judenstern abzunehmen, obwohl darauf doch schwere Strafe steht. Er bekam etwas zu essen, obwohl die Deutschen Juden sonst doch hungern lassen. Er wurde in einen Zug gesetzt, obwohl auch Bahnfahren nicht gestattet ist.

Sie haben ihn nach Wien gebracht, wo er noch nie zuvor gewesen war. In einem Obdachlosenheim durfte er – zum ersten Mal seit langem – in einem weiß bezogenen Bett schlafen. Es gab – auch das war schier unglaublich – Frühstück, Mittag- und Abendessen.

Tagsüber zog er mit anderen Jungen aus der Reisegruppe durch die Straßen von Wien und durfte wieder den Bürgersteig benutzen. Aber abends im Bett musste er vor dem Einschlafen an seine Mutter denken und weinen. Die Mutter war im vorigen August abgeholt worden, so wie fast alle Juden in Radom. Sie ist nicht mehr wiedergekommen.

Der Vater in Radom hat Israel Sumer gesagt, er solle mitfahren. Die Nazis haben den Jungen überprüft und ihm die Reise gestattet. In Wien hat er ein Papier bekommen mit einem Stempel, auf dem ein Kreuz prangt. Er ist fotografiert worden, das Bild hat man in einen Ausweis geklebt. Dann hat man ihm zehn britische Pfund in die Hand gedrückt. Als es heißt, nun gehe es aber endlich los, folgt er den Erwachsenen und ihren Kindern. Er steigt in den Zug. Sein einziges Gepäckstück ist ein kleiner Rucksack, den er auf dem Rücken trägt. Einige Erwachsene streiten sich um die Schlafwagenplätze, die nicht für alle reichen. Israel Sumer findet einen freien Platz in einem Sitzabteil der zweiten Klasse. Er besitzt keine Fahrkarte. Keiner von den Reisenden hat ein Ticket.

Nicht nur der schmächtige Israel Sumer Korman, alle hundertsiebenunddreißig Reisenden haben die letzten Tage in dem Obdachlosenheim in der Gänsbachergasse 3 im III. Wiener Bezirk verbracht, dessen übliche Bewohner ausquartiert wurden. Für viele der Gruppe ist das schäbige Gebäude mit den großen Schlafsälen und dem Speisesaal, wo Eintopf aus großen Kesseln ausgeschenkt wird, wie ein Traum, der in Erfüllung geht. Sie dürfen Briefe nach Hause schreiben, die von einer Poststelle im Heim zensiert werden. Einige Nichtjuden hingegen rümpfen die Nase und bitten vergeblich darum, doch bitte in einem Hotel untergebracht zu werden. Die Menschen sind aus allen möglichen Regionen nach Wien beordert worden. Viele kommen aus Schloss Liebenau am Bodensee, wo sie in einem Lager für Zivilinternierte gefangen gehalten waren, oder aus einem anderen Lager in Schlesien. Einige reisen aus Paris, aus Belgien oder den Niederlanden an. Manche lebten eingepfercht in einem »Judenhaus«, wieder andere im Lager, einige zu Hause. Eine große Zahl kommt aus Polen, nur wenige aus Berlin oder anderen deutschen Großstädten. Gut siebzig von ihnen sind Juden. Die Kleidung, die sie am Leibe tragen, und das wenige Gepäck, das sie in den Netzen über ihren Sitzen im Zugabteil verstauen, ist alles, was sie noch besitzen. Die zehn britischen Pfund sind ihre gesamte Barschaft.

Bis zum 8. November 1942 haben die Nazis bereits mehrere Millionen Juden ermordet, und sie kommen ihrem Ziel der »Endlösung der Judenfrage in Europa« durch die physische Vernichtung immer näher. Doch der Luxusexpress ab Wien Südbahnhof hat keines der Vernichtungslager im besetzten Polen zum Ziel. Er fährt nach Palästina im Nahen Osten. In das Land Israel, in die Freiheit.

Israel Sumer Korman und die anderen Reisenden dürfen das Großdeutsche Reich verlassen. Sie sollen ausgetauscht werden gegen Deutsche, die seit Kriegsbeginn im britischen Mandatsgebiet Palästina festsitzen und von Heinrich Himmler, dem Reichsführer-SS, als »rassisch besonders wertvoll« eingestuft wurden. Diese Deutschen, Mitglieder der evangelisch-pietistischen Sekte der Templer, sollen mit dem Gegenzug aus Palästina in die Heimat gebracht werden. Die Vorbereitungen für den Austausch haben Jahre gedauert. Tausende Briefe sind zwischen Deutschland, der neutralen Schweiz und Großbritannien gewechselt worden. Zugelassen für den Austausch sind nur Juden mit enger Bindung an Palästina, etwa durch Staatsangehörigkeit oder dortigen Wohnsitz, sowie britische Untertanen. Deutschland muss ihrer Ausreise zustimmen, Großbritannien der Einreise. Namenslisten wurden erstellt, wieder verworfen, neu erstellt. Menschen wurden registriert, zugelassen, nicht zugelassen, gesucht, gefunden, nicht gefunden.

Die Nazis haben die meisten Juden mit enger Bindung an Palästina nicht mehr finden können. Denn sie hatten sie kurz zuvor selbst umgebracht.

Am 8. November 1942 pünktlich um 21.50 Uhr löst der Lokomotivführer die Bremsen in Wien Südbahnhof. Heißer Dampf tritt aus den Zylindern der Maschine aus. Der Zug ruckt an und verlässt langsam die Station. Über Nebenstrecken rollt er aus Wien und dem Deutschen Reich hinaus und fährt durch die Nacht in das verbündete Ungarn, Richtung Istanbul.

Erschöpft von den Ereignissen der vergangenen Tage, schläft Israel Sumer Korman in seinem Sitz in der zweiten Klasse ein. Er besitzt keine palästinensische Staatsangehörigkeit und ist noch nie in seinem Leben in dem Land Israel gewesen. Genaugenommen dürfte er bei dieser Fahrt gar nicht dabei sein und fährt doch mit – ins Ungewisse.

Kapitel II

Kindheit in Radom

Israel Sumer Korman ist zwölf Jahre alt, als die Deutschen am 1. September 1939 den östlichen Nachbarn Polen überfallen. Schon kurz nach Kriegsausbruch wird seine Heimatstadt Radom bombardiert. »Es war sehr früh am Morgen«, erinnert er sich: »Wir hatten noch nicht einmal Radio gehört. Das Erste, was wir bemerkten, waren die Bomben, die auf Radom fielen. Am Stadtrand gab es einen Militärflughafen. Sie haben dort alle Flugzeuge zerstört. Dann erinnere ich mich, dass ich von zu Hause zu meiner Großmutter ging, die in der Nähe eines Eisenbahnviadukts wohnte. Die Polen hatten dort Flakgeschütze aufgestellt. Die deutschen Flugzeuge flogen darüber, wurden beschossen und kamen dann zurück. Eine Bombe traf die Flakbatterie, und von den Soldaten blieb nicht viel übrig.«

Gegen die hochtechnisierte deutsche Wehrmacht hat die polnische Armee keine Chance. Bisweilen kämpft sie mit berittenen Soldaten gegen deutsche Panzer. In Radom zerstören Bomben einige Häuser im jüdischen Viertel, nur zehn Minuten Fußweg vom Haus der Kormans entfernt. Bei der Bevölkerung herrscht große Aufregung. Schon am 6. September räumt die polnische Armee die Stadt, die rund einhundert Kilometer südlich von Warschau entfernt liegt, und zieht sich zurück. Mit ihr flüchten viele Radomer Zivilisten, und unter den Fliehenden sind besonders viele Juden. Sie haben vom Antisemitismus der Deutschen gehört, nicht nur aus den jiddischen Zeitungen, sondern auch von Augenzeugen. Schon ein Jahr zuvor, als die Deutschen alle Juden mit polnischer Staatsangehörigkeit aus dem Reich wiesen, kamen einige dieser Menschen bis nach Radom, mittellos und auf der Suche nach einer

Bleibe. Sie berichteten von den Brutalitäten der Nazis. »Wir wussten ein wenig«, berichtet Israel Sumer Korman, der sich heute Ian
Korman nennt. »Wir nahmen damals eine sechsköpfige Familie
aus Deutschland auf – eine Mutter aus Stettin mit ihren fünf Kindern. Sie blieben aber nur eine kurze Zeit bei uns, dann fanden sie
in Radom einen anderen Platz zum Wohnen. Nur ein Junge namens Felix blieb bei uns. Er war mein Freund. Von Felix wusste ich
einiges über die Situation in Deutschland – aber andererseits
wusste ich in Wahrheit nichts.«

Unter den Juden, die vor den einmarschierenden Deutschen
nach Osten flüchten, ist ein Onkel von Israel Sumer. Doch sein Vater entscheidet sich zu bleiben. Er will die schöne Wohnung im
ersten Stock der Zeromskiego-Straße 7 im vornehmen Stadtzen-
trum nicht aufgeben und auch nicht riskieren, dass ihr großes Ladengeschäft im Erdgeschoss geplündert wird. Zudem ist die Mutter auf Urlaub und gerade auf der Rückreise aus dem fernen
Palästina. Wie soll man sich wiederfinden, wenn er Radom jetzt
zusammen mit dem Sohn verlässt? Auch Felix und seine Familie
verlassen die Stadt nicht, genauso wenig wie die meisten der etwa
fünfundzwanzigtausend Juden in der fünfundachtzigtausend Einwohner zählenden Industriestadt in der weiten Ebene von Radom.

Nur zwei Tage nach dem Abzug der polnischen Armee erreicht
die deutsche Wehrmacht die Stadt. Der polnische Widerstand ist
zusammengebrochen. Korman: »Das war am 8. September 1939.
Ich sah sie kommen. Der erste Eindruck war Macht. Ich sah Hunderte Motorräder, Panzer, marschierende Truppen. Der Kontrast
zwischen polnischer und deutscher Armee war sehr groß! Ein paar
Tage zuvor waren die Polen weggerannt. Sie hatten ihre Waffen
weggeworfen. Ich schaute auf diese Deutschen, aber ich war sehr
jung und dumm. Das meiste verstand ich nicht. Es sah interessant
aus. Jungs spielen schließlich gerne Armee.«

Wie selbstverständlich sperrt Mordechai Korman sein Geschäft
nur wenige Tage nach der Eroberung Radoms durch die deutsche
Wehrmacht wieder auf. Nicht nur er glaubt, sich mit der neuen

Lage arrangieren zu können. Wenn alles ordentlich zuginge, gäbe es wohl auch keinen Grund dafür, dass diese Deutschen einschneidende Maßnahmen gegen die Juden ergreifen, ist die allgemein verbreitete Hoffnung. Schließlich, so die Überzeugung, hat man schon andere Stürme durchgestanden, hat polnische Boykott-Aufrufe überlebt. Viele der etwas Älteren können sich noch an die deutschen Soldaten aus dem Ersten Weltkrieg erinnern, als diese in Radom stationiert waren. Die hätten sich doch ordentlich benommen und keine Pogrome veranstaltet. All den schlimmen Berichten über den Antisemitismus der Nazis zum Trotz – vielleicht könne man ja so weiterleben wie bisher, so wie die vielen jüdischen Generationen in Radom.

Der Name Korman hat in der Stadt einen guten Klang. Schon ein Urgroßvater von Israel Sumer war hier Geschäftsmann und besaß eine Essigfabrik. Freilich darf man sich darunter kein großes Unternehmen vorstellen. Vermutlich handelte sich um einen kleinen Hinterhofbetrieb. Der Vater Mordechai Abraham wird im Jahre 1895 in der damals noch russischen Stadt geboren. Seine Eltern sind Eigentümer eines eigenen Gemischtwarenladens in Radom, in dem es natürlich auch Essig zu kaufen gibt – das Geschäft trägt deshalb den Namen »Der Essigplatz«, und nahe am Eingang stehen zwei große Essigtonnen mit einem daneben an der Wand hängenden Messbecher. Von 1901 bis 1908 besucht Mordechai eine Cheder, eine jüdische Religionsschule. Weltliche Dinge wird er dort kaum gelernt haben, denn in der Cheder wurde den Kindern fast ausschließlich Bibelkunde, der Talmud und die hebräische Sprache und Schrift beigebracht. 1918, noch vor Ende des Ersten Weltkriegs, heiratet er Hannah Symcha Potaznik. Die schlanke, großgewachsene junge Frau mit ihren dunklen Augen ist ein Jahr älter, und auch ihre Eltern sind stolze Besitzer eines eigenen Geschäfts in Radom. In dem Lebensmittelladen stehen die Säcke mit Zucker, Salz, Mehl und vielen anderen Dingen eng beieinander. Abgepackte Waren gibt es noch nicht. Zudem kann man dort so luxuriöse Dinge wie Schokolade und Bonbons erwerben.

Dass da 1918 zwei Kinder von alteingesessenen jüdischen Ladenbesitzern in Radom zueinanderfinden, ist kein Zufall. Ihre Ehe ist arrangiert und zustande gekommen durch die Mithilfe eines Freundes der Familie. Viel später hat Hannah Korman einem ihrer Söhne einmal erzählt, wie es bei ihrer allerersten Begegnung mit dem leicht untersetzten Mordechai zugegangen war. Die beiden wurden für etwa eine Stunde in einem Zimmer alleine gelassen. Sie begann eine sehr einseitige Konversation mit ihm, einseitig deshalb, weil der Dreiundzwanzigjährige am anderen Ende des Tisches nicht den Mut hatte, auch nur ein einziges Wort zu sagen. Alleine einer Frau gegenüberzusitzen, das war im streng jüdisch-orthodox geprägten Leben des jungen Mannes eine mehr als ungewohnte Situation. Es war im bisherigen Dasein Mordechais wohl noch nie vorgekommen. Seine Finger spielten immer nur nervös mit den Fransen der Tischdecke. Erst einige Zeit später lernte sich das Paar wirklich kennen.

Wovon sollen der Sohn eines Essiggeschäftsinhabers und die Tochter eines Lebensmittelhändlers aber leben? Es liegt nahe, dass auch sie ein eigenes Unternehmen gründen, einen Laden, der ein allgemeines Sortiment an Bekleidungsstücken und -zubehör vom Hosenknopf bis zu Socken im Angebot hat. Vorläufig wird das Geschäft in der gemeinsamen Wohnung in der Zeromskiego-Straße untergebracht. Kunden müssen zum Einkauf die Stiege zum ersten Stockwerk erklimmen.

Schon ein Jahr nach der Eheschließung wird 1919 ihr erster Sohn geboren. Sie nennen ihn Isaak Lejzor, doch schon bald wird er meist Lusek oder Elieser gerufen. 1921 folgt der zweite Sohn Mosche. Israel Sumer kommt am 17. Juni 1927 zur Welt; ein Nachzügler. Eigentlich wünschten sich die Eltern endlich einmal ein Mädchen, aber Gott hat es anders gewollt. Auch er bekommt einen Kosenamen: Solange Israel Sumer Korman sich zurückerinnern kann, wird er immer nur Sumek gerufen.

Der kleine Sumek wächst in einer tief orthodox geprägten Welt auf. Vater Mordechai trägt als gottesfürchtiger Jude zu Hause beim

Essen selbstverständlich eine Kippa, weil das Gesetz sagt, dass der Mann nicht barhäuptig gehen soll. Dazu gehört der schwarze Anzug, für den es zwar keine religiöse Begründung gibt, der aber der Tradition der Ostjuden entspricht. Zum Morgengebet zieht Herr Korman Tefillin an, so der Name der Gebetsriemen, die am linken Arm gegenüber dem Herzen und an der Stirn getragen werden. An jedem der Riemen ist ein kleines Kästchen befestigt, in dem jeweils ein auf Pergament geschriebener Thora-Abschnitt verborgen ist, denn »du sollst sie binden zum Zeichen an deine Hand, und sie sollen dir ein Merkzeichen zwischen deinen Augen sein«. Er trägt wie alle frommen Juden Radoms einen Bart, denn »die Ecken deines Bartes sollst du nicht glattscheren«, wie es in der Thora geschrieben steht. Vaters dunkler Bart reicht über beide Backen und ist kurz geschnitten. Mutter Hannah trägt eine Perücke, wie es die Sitte für verheiratete Frauen vorschreibt. Kein fremder Mann soll das Haar sehen und sich deshalb zu ihr hingezogen fühlen, so interpretieren die streng orthodoxen Juden den Talmud. Allerdings verzichtet sie auf die Rasur ihres Haupthaares, wie es unter streng orthodoxen Jüdinnen eigentlich üblich ist, und sie lässt auf Reisen ihre Perücke daheim.

Selbstverständlich berühren alle Familienmitglieder beim Eintritt in die Wohnung mit der Hand die Mesusa, hebräisch für Türpfosten. Das ist eine kleine Kapsel, deren Spitze zur Türöffnung gerichtet ist. In ihr befindet sich ein Pergament mit einer Stelle aus der Thora. »Du sollst sie [die Worte Gottes] schreiben an die Pfosten deines Hauses und an die Tore«, heißt es im 5. Buch Mose. Die Mesusa ist Symbol dafür, dass Gott über die Wohnung und das Zimmer wacht. Natürlich kommen im Hause Korman nur koschere Speisen auf den Tisch, in dem Milchiges von Fleischigem streng getrennt wird und etwa Schweinefleisch strikt verboten ist.

Das Jahr der Familie Korman ist geprägt von den jüdischen Fest- und Feiertagen und dem samstäglichen Feiertag, dem Schabbat, an dem nicht gearbeitet, aber auch kein Feuer entzündet werden darf, wo längere Wege und Reisen verboten sind (denn auch sie könnten Arbeit sein) und die Juden sich in den vielen Synagogen und kleinen Betstuben von Radom versammeln, um das Wort Gottes zu hören.

Es ist eine enge Welt, geprägt von Religiosität und Distanz zu den Christen, aber keineswegs eine freudlose oder zurückgezogene Existenz. Da gibt es die großen Feste, wo all die vielen Familienmitglieder zusammenkommen, die schönen Gesänge des Kantors in der Synagoge, der jedes Jahr neue Musikstücke einstudiert, und nicht zuletzt die Schwätzchen mit Nachbarn und Bekannten vor Beginn des Gottesdienstes.

Doch in diese Welt mit ihren althergebrachten Regeln und Vorschriften sickert unaufhaltsam die Moderne ein. Sie stellt Bestimmungen in Frage, die jahrhundertelang so unumstößlich galten, als wären sie in Stein gemeißelt, wirft diese um und löst tiefe Konflikte in den jüdischen Gemeinden und in den Familien aus. Einige Menschen versuchen, sich den christlichen Polen anzupassen. Sie gehen zwar noch zu den hohen Feiertagen in die Synagoge, doch im Alltagsleben legen sie auf ihre Religion keinen Wert mehr. Aber die polnische Gesellschaft macht es ihnen dabei nicht leicht – der Antisemitismus ist weit verbreitet. Manche junge Juden wenden sich sozialistischen Ideen zu, werden aktiv beim »Bund«, der jüdisch-sozialistischen Partei Polens, oder gar bei den als gottlos verschrienen Kommunisten. Wieder andere werden Zionisten und glauben nicht länger an eine jüdische Zukunft in Europa, sondern propagieren die Ideen Theodor Herzls, der im fernen Palästina ein eigenständiges jüdisches Gemeinwesen errichten will. Sie alle glauben, dass die Armut und Abgeschiedenheit des jüdischen Lebens im Stetl [so die jiddische Bezeichnung des jüdischen Wohnbezirks in Osteuropa] keine unabänderliche Tatsache sein muss, sondern dass es für die Juden eine Zukunft jenseits der alten Ghettomauern gibt.

Familie Korman lebt eine Form modernisierter Orthodoxie. Zu Hause spricht man Jiddisch, mit der christlichen Kundschaft im Laden aber unterhält man sich selbstverständlich auf Polnisch. Nur beim gemeinsamen Essen trägt der Vater die Kippa, sonst, ob im Laden oder auf der Straße, läuft er mit einer schwarzen Schirmkappe umher, wie sie viele der Radomer Juden tragen. Die Kinder tragen gar keine Kippa. Die Perücke der Mutter ist so fein gearbeitet, dass sie einem Schönheitsaccessoire gleichkommt und die jüdischen Nachbarn und Geschäftskunden schon zu tuscheln beginnen, ob sie etwa – unerhört! – echtes Haar zur Schau stellt.

Der jüdischen Tradition gemäß wird ein männliches Baby am achten Tag nach der Geburt beschnitten. Die Beschneidung ist ein großes Fest, das in Polen traditionell zu Hause gefeiert wird. So kommt es, dass am 24. Juni 1927 in der Wohnung der Kormans ein großes Gedränge herrscht. Die vielen Verwandten aus Radom sind gekommen, Onkel, Tanten, Nichten und Neffen, Cousinen und Cousins, dazu mit Hinda und Feiga zwei Schwestern des Vaters mit ihren Ehemännern und Kindern, die extra aus dem achtzig Kilometer entfernten Kielce anreisen. Die feierliche Beschneidung selbst nimmt der Kantor der großen Synagoge von Radom, Moschke Chazan, vor. Er ist zwar kein Arzt, aber er hat viel Erfahrung und gilt als der bekannteste Mohel [Beschneider] der Stadt. Feierlich brennen viele Kerzen im Raum. Zur Mittagszeit ist es so weit, Chazan unternimmt den kleinen Eingriff. Da rufen alle Anwesenden: »Wie er aufgenommen wurde in den Bund, so werde er aufgenommen zur Thora, zur Chuppa [das ist der Baldachin, unter dem der Bräutigam und die Braut bei der Hochzeit stehen] und zu guten Taten!« Und das Baby erhält seinen Namen – Israel Sumer.

Der Junge wächst in einer behüteten Welt auf. Die Eltern tun alles, damit ihre Kinder eine gute jüdische Erziehung erhalten. Der älteste Bruder Lusek kommt im Alter von sechs Jahren in eine Cheder und lernt dort den Talmud, die Bibel und Hebräisch. Zusätzlich erhalten die Kinder zu Hause durch einen Rabbiner religiösen Privatunterricht. Vater und Mutter müssen hart arbeiten, um genügend Kunden zu gewinnen. Für den kleinen Israel Sumer wird deshalb ein christliches Kindermädchen angestellt, das zugleich als Haushälterin tätig ist. Die junge Frau singt gerne und bringt dem Jungen polnische Volkslieder bei. Außerdem gibt es eine Köchin. Sie muss unbedingt jüdisch sein, damit die Speisen auch koscher zubereitet werden. Die Mutter instruiert die Köchin über die gewünschten Speisen und gibt Tipps, etwa, welches Gewürz zu welchem Essen passt. Ian Korman denkt nach: »Das waren keine richtigen Köchinnen, sondern Mädchen vom Land. Eine hieß Regina. Ich kann mich nur noch an die Gerichte erinnern, die ich nicht mochte. Das, was ich gerne gegessen habe, habe ich vergessen. Am Freitagabend zu Beginn des Schabbat gab es immer Leber mit Nudeln. Wirklich jeden Freitagabend, und dieses Essen habe ich gehasst. Dann gab es eine Suppe, die mit gebranntem Getreide zubereitet wurde. Die mochte ich überhaupt nicht. Meine Mutter hat nur sehr selten gekocht, weil sie immer so viel im Geschäft zu tun hatte. Wenn sie aber einmal die Speisen selbst zubereitete, dann war das für uns ein großartiges Ereignis, und es schmeckte besonders gut.«

Reich sind die Kormans trotz der Köchin und des Kindermädchens nicht. In Polen sind Arbeitskräfte in jenen Tagen billig zu haben und ihre Löhne deshalb auch für die Mittelschicht bezahlbar. Die Wohnung in dem dreigeschossigen Mietshaus ist eng, den meisten Raum nimmt der angeschlossene Laden ein. Sumek schläft bei Mutter und Vater im Bett, und auch die Brüder Lusek und Mosche übernachten mit im Schlafzimmer der Eltern. Korman erinnert sich an die Wohnung: »Die Küche war durch eine Glaswand geteilt, so dass in der einen Hälfte ein Esszimmer untergebracht war. In der Küche gab es Wasser, und wir hatten dort einen mit Kohle beheizten Ofen. Die Köchin und die Haushälterin schliefen in der Küche. Der nächste Raum war schon das Geschäft.« Das Esszimmer ist der Mittelpunkt des Familienlebens. Dort steht ein großer Tisch, an dem gegessen, gearbeitet, gebetet und gelernt wird.

Mit Schrecken erinnert sich Korman an seine Badetage: »Es gab zwar schon eine Wassertoilette in der Wohnung, aber noch kein Badezimmer. Zum Baden besaßen wir eine Zinkbadewanne. Die älteren Brüder und mein Vater gingen regelmäßig ins Badehaus. Wie oft ich als Kind gebadet worden bin, weiß ich nicht mehr. Aber ich erinnere mich, dass es jedes Mal ganz schrecklich war. Denn nach dem Bad gab uns meine Mutter immer frische Kleidung.

Dazu gehörte wollene Unterwäsche, die wir Jägerwäsche nannten. Diese Wolle war sehr hart, nach dem Waschen stach sie so, als wären Nadeln darin. Erst nach ein paar Tagen wurde sie wieder weicher.« Über die Waschtage weiß er: »Gewaschen wurde vielleicht viermal im Jahr. Es war sehr schwierig. Man benötigte eine große Waschschüssel, die erst in den ersten Stock hinaufgebracht werden musste. Dann kam extra eine Waschfrau. Nach dem Waschen hängten wir die Kleidung auf dem Dachboden auf. Im Winter hingen die Sachen dort zwei Wochen lang, alles war steif gefroren. Der Stoff fühlte sich an wie Holz. Um ihn trocken zu bekommen, mussten wir die Kleidung wieder hinunterbringen und überall in der Wohnung aufhängen. Es war ein großer Aufwand.«

1929, Israel Sumer ist gerade zwei Jahre alt, beginnt mit dem Schwarzen Freitag an der New Yorker Wallstreet die große Depression. Von Amerika pflanzt sich die schwere Wirtschaftskrise schon bald nach Europa und bis in die polnische Provinz fort. Die Arbeitslosigkeit in Radom steigt dramatisch. Die Menschen haben immer weniger Geld zum Einkaufen. Hannah und Mordechai Korman kämpfen um ihre wirtschaftliche Existenz. Um Kunden in das Geschäft im ersten Stock zu locken, lassen sie sich allerhand einfallen. Zwar ist unten an der Straße ein kleiner Schaukasten an der Hauswand angebracht, der auf die Angebote im Geschäft hinweist, doch das ist viel zu unauffällig. Also installiert die Familie am Wohnzimmerfenster einen Projektor, der bei Dunkelheit Sonderangebote in Leuchtschrift auf den gegenüberliegenden Bürgersteig wirft. Radom ist nicht Berlin oder Paris, wo Lichtreklamen zu dieser Zeit schon nichts Besonderes mehr sind. Hier hat es so etwas noch nicht gegeben! Passanten bleiben stehen, überrascht von diesem technischen Wunderwerk. Immer mehr Neugierige steigen die Treppe zum ersten Stock hinauf, um dieses so einfallsreiche und günstige Geschäft in Augenschein zu nehmen. Der Kundenstamm wächst so schnell an, dass die Krise für die Kormans vorbei ist und Hannah und Mordechai bald sogar über eine Expansion ihres Ladens nachdenken können.

»Ich glaube, meine Mutter und mein Vater haben sich ein wenig schuldig gefühlt, weil sie so oft im Geschäft zu tun hatten und mich alleine lassen mussten«, meint Ian Korman heute. »Aber mich störte das nicht. Ich war glücklich, allein zu sein. Immer wenn die Eltern von einer ihrer Einkaufsreisen für den Laden zurückkamen, gab es neue Geschenke. Ich bekam so viele Spielsachen! Ich glaube, es gab kein Spielzeug in Polen, das ich nicht besaß.«

Korman erinnert sich an sein Lieblingsspielzeug: »Das war eine Soldatenfigur. Wenn man auf einen Knopf drückte, hob sie ihr Gewehr und schoss: bumm!« Der Junge kann nicht wissen, dass in einigen Jahren wirkliche Soldaten kommen werden, die Angst und Terror verbreiten. »Ich hatte eine so schöne Kindheit, dass die Zukunft für mich völlig uninteressant war. Die Gegenwart war zu schön.«

Streng jüdisch und dennoch modern leben – die Kormans zeigen sich neuen Entwicklungen gegenüber aufgeschlossen. Die Eltern lesen je eine Tages- und eine Wochenzeitung, eine in jiddischer, eine in polnischer Sprache. Sie besitzen bereits ein Radio, in Polen damals eine Seltenheit. Hannah genügt die traditionelle Rolle der treusorgenden Mutter und liebevollen Ehefrau nicht. Sie wird aktive Geschäftsfrau, die sich vor allem um den Einkauf kümmert, während sich ihr Mann mehr um das alltägliche Geschäft bemüht. Als eine für damalige Verhältnisse sehr moderne Frau hat sie nicht nur ihr jüngster Sohn in Erinnerung.

Die Eltern überdenken die Erziehung ihrer Kinder. Der älteste Sohn Lusek hat als Sechsjähriger traditionsgemäß in der Cheder angefangen, wo Bibel-Psalmen auswendig gelernt werden – genau wie zu Zeiten seines Vaters, der Großväter und Urgroßväter. Jetzt wechselt er in eine moderne weltliche Schule, die zwar ein privates jüdisches Institut ist, neben Religion und Hebräisch aber auch Rechnen, Lesen und Schreiben in polnischer Sprache unterrichtet. Der Kleinste, Israel Sumer, besucht zunächst einen jüdischen Kindergarten, aber auch der ist nicht mehr orthodox geprägt. Der

Junge hat ein rundes Gesicht und trägt eine modische Pagenfrisur mit recht langem Haar, die ihn fast wie ein Mädchen aussehen lässt. Zum jüdischen Purim-Fest dürfen die Kinder Theater spielen. Auf einem Bild, das erhalten ist, trägt Israel Sumer Lackschuhe, feine weiße Kniestrümpfe, schwarze Kniebundhosen, ein schwarzes Jackett und eine französische Perücke mit Löckchen. Mit der Rechten hält er die Hand eines kleinen Mädchens in ausladendem Ballkleid.

Nach dem Kindergarten kommt er im Alter von sechs Jahren auf eine nur ein paar Häuser von der elterlichen Wohnung entfernt gelegene jüdische Privatschule. Der Unterricht ist hochmodern: Mädchen und Jungen sitzen gemeinsam an den kleinen Tischen mit jeweils zwei Stühlen im Klassenzimmer, die Unterrichtssprache ist nicht Jiddisch oder Hebräisch, sondern Polnisch. Die Jungen tragen keine Kippa. Vor Beginn der ersten Stunde werden Leibesübungen gemacht. Prügelstrafen, wie sie an öffentlichen Schulen gang und gäbe sind, sind an der jüdischen Anstalt verpönt. Korman: »Unser Hebräisch-Lehrer hieß Isser Lipschitz. Wir nannten ihn ›die Peitsche‹. Denn er ging immer durch die Klasse, und wenn dann jemand gerade mit dem Banknachbarn tuschelte, schlug er mit seinem Ledergürtel auf den Tisch – aber immer nur auf den Tisch, nie auf die Kinder. Wir sprangen davon vor Schreck auf.«

Einmal in der Woche, am Schabbat, tritt der Alltag in den Hintergrund. Die Eltern sperren ihren Laden zu, wie es das jüdische Gesetz vorschreibt. Am Freitagabend, wenn mit dem Sonnenuntergang der Feiertag beginnt, besucht die ganze Familie die Großmutter im Radomer Stadtteil Glinice. Auch die anderen Verwandten treffen bei der Mutter von Vater Mordechai ein. Ian Korman berichtet: »Da kamen Onkel Symcha und seine Frau, sie war eine Schwester meines Vaters. Dann kam Onkel Chaim, ein Bruder des Vaters. Anfangs war er noch Junggeselle, aber später heiratete er. Dann kam natürlich Onkel Salzberg. Er war mit Chaia, einer anderen Schwester meines Vaters, verheiratet. Wir trafen uns alle bei der Großmutter und redeten.«

In Radom gibt es nicht nur eine große Synagoge, sondern zudem

Dutzende kleine Bethäuser, die sich durch ihre religiöse Ausrichtung voneinander unterscheiden. Manche Rabbis legen die Gesetze besonders streng aus, andere geben sich etwas liberaler. Einige sind Anhänger des Chassidismus, einer mystisch geprägten Bewegung im Ostjudentum, die dem Irdischen ganz abgeschworen hat und deren Anhänger sich allein dem Studium des Talmud, des Religionskodexes des Judentums, widmen. Bei allen wird der Gottesdienst auf Hebräisch und nicht etwa auf Jiddisch abgehalten, auch wenn nicht jeder Zuhörer alle Einzelheiten der Sprache erfassen kann, denn Hebräisch ist die liturgische Sprache der Juden, die im polnischen Alltag aber keine Verwendung findet. Korman erzählt: »Am Samstagmorgen gingen wir mit Vater ins Bethaus. Meine Mutter besuchte eine andere Synagoge. Bei uns predigte Rabbi Yankel, der Bruder eines berühmten Rabbis aus der Stadt Modzic, und diese Betstube war also so etwas wie eine Filiale. Dieser große chassidische Rabbi war bekannt dafür, dass er wunderschöne Lieder komponierte. Natürlich konnte damals niemand Noten lesen und die Musik aufschreiben. Aber jedes Jahr mussten die neuen Lieder irgendwie nach Radom kommen. Das machte der Synagogendiener. Der Mann hatte eine schreckliche Stimme – etwa so wie das Nebelhorn eines Schiffes. Aber er besaß das absolute Gehör. Also ging der Synagogendiener zu dem berühmten Rabbi in der fernen Stadt und brachte neue Lieder für den Gottesdienst mit.«

Das Bethaus, auf Jiddisch »Stibl« genannt, liegt nur wenige Hausnummern vom Elternhaus in der Zeromskiego entfernt. »Es war ein schöner Ort«, erinnert sich Ian Korman: »Es gab dort drei Räume: ein Eingangszimmer, einen Mittelraum und einen Seitenraum. Der Seitenraum war für die Frauen reserviert. Er war getrennt, aber die Tür blieb offen, so dass sie alles hören konnten. Der mittlere Raum diente den gläubigen Männern, die sehr nah bei ihrem Rabbi sein wollten. Das Eingangszimmer aber war für diejenigen gedacht, die nur der Gesellschaft wegen zur Synagoge kamen. Wenn diese zu laut sprachen, schloss der Rabbi die Tür. So störten sie die anderen nicht. Das ist in der Synagoge normalerweise ein Problem, weil die Leute reden und der Rabbiner nicht mit dem Gottesdienst beginnen kann. Dieser Rabbi war modern. Er sagte: ›Ihr könnt so viel reden, wie ihr möchtet.‹ Er schloss die Tür, und sie machten, was sie wollten. Wenn sie still waren, blieb die Tür einfach offen.«

Nach dem Synagogenbesuch trifft sich die Familie zum Mittagessen daheim. Weil an Schabbat kein Feuer angezündet werden darf, kann auch nicht gekocht werden, und deshalb gibt es ein vorgewärmtes Essen aus der Kochkiste, zubereitet am Vortrag. Korman: »Abends wartete der Vater dann ungeduldig am Fenster darauf, dass man drei Sterne sehen konnte, denn damit war der Schabbat beendet. Er rauchte so gerne, und das durfte er dann endlich wieder. Zum Ende des Schabbat sprachen wir gemeinsam ein Gebet und sangen.«

Etwa 1935 erfüllen sich Hannah und Mordechai Korman einen langgehegten Wunsch. Die Ladenräume im Erdgeschoss ihres Mietshauses werden frei, und das Ehepaar kann das Geschäft nun endlich nach unten verlegen. »Es gab eine Menge Opposition dagegen«, erinnert sich Ian Korman. »Die Juden in der Umgebung sagten: ›Wenn Korman auf die Straße herunterkommt, gehen wir alle pleite.‹ Ein Rabbiner empfahl meinen Eltern, sie sollten die Sache vor einem religiösen Gericht verhandeln lassen. Aber das lehnte meine Mutter ab.«

Im ersten Stock entsteht nun anstelle des Ladens ein großes, gut ausgestattetes Wohn- und Esszimmer mit feinem Parkettboden. In der Mitte des Raumes steht ein großer Esstisch, darum herum sehr viele Stühle für den Fall, dass Besuch kommt, was häufig geschieht. An jedem Schabbat versammelt sich die Familie um den Tisch, und nach dem Essen wird gemeinsam gesungen und gebetet. Aber auch an den Werktagen nehmen die Kinder hier ihr von der Köchin zubereitetes Mittagessen ein, häufig ohne die Eltern, die im Laden zu tun haben. An einer der Wände steht eine schmale Anrichte mit der Tischwäsche und dem Porzellan darin. Darauf tickt eine deutsche Junghans-Uhr. In einer Ecke befindet sich ein kleiner Tisch mit einer gestickten Überdecke: Hier pflegen die großen Brüder manchmal Schach zu spielen. Sumek kann das noch nicht, er sieht stattdessen zu. Am doppelt verglasten Fenster zur Straße haben die Eltern eine Vitrine aufgestellt, darauf steht das hochmoderne Radio, Marke Telefunken, mit dem die Familie am Abend gerne klassische Musik hört, die die fernen Sender aus dem bulgarischen Sofia oder der tschechischen Hauptstadt Prag regelmäßig im Programm haben. Ein Telefon besitzt die Familie freilich noch nicht. Im Winter, wenn die Temperaturen draußen oft unter minus zwanzig Grad Celsius fallen, verstopfen die Eltern die Fensterritzen mit baumwollenen Rollen. An der Tür bullert dann der Zimmerofen. Er hat eine Aussparung für den Wasserkessel, in dem immer warmes Wasser bereitsteht. Im Zimmer stehen auch die Bücher der Eltern, darunter viele religiöse Werke in jiddischer Sprache. Große Pflanzen schmücken den ganzen Raum.

Unten im Erdgeschoss direkt an der Straße ist für den Laden viel mehr Platz als früher, und die Ware wird in zwei großen Schaufenstern ausgestellt. Stolz lässt der Vater »M. Korman« darüberschreiben. Das Sortiment wird erweitert: Es gibt Knöpfe, Parfum, Bekleidung jeglicher Art vom Hemd bis zu Hut, Damenunterwäsche, Schmuck und Kinderspielzeug zu kaufen, dazu Rasierzeug, Cremes, Kämme und Bürsten, außerdem Kurzwaren – und Essig, eine Reminiszenz an den Laden der Eltern von Vater Mordechai. Ein ganzes Warenhaus also, aber im Kleinen, mit etwas weniger Auswahl, aber vielen, vielen Schachteln und Kisten, die sich überall stapeln, und natürlich ohne Selbstbedienung, denn so etwas gibt es in der ganzen Welt noch nicht.

Die Konkurrenz ist hart in der Zeromskiego, der wichtigsten Einkaufsstraße von Radom. In den benachbarten Geschäften, deren Besitzer christliche Polen sind, gelten feste Preise. Die Juden dagegen lassen mit sich handeln, und weil sie deshalb oft flexibler sind und dazu die qualitativ besseren Waren verkaufen, kommen nicht nur Juden, sondern auch Polen zum Einkaufen zu ihnen – trotz eines virulenten Antisemitismus, der den Juden unterstellt, sie würden zu Lasten der Christen Geschäfte machen und diese ausplündern. »Die Mehrzahl unserer Kunden waren Nichtjuden«, erinnert sich Korman. Aber auch viele Juden aus den umliegenden Dörfern gehen gerne zu »M. Korman«, wenn sie mit ihren Pferdewagen in die Stadt kommen. Sie sind am schwierigsten zufriedenzustellen. Korman: »Viele kamen, um Rasierzeug zu kaufen. Es gab ja eine ganze Menge Juden, die in der Umgebung von Radom in den Dörfern lebten.« Der Vater trägt seine schwarze Schirmkappe, wenn er im Laden bedient.

Die Eltern versuchen in ihrem Geschäft die Preise der Konkurrenz zu unterbieten. Deshalb müssen die Einkaufspreise für die Waren gedrückt werden. Vater Mordechai entdeckt auf einer seiner Reisen, dass man im Warschauer Großhandel Zehn-Liter-Flaschen Eau de Cologne und andere Essenzen erhalten kann. Er kauft dort ein, und die ganze Familie wird von nun an verpflichtet, das Parfum in kleine Fläschchen umzufüllen – eine schwierige Angelegenheit, weil die Flaschenhälse so dünn und die großen Flaschen so schwer sind. Parfums mit den verschiedensten Duftnoten erhalten selbsterfundene phantasievolle Namen, die mit der Hand auf hübsche Etiketten geschrieben werden – fertig sind die exklusiven Duftwässerchen aus dem Hause Korman. Und der Vater spart zudem drei Viertel des üblichen Einkaufspreises.

Das Geschäft floriert. Bald beschäftigen die Kormans zehn weibliche Angestellte. Weil aber um jede einzelne Ware, vom Rasierpinsel bis zum schwarzen Jackett, gehandelt wird, muss auf dieser nicht nur der offizielle Preis notiert sein, sondern auch der Minimalpreis, unter dem nicht verkauft werden darf. Diese Summe wiederum darf dem Kunden natürlich nicht bekannt sein, weil er sonst darauf dringen könnte, immer zum niedrigsten Preis zu kaufen. So erfindet das Ehepaar Korman eine Kodierung, deren Grundlage der auf Deutsch geschriebene Satz »Gott helfe uns« ist.

Jeder neue Buchstabe in diesem Satz steht für eine andere Ziffer, also »G« für eins, »o« für zwei, »t« für drei, »h« für vier und »s« schließlich für die Null. Und so wissen die versierten Geschäftsleute Hannah und Mordechai Korman ganz schnell, dass sie bei dem silberfarbenen Knopf, den die Frau des Restaurantbesitzers um die Ecke gerne erwerben möchte und der offiziell und angeschrieben 1,50 Zloty kosten soll, nur bis »GSE« gleich 1,05 Zloty heruntergehen können, wenn sie noch ein Geschäft machen wollen. Die weiblichen Angestellten freilich dürfen nicht handeln. Das ist den Eltern und einem männlichen Bediensteten vorbehalten – und Israel Sumers größeren Brüdern Lusek und Mosche, die am Nachmittag nach dem Schulbesuch rasch aus der Wohnung in den Laden heruntergerufen werden, wenn der Betrieb wieder einmal brummt. Später, als Israel Sumer größer geworden ist, darf auch er im Geschäft aushelfen.

Er erinnert sich: »Wir benutzten auch einen Code für Leute, von denen man wusste oder annahm, dass es Ladendiebe sind. Anstatt Krach zu schlagen, riefen wir laut ›610er!, Hannah, 610er!‹. Dann wusste jeder im Geschäft, dass das ein Ladendieb sein könnte, und achtete darauf, dass die Person nichts anfasste. Ich weiß nicht, warum die Zahl ausgerechnet 610 lautete, aber so war es eben.«

An Samstagen, wenn die Christen ihre Läden geöffnet haben, schließen alle jüdischen Geschäfte, denn es ist Schabbat, an dem nicht gearbeitet werden darf. Sonntags, wenn wiederum die Christen ihren Feiertag haben, aber die Juden öffnen könnten, verbietet das polnische Gesetz den Verkauf grundsätzlich. Ginge es nach der Justiz, müssten die Juden also zwei Tage in der Woche ihr Geschäft schließen, die Polen aber nur einmal. Das mag zwar kein Antisemitismus sein, aber es diskriminiert die jüdischen Händler gegenüber ihrer christlichen Konkurrenz. Viele jüdische Radomer Geschäftsbesitzer halten sich deshalb nicht an die Regel. Auch Mordechai Korman öffnet seinen Laden schon am Samstagabend für ein paar Stunden und ebenso am Sonntag.

Das ist nicht ganz ungefährlich, denn die Polizei ist angewiesen, darauf zu achten, dass die Geschäfte auch wirklich alle geschlossen bleiben. Beamte patrouillieren deshalb durch die Straßen, und vornehmlich durch die Zeromskiego, weil es dort besonders viele Läden gibt. Noch in den zwanziger Jahren ist das für die Kormans und die vielen anderen jüdischen Händler in Radom kein Problem. Die Polizeibeamten erhalten ein kleines Geschenk, zum Beispiel ein paar Strümpfe, und sehen darüber hinweg, dass die Hintertür des Ladens offen steht. Doch die christlichen Stadtoberen wollen diesen Zustand nicht länger dulden. Fremde Polizisten aus Posen werden extra nach Radom gebracht, um diese Form der Bestechlichkeit zu stoppen und die Einhaltung des Gesetzes zu gewährleisten. Anfangs reagieren die jüdischen Händler, in dem sie Kinder oder Angestellte vor ihrem Laden postieren, die das Herannahen eines Beamten sofort melden, worauf die Türen geschlossen werden und das eiserne Gitter herunterrasselt. Doch bisweilen versagt dieses System, weil ein Kind abgelenkt ist, die staatliche Obrigkeit zu schnell erscheint oder verräterische Geräusche aus dem Innern zu hören sind. Dann sind hohe Geldstrafen fällig. Schließlich bleiben die Hintertüren und die Fenster ganz geschlossen. Dafür installieren die Händler Klingeln an der Tür.

Hannah und Mordechai Korman lassen sich noch mehr einfallen. Schließlich muss ihr Geschäft die ganze Familie ernähren. Im Innern des Ladens wird eine rote Lampe angebracht, die immer dann warnend eingeschaltet wird, wenn sich ein von draußen gemeldeter Polizist nähert. Dann wissen alle, dass sie sich ruhig verhalten müssen. Zusätzlich hat Hannah einen in Radom bis dato völlig unbekannten Gegenstand aufgetrieben: einen Türspion. Der wird in die Hintertür eingebaut, und damit werden von nun an alle potentiellen Kunden genau begutachtet, bevor man ihnen das Geschäft öffnet. Unbekannte warten prinzipiell vergeblich auf Einlass. Damit ist die Gefahr endgültig gebannt, und das kleine Kaufhaus bleibt jeden Sonntag bis gegen 18.00 Uhr für Stammkunden geöffnet.

Über mehr als einen Kilometer zieht sich die schnurgerade und breite Zeromskiego-Straße durch das Zentrum Radoms. Sie beginnt am Rande der Altstadt, dort, wo die meisten armen Juden in engen, schmutzigen und renovierungsbedürftigen Häusern wohnen müssen. Dort unten, an der Walowa-Straße, die von den Juden Vuel genannt wird, drängen sich die kleinen koscheren Metzgereien, die Kramläden voller religiöser Bücher und Kultgegenständen, dazu jüdische Bäckereien, wo man zum Pessachfest Mazze, das ungesäuerte Brot, einkaufen kann. Kunden, die dies wünschen, können ihre Mazze dort selbst backen. Auch Israel Sumers Mutter Hannah nutzt diesen Service. Andere Händler an der Walowa preisen Delikatessen wie Gewürze oder koschere Wurst an, und es gibt dort Geschäfte, wo man die typischen schwarzen Kappen kaufen kann. Sie haben auch die breitrandigen Hüte im Angebot, die von besonders religiösen Juden an hohen Feiertagen getragen werden. Hier befindet sich auch die große Synagoge. Mehrere Bethäuser verstecken sich zwischen den Läden, die Mikwe, das rituelle Badehaus, befindet sich ebenfalls in dem Viertel. Nur die wenigsten Häuser hier verfügen über einen Wasseranschluss; die meisten Anwohner müssen hinunter auf die Straße gehen, am nächsten öffentlichen Brunnen Wasser in ihre mitgebrachten Schüsseln pumpen und sie mühsam wieder nach oben schleppen.

Ganz anders die Zeromskiego: Die breite Straße ist gesäumt von zwei- und dreigeschossigen Häusern, um die Jahrhundertwende gebaut und modern eingerichtet. Fast in jedem Haus ist ein Ladengeschäft untergebracht. Ian Korman erinnert sich: »Als wir dort lebten, war die Straße sehr wohlhabend. Es war unvergleichlich schön und sauber. Natürlich gab es größtenteils Pferdefuhrwerke, aber auch schon zwei motorisierte Taxen. Ich kann mich nicht daran erinnern, jemals Privatautos gesehen zu haben. Im Winter hatten die Pferdekutschen Kufen. Unsere Straße war nicht geteert, sondern mit Steinen gepflastert. Wenn die Pferde darüberliefen, machte das eine Menge Lärm. Im Winter blieb es dagegen völlig still. Man hörte nichts. Die Pferde liefen über den Schnee, und wir saßen in der Kutsche, von einem Lederüberwurf geschützt, und schauten

uns um. Es war wunderschön.« Die Winter sind kalt und schnee-
reich. Erst wenn die Temperaturen unter minus fünfundzwanzig
Grad Celsius fallen, gibt es in Israel Sumers Schule kältefrei.

Familie Korman lebt also nicht etwa in einem jüdischen Ghetto,
sondern in einem gemischten Viertel. »Direkt neben uns gab es
eine Kneipe, die gehörte einem Juden«, sagt er. »Ein Stück weiter
auf unserer Straßenseite befand sich ein Laden, der Herrenbekleidung verkaufte. Dann gab es eine Apotheke, die nicht jüdisch war.
Es gab eine Metzgerei und ein Hotel, die beide Christen gehörten.
Nahe der Kirche befand sich ein sehr feines Schuhgeschäft und gegenüber zwei Delikatessengeschäfte. Dort konnte man für uns sehr
seltsame Dinge wie Bananen und Orangen kaufen. Und dann hatten wir geradezu luxuriöse Kaffeehäuser wie das »Cukiernia
Dancing Przybytniewski«, wo nur Torten und Kaffee angeboten
wurden, aber kein Abendessen. Dieses Haus war sehr schön und lag
in der Nähe unserer Synagoge. Gegenüber befand sich das Restaurant »Wierzbicki«, das in ganz Polen berühmt war, denn dort wurden Wild und Wildvögel angeboten. Draußen vor der Tür, daran
erinnere ich mich, hingen immer frisch geschossene Hasen. Das
Restaurant war sehr, sehr luxuriös, aber wir konnten dort natürlich
nicht hingehen, weil es nicht koscher war. Es gab auch eine Eis-
diele, die nannte sich »Gelateria Italiana«, und der Besitzer war ein
richtiger Italiener. Dort waren meine Brüder und ich regelmäßige
Besucher. Aber das mussten wir gegenüber unseren Eltern geheim
halten, weil auch das Eis nicht als koscher zertifiziert war.«

Trotzdem verläuft eine unsichtbare Grenze durch die Stadt. Sie
führt im Zickzack um Häuser und Läden, an der großen neugoti-
schen Garnisonskirche vorbei, umschließt die Synagogen, die die
Familie Korman an jedem Schabbat besucht, ja, sie macht selbst
vor dem Gebäude des Bezirksgerichts nicht halt. Diese Grenze
trennt die Juden von den Christen. Wohl treffen sich die beiden
Bevölkerungsgruppen in Mordechai Kormans Ladengeschäft, wie
auch in anderen Handelsunternehmen. Doch das sind Ausnahmen.
Die ungeschriebene Regel lautet, dass Juden und Christen einan-

der aus dem Wege gehen. Über die Bedienung der Kundschaft hinaus unterhält Familie Korman keinerlei Beziehungen zu christlichen Radomern. »Mit polnischen Kindern hatte ich niemals etwas zu tun«, sagt Ian Korman. »Ich ging in eine jüdische Schule. Dort gab es keine Christen. Auf unserem Hof gab es vielleicht polnische Kinder – aber wir kamen einfach nicht zusammen. Es gab keine sozialen Beziehungen zu Polen. Es war einfach nicht üblich.«

Vor allem bewirkt die Religion eine Trennung. Nicht nur fast alle Juden sind religiös, auch die meisten Christen leben streng katholisch. »Man muss immer bedenken, dass wir sehr religiös gelebt haben«, meint Korman. »Das hatte natürlich Konsequenzen. Man konnte nicht einfach irgendwo hingehen und dort essen und trinken, weil es dort nicht koscher war.« Nicht weit von der elterlichen Wohnung entfernt steht die spätgotische Bernhardinerkirche mit angeschlossenem Kloster. Korman: »Zu Ostern fanden dort Prozessionen statt. Ich wusste, dass es den Polen erlaubt war, samstags das Licht anzuschalten, denn jeden Schabbat kam unser christlicher Hausmeister Kazimierz zu uns, um alle Lichter in der Wohnung auszuschalten. Ich wusste, dass Polen Schweinefleisch essen, was uns nicht erlaubt war.« Mit den Eltern spricht Israel Sumer nur Jiddisch, mit den Brüdern dagegen eine Mischung aus Jiddisch und Polnisch, das sein christliches Kindermädchen ihm beigebracht hat.

Es ist kein Zufall, dass Ian Korman, wenn er über seine Kindheit in Radom spricht, die Worte Christen und Polen wie Synonyme verwendet. »Damals gab es nur Polen und Juden. Wir sahen uns selbst niemals als Polen. Die Polen wollten uns Juden in ihrer Gesellschaft nicht haben.«

Die Radomer Juden bilden ihre eigene Gemeinschaft. Es existieren jiddische Schulen und Bibliotheken, die sich wiederum entsprechend ihrer religiösen und politischen Orientierung voneinander unterscheiden und deren Leiter sich bisweilen erbittert bekämpfen. Doch auf der anderen Seite ist die Solidarität unter den Menschen sehr ausgeprägt. Die Kehillah, so der Name der Vertretung aller Juden, kümmert sich nicht nur um Synagogen, rituelle

Bäder und den Friedhof und wählt den Chef-Rabbiner der Stadt. Unter ihrer Leitung stehen auch diverse Wohlfahrtsorganisationen. Da gibt es das jüdische Krankenhaus, das immer auf dem höchstmöglichen Stand medizinischer Kenntnis gehalten werden muss. Für alleinstehende ältere Menschen steht ein Seniorenheim mit eigener Synagoge zur Verfügung. Mit den Geldern der Kehillah werden auch die religiöse Talmud-Thora-Schule und andere Bildungseinrichtungen subventioniert. In einem großen, zweigeschossigen jüdischen Waisenhaus sind dreihundert elternlose Kinder untergebracht. Es ist für die Juden ganz selbstverständlich, ihre armen Glaubensbrüder mit Geld oder einem Teller Suppe zu unterstützen.

Die jüdische Solidarität geht so weit, dass sich sogar die Diebe der Stadt bei ihren Raubzügen an gewisse Konventionen halten. Das erfährt auch die Familie Korman. Eines Tages im Jahr 1930, Israel Sumer ist drei Jahre alt, werden Lager und Geschäft eines Verwandten über Nacht komplett ausgeräumt. Der Familienrat beschließt daraufhin, nicht etwa die polnische Polizei einzuschalten, auf die, so die allgemeine Auffassung, sowieso keinerlei Verlass ist, sondern besser Kontakt mit den gut organisierten jüdischen Dieben aufzunehmen. Deren Chef trägt den stolzen jiddischen Namen Avrum Kaiser, übersetzt König Abraham. Er gilt als eine Art Pate der Radomer Unterwelt und kontrolliert sämtliche jüdischen Diebesbanden in der Stadt. Bei längerer Abwesenheit eines Ladenbesitzers ist er gerne bereit, gegen einen gewissen Geldbetrag für die Unversehrtheit des Unternehmens zu garantieren – so etwas wäre heute ein Fall von organisierter Kriminalität. Ein Onkel Israel Sumers macht sich nach dem Diebstahl auf den Weg und findet diesen König der Diebe. Tatsächlich schließen sie ein Geschäft zum beiderseitigen Nutzen ab. Die Diebe erhalten eine angemessene Summe, und dafür kehren alle verschwundenen Waren bis auf den letzten Hosenknopf wie durch ein Wunder wieder in das Geschäft und das Lager zurück. Der Ladenbesitzer erspart sich so eine Menge Geld und Scherereien, und die Diebe kommen nicht in die Verlegenheit, die Waren umständlich verkaufen und dafür auch noch arbeiten zu müssen.

Polen ist seit seiner Unabhängigkeit im Jahre 1918 eine parlamentarische Republik. In dem neuen Staat leben unter den rund dreißig Millionen Einwohnern mehr als drei Millionen Juden. Auch diese sind selbstverständlich im Warschauer Parlament, dem Sejm, vertreten, und jüdische Parteien stützen die Regierung anfangs sogar zeitweise. Der Volksheld und führende Politiker Marschall Josef Pilsudski verspricht der jüdischen Minderheit, keinen Antisemitismus zu dulden. Die Polnische Republik stimmt nach dem Ersten Weltkrieg auch dem von den alliierten Mächten ausgearbeiteten Minderheitenschutzvertrag zu. Doch andererseits denken viele christliche Polen in antijüdischen Stereotypen. Endecja, eine offen chauvinistische und antisemitische Partei, findet bei vielen Menschen Zustimmung und ist zeitweise stärkste politische Kraft, auch wenn die Gruppierung vor allem aus der Opposition heraus agitiert.

Natürlich gibt es auch Christen, die keine antisemitischen Vorurteile haben und ihren jüdischen Nachbarn beistehen, wenn notwendig. Doch im Weltbild mancher gläubigen Katholiken ist es eine unumstößliche Tatsache, dass die Juden Jesus Christus getötet haben. Der antisemitische Aberglaube von den Juden, die zum Pessach-Fest angeblich christliche Kinder schlachten, ist weit verbreitet.

Die Industrie ist im Polen der dreißiger Jahre nur mäßig entwickelt, die meisten Menschen arbeiten in der Landwirtschaft. Den Juden dagegen war lange verwehrt worden, als Bauern zu arbeiten. Sie durften sich nur an bestimmten Orten niederlassen und litten auch dort unter Berufsverboten. Auch aus Radom waren die Juden im siebzehnten Jahrhundert ausgewiesen worden, doch als daraufhin der Handel zusammenbrach, holte man sie in die Stadt zurück und wies sie in ein Ghetto. Längst leben die meisten Juden in den Städten, wo sie bisweilen mehr als fünfzig Prozent der Bevölkerung ausmachen. Viele arbeiten im Handel und im Handwerk, besonders als Bäcker, Metzger, Krämer oder in der Lederverarbeitung.

Dort konkurrieren sie, so wie Familie Korman, mit christlichen Geschäftsinhabern.

Die Antisemiten schreiben sich den »Schutz« der »christlichen« Geschäfte gegen angeblich wuchernde Juden auf ihre Fahnen – ein offensichtlicher Widerspruch, denn würden Juden ihre Kunden tatsächlich ständig übers Ohr hauen, hätten sie wohl kaum noch welche. Doch viele Menschen glauben solche Anschuldigungen trotzdem. Juden werden von den Antisemiten als »Nicht-Polen« gebrandmarkt. Sie sollen aus dem Wirtschaftsleben verdrängt werden, nicht etwa durch faire Konkurrenz, sondern durch Zwang. Das, so die Argumentation, helfe den angeblich »echten« Polen, ihren elenden Verhältnissen zu entkommen.

Von solchen Forderungen ist es nur ein kurzer Weg zum offenen Boykott, und tatsächlich leiden die jüdischen Ladenbesitzer unter mehreren, von antisemitischen Parteien organisierten Boykottwellen. Christliche Polen sollen nicht mehr bei ihnen einkaufen, so lautet die Forderung. Nach dem Tod Pilsudskis im Jahre 1935 verschärft sich die Lage: Selbst die Regierung in Warschau ruft nun zum Boykott auf und geht mit schlechtem Beispiel voran, in dem sie staatliche Aufträge an jüdische Firmen unterbindet. Zwar spricht sich die Regierung strikt gegen antijüdische Gewalttaten aus. Doch die Gleichberechtigung aller polnischen Bürger steht nur noch auf dem Papier.

August Kardinal Hlond, zugleich der Primas von Polen, lässt 1937 ein Rundschreiben in den Kirchen verlesen: »In Handelsbeziehungen ist es rechtmäßig, seine eigenen Leute zu bevorzugen, jüdische Geschäfte und jüdische Stände auf dem Markt zu meiden, aber es ist falsch, jüdische Läden zu plündern, jüdische Waren zu vernichten, Fensterscheiben einzuschlagen und Bomben auf ihre Häuser zu werfen. Es ist notwendig, Schutz vor dem schädlichen unmoralischen Einfluss der Juden zu finden, […] aber es ist falsch, Juden anzugreifen, sie zu schlagen, zu verletzen oder zu verleumden.«[1]

In Radom tauchen antisemitische Plakate auf. An Mauern und Zäunen steht: »Juden, geht nach Palästina.«

Auch das Geschäft der Familie Korman bekommt den Boykott zu spüren. Eines Tages stehen Männer vor dem Geschäftseingang. Sie tragen Schilder mit der Aufschrift »Kauft nicht bei Juden« und versperren potentiellen Kunden den Weg. Sie wenden keine Gewalt an, so dass die Polizei keinen Grund zum Eingreifen erkennen will. Doch die Stammkunden lassen sich nicht beirren und betreten den Laden durch die nicht überwachte Hintertür. Erst nach einigen Tagen ziehen die Antisemiten wieder ab.

»Gegen den Boykott half nur, einfach besser zu sein«, sagt Ian Korman heute. »Kinder haben gelegentlich mit Steinen nach Juden geworfen«, berichtet er. »Ich selbst habe aber körperlich keinen Antisemitismus zu spüren bekommen.« Die Antisemiten zwingen die Geschäftsbesitzer, ihre vollständigen Namen an der Fassade anzubringen – so wird aus »M. Korman« »Mordka Korman« [Mordka steht für Mordechai], und damit ist der Inhaber als jüdisch erkennbar. Doch die allermeisten christlichen Kunden kommen weiter zum Einkaufen – denn bei den Kormans stimmen Angebot und Preise. Trotzdem sind Hannah und Mordechai Korman beunruhigt: »Die Polen galten als unsere Feinde. Und die Eltern sagten uns, dass wir vorsichtig sein sollten.«

Es bleibt nicht beim Boykott von jüdischen Geschäften. Manche Politiker verlangen öffentlich einen Entzug der Bürgerrechte für Juden. Andere fordern, dass die Minderheit aus dem Land entfernt werden müsse – etwa auf die Insel Madagaskar. An den Universitäten des Landes wollen christliche Studenten nicht länger neben ihren jüdischen Kommilitonen sitzen. Sie kämpfen für einen Numerus clausus gegen Juden – und für »Ghettobänke«. Tatsächlich werden Juden in den dreißiger Jahren an vielen Hochschulen zwangsweise separiert. Sie müssen in den Seminaren und Vorlesungen auf besonderen Sitzen Platz nehmen. In Warschau setzen die Antisemiten im Semester 1938/39 gar »judenfreie Tage« durch. An allen Universitäten wird ein Numerus clausus eingeführt, nach dem nur noch acht Prozent der Studenten Juden sein dürfen – vorher waren es rund fünfundzwanzig Prozent gewesen.

Mitte der dreißiger Jahre eskaliert die Gewalt. Besonders in kleineren Gemeinden kommt es zu Pogromen. Bisweilen genügt dazu ein nichtiger Anlass. Häufig beginnen die Ausschreitungen aber dann, wenn ein Jude, ob in Notwehr oder nicht, einen christlichen Polen getötet hat. Die aufgehetzte Landbevölkerung, bisweilen unterstützt vom Klerus auf der Kanzel, greift zu Mistgabeln und Gewehren und zieht gegen ihre jüdischen Nachbarn los. Es kommt zu Todesopfern. Manche Dorfjuden müssen in die Städte flüchten. Andere beginnen sich selbst zu bewaffnen, um einem Pogrom nicht schutzlos ausgeliefert zu sein.

Nicht weit von Radom entfernt liegt die kleine Stadt Przytyk, in der die Juden fast neunzig Prozent der Bevölkerung ausmachen. Dort haben Juden aus Furcht vor einem bevorstehenden antisemitischen Überfall eine Bürgerwehr gegründet. Am 4. März 1936 besucht eine Delegation Przytyker Juden den Bezirksgouverneur in Radom und berichtet ihm von einem Pogrom, das fünf Tage später stattfinden soll. Doch die Behörden greifen nicht ein. Am 9. März ist Markttag in der Kleinstadt. Als ein Polizist einen der Boykott-Aktivisten festnimmt, weil dieser christliche Bauern daran hindern will, bei einem jüdischen Bäcker einzukaufen, eskaliert die Situation blitzschnell. Eine Menschenmenge greift die jüdischen Marktstände an und zerstört viele von ihnen. Die jüdische Selbstwehr beginnt mit der Verteidigung, sie verfügt über etwa zwanzig Pistolen. Einige der christlichen Bauern werden verletzt, davon einer schwer. Die Antisemiten räumen zunächst das Feld, kehren dann aber schwer bewaffnet zurück und greifen die Juden erneut an. In den anschließenden Auseinandersetzungen sterben ein christlicher Bauer und zwei Juden.

Der Schock unter den Juden ist groß. Noch größer wird die Empörung, nachdem der Radomer Bezirksgouverneur schon am nächsten Tag nach einer Ortsbesichtigung erklärt, die Krawalle seien das Ergebnis einer jüdischen Provokation. Der Pogrom macht Schlagzeilen in der ganzen Welt. Ende Juni 1936 fällt schließlich das Bezirksgericht Radom sein Urteil über die Ausschreitungen von Przytyk: Elf Juden werden zu Gefängnisstrafen zwischen sechs Monaten und acht Jahren verurteilt, während neununddreißig der angeklagten Christen nur eine Haftstrafe zwischen sechs Monaten und einem Jahr erhalten. »Der Urteilsspruch von Radom hat auf die jüdische Bevölkerung einen niederschmetternden Eindruck gemacht und wirkt wie ein zweiter Pogrom«, schreibt die Berliner *Jüdische Rundschau*.[2] Tausende Juden ziehen kurz darauf in einer Protestdemonstration durch Radom.

Israel Sumer ist gerade neun Jahre alt geworden, als das Urteil ergeht. Das Bezirksgericht liegt an der Zeromskiego-Straße, gleich um die Ecke von der elterlichen Wohnung. Er erinnert sich: »Ich kannte Przytyk. Viele Leute aus dem Städtchen pflegten zum Einkaufen in unseren Laden zu kommen. Ich erinnere mich noch, wie empört die Menschen über den Pogrom waren, auch wenn ich damals nicht alles verstanden habe. Das Urteil war eine Schande.«

Viele Juden erwägen einen radikalen Bruch in ihrem Leben. Da ist zum Beispiel der Sohn von Israel Sumers Onkel Jakob. Korman berichtet: »David wurde in der Jeschiwa so religiös, dass er nicht einmal mehr seiner Mutter die Hand geben wollte. Sechs Monate später wurde er verhaftet, weil er Kommunist geworden war. Dasselbe geschah mit einem Sohn des Rabbis aus dem Stibl. Aber obwohl auch er sich dem Kommunismus zugewandt hatte, kam er zum Gebet immer noch in jüdischer Kleidung und trug einen Bart.«

Andere Juden entscheiden sich in der aufgeheizten Atmosphäre zum Auswandern. Zu dem grassierenden Antisemitismus kommen wirtschaftliche Schwierigkeiten wie die galoppierende Inflation und eine rigorose Steuererhöhung hinzu, die den Kleinhändlern – gleich ob jüdisch oder christlich – die Existenz erschweren. In den Vereinigten Staaten, dem traditionellen Ziel vieler Ostjuden seit dem neunzehnten Jahrhundert, sind neue Regeln in Kraft getreten, die eine Immigration stark einschränken. Anders in Palästina: In der früheren Provinz des Osmanischen Reichs regiert seit Ende des Ersten

Weltkriegs Großbritannien mit einem Mandat des Völkerbundes. Der britische Außenminister Lord Balfour verspricht den Juden im Jahre 1917 Hilfe bei der Einrichtung eines »nationalen Heims für das jüdische Volk«. Die Zionisten hoffen auf die Verwirklichung ihres Traums von der Wiedergeburt eines jüdischen Staates. Auch die Einwanderung nach Palästina ist nicht frei, doch die Quoten sind zunächst großzügig bemessen. So kommt es, dass in der vierten »Alijah« [Hebräisch: »Aufstieg« für den Einzug ins Gelobte Land] in den zwanziger Jahren fast fünfundvierzigtausend polnische Juden nach »Erez Israel« [Hebräisch: »das Land Israel«] einwandern.

Die Frage, ob es in Polen noch eine Zukunft für die Juden gibt, beherrscht viele Diskussionen in den kleinen Städten und Dörfern, aber auch in den Zentren wie Warschau und Radom. Es entstehen die unterschiedlichsten zionistischen Gruppierungen, die eine Wiedergeburt des jüdischen Volkes in Palästina propagieren – religiöse Zionisten und gemäßigte Sozialisten, Bürgerliche wie die Bewegung von Wladimir Jabotinksy oder linksradikale wie Poale Zion, die sich gegenseitig erbittert bekämpfen. Ortsgruppen bilden sich auch in Radom. Sie erhalten mehr und mehr Zulauf.

So ist es kein Wunder, dass der Zionismus auch im Hause Korman zum Diskussionsthema wird. Mordechai bleibt skeptisch. Doch die emanzipierte Hannah hat genug von den ewigen Diskriminierungen in Polen und setzt auf ein neues Leben dreitausend Kilometer von der Heimat entfernt im Nahen Osten. »Ihr Ziel war es, nach Palästina zu gehen«, erinnert sich Ian Korman. »Sie wollte nicht mehr in Polen leben. Sie sagte, der einzige Platz für Juden sei Palästina. Aber sie war nicht Mitglied in einer zionistischen Gruppe. Mutter misstraute jüdischen Organisationen.«

Im ersten Stock der Zeromskiego 7 entbrennen heiße Debatten zwischen den Eltern. Der Vater kann auf die unsichere Lage in Erez Israel und die wirtschaftliche Not dort verweisen. Ende der zwanziger Jahre ist die Arbeitslosigkeit in Palästina stark gestiegen, viele Einwanderer kehren enttäuscht in ihre alte Heimat zurück. 1927, im Geburtsjahr von Israel Sumer, übersteigt die Zahl der

Rückkehrer sogar die der Immigranten. Das zionistische Projekt scheint auf Sand gebaut. Mordechai muss keine volkswirtschaftlichen Vorträge halten, er kann auf ganz konkrete Menschen verweisen: Viele Verwandte haben inzwischen versucht, sich in Tel Aviv, der ersten jüdischen Stadt der Neuzeit, eine Existenz aufzubauen. Sie sind fast alle gescheitert. Yeshayahu Korman, ein Verwandter des Vaters, der in den zwanziger Jahren nach Palästina ging, fand dort kein Auskommen und lebt inzwischen unter dem Namen Stanley Korman in Australien. Auch Mordechais Schwester Hinda hat es mit ihrer Familie probiert und ist 1928 ins Gelobte Land gegangen. Sie kommt 1930 desillusioniert nach Polen zurück. Und schließlich ist da noch die andere Schwester, Hayale, die mit Ehemann und Kind versucht hat, in Palästina zu leben, und ebenfalls zurückkehren musste. Ian Korman: »Vater wusste nicht, wie man dort überleben sollte. Wenn er nach Palästina ginge – würde er ebenfalls scheitern? Also war er widerstrebend.«
Aber auch Hannah Korman geborene Potaznik, hat eine Schwester, die nach Erez Israel emigriert ist. Anders als die Geschwister von Mordechai Korman ist die kinderlose Tobale Feldstein mit ihrem Mann Mottel nicht wieder zurückgekommen, sondern geblieben, lebt in gesicherten wirtschaftlichen Verhältnissen und bewohnt ein Haus in Tel Aviv. Sie könnte als erster Anlaufpunkt bei einer Auswanderung dienen. Hannah hat weitere Argumente auf ihrer Seite: Was soll aus den Söhnen werden, wenn sie die Schule verlassen haben? Der Älteste, Lusek, geht inzwischen aufs Gymnasium und soll später einmal ebenso wie Mosche und der kleine Israel Sumer studieren. Kann man ihn etwa auf einer polnischen Universität immatrikulieren? Soll er dort den antisemitischen Verfolgungen durch seine Kommilitonen und Professoren ausgesetzt sein, gar auf einer »Ghettobank« Platz nehmen? Und schließlich: Steht ihre wirtschaftliche Situation in Radom wirklich auf festen Beinen?

Sicher, der Familie geht es in diesem Moment gut. Das Geschäft floriert und wirft jährlich umgerechnet etwa zwölftausend Mark Gewinn ab.[3] Die Kormans können sich jährliche Urlaubsreisen in

Polen und andere Annehmlichkeiten leisten. Doch nicht nur Hannah weiß, dass ihre Familie eine Ausnahme ist. Die meisten Radomer Juden sind arm, sogar bettelarm. Die jüdische Wohlfahrt soll sich um sie kümmern, doch viele Menschen sind zu stolz, um Geld anzunehmen. »Es gab einen Tag in der Woche, an dem alle Bettler kamen. Einigen gab meine Mutter etwas zu essen, aber die meisten erhielten Geld«, sagt Ian Korman. Jeden Freitag erklimmt zum Beispiel eine alte Frau die Treppen zur Wohnung der Familie Korman im ersten Stock. Bei sich trägt sie einen leeren Topf, der ihr kurz vor Beginn des Schabbat mit Suppe gefüllt wird. Die Armut tritt nicht nur im jüdisch geprägten Viertel an der Walowa-Straße offen zutage. Sie verbirgt sich auch an der scheinbar so gut situierten Zeromskiego. Israel Sumers ältester Bruder Lusek geht auf Geheiß der Eltern regelmäßig zu einem Uhrmacher nur einige Häuser weiter und bringt ihm etwas zu essen. Der Mann unterhält in einem Hinterhof eine winzige Werkstatt. Er lebt und arbeitet mit Frau und zwei Kindern in einem einzigen Zimmer. Ein Arbeitstisch, zwei Betten, ein Esstisch und ein paar Stühle sind alles, was die Familie besitzt.

Korman sagt: »Meine Mutter hat sehr viel geschrieben. Häufig schrieb sie, wie schlecht sie sich in Polen fühle – aber nicht wegen des grassierenden Antisemitismus. Sie schrieb über die furchtbare wirtschaftliche Lage der Juden. Über Verwandte, die nicht wussten, woher am nächsten Tag das Brot kommen sollte. Sie wollte nach Palästina gehen, weil sie es in Polen nicht mehr ausgehalten hat. Und sie glaubte, dass es für die Juden in Polen keine Zukunft gebe.«

Am 19. Februar 1934 richtet Hannah einen Brief an ihre Schwester Tobale und deren Mann in Tel Aviv: »In meinem letzten Brief schrieb ich Euch, dass ich mich entschlossen habe, zu der Ausstellung nach Erez Israel zu kommen, denn das ist die einzige Möglichkeit, um meinen brennenden, unerfüllten und einzigen Wunsch zu erfüllen. Ohne Erez Israel kann ich keinerlei Existenz für mich sehen – keine Fröhlichkeit, kein Leben, keine Lösung.

Und sogar das allerbeste Leben, das allerbeste vom Besten in der Welt, ließe mich niedergeschlagen und unglücklich zurück, sollte ich es hier im Galut finden.«[4]

Die Diskussionen zwischen dem Ehepaar Korman um eine Auswanderung nach Palästina enden mit einem Kompromiss. Einerseits setzt sich der Vater durch, und die Familie bleibt in Radom. Andererseits jedoch entschließt sich die Mutter 1934 zur Fahrt nach Erez Israel – eine höchst ungewöhnliche Unternehmung für eine Frau in den dreißiger Jahren des vorigen Jahrhunderts, die noch dazu religiös geprägt ist. Es ist wohl eine Art Probereise, während der Hannah feststellen will, ob ein Umzug wirtschaftlich möglich wäre. Das Land gefällt der elegant gekleideten Frau auf Anhieb sehr gut. Sie genießt die Aufbruchstimmung unter den Juden. In Tel Aviv trifft sie ihre Schwester Tobale wieder. Palästina boomt jetzt. Seit die Nazis im Vorjahr in Deutschland die Macht übernommen haben und mit Gesetzen und Verordnungen die Juden drangsalieren, wandern Tausende deutsche Juden ein. Anders als die früheren Immigranten aus Russland und Polen sind viele von ihnen wohlhabender und bringen daher Geld ins Land mit. Tel Aviv ist eine einzige große Baustelle, wo modernste Architektur nach dem Bauhausstil realisiert wird. Hier geht es ganz anders zu als in Radom. In Tel Aviv leben ausschließlich Juden, vom Schuhputzer bis zu Bürgermeister Meir Dizengoff. Zeitungen und Plakate, die Ladenreklame – alles ist auf Jiddisch oder Hebräisch verfasst. Es gibt kein Ghetto mit seinen engen, schmutzigen Gassen und keine christlichen Polizisten, die am Sonntag darauf achten, dass die Läden geschlossen bleiben. Schon gar nicht existieren »Ghettobänke« für die Studenten an der Universität in Jerusalem, Boykottaufrufe gegen jüdische Geschäfte oder antisemitische Popen, die mit erhobenem Zeigefinger vor der angeblich so verderbten jüdischen Moral warnen.

Nach einigen Wochen kehrt die Mutter begeistert nach Polen zurück. Sie bringt Bücher und Fotos mit nach Hause – und eine Kokosnuss, wie sich Ian Korman deutlich erinnert: »Ich dachte damals, Palästina müsse ein sehr schöner Ort sein. Ich wollte dort auch hingehen. Aber Mutter wollte mich nicht mitnehmen, weil ich noch zu klein war.«

Wir wissen nichts von den Auseinandersetzungen zwischen ihr und ihrem Mann, die es nach ihrer Rückkehr gewiss gegeben haben wird. Jedenfalls bleibt die Familie weiter in Radom. Aber schon im nächsten Jahr fährt Hannah wieder nach Palästina und lässt sich dort mit Hilfe eines teuren »Kapitalistenzertifikats« als Einwanderin registrieren. Hannah hat sich von Verwandten Geld geliehen, und zusammen mit ihren Ersparnissen kauft sie in Tel Aviv einen der gerade entstandenen Wohnblöcke. Jetzt hat die Familie Korman schon einen Fuß in Erez Israel. Danach kehrt die Mutter erneut nach Polen zurück, aber von nun an wird sie jedes Jahr nach Palästina reisen. Ihr Mann bleibt währenddessen in Radom und führt das Geschäft alleine weiter.

Im Jahre 1935 beendet Israel Sumers ältester Bruder Lusek mit Erfolg das Gymnasium. Die Eltern entscheiden konsequent, dass der Sechzehnjährige nicht in Polen, sondern in Palästina studieren soll. Im Februar des nächsten Jahres bricht er zusammen mit seiner Mutter auf. Zwar gibt es in den dreißiger Jahren schon Flüge in den Nahen Osten. Doch die sind für Normalbürger unbezahlbar. Zunächst geht es deshalb nach Warschau, dann weiter mit dem Zug ins rumänische Constanza, wo beide das Schiff »Polonia« besteigen, das sie in fünf Tagen in die arabische Hafenstadt Jaffa bei Tel Aviv bringt. Der Junge kommt dort zunächst bei Tante Tobale unter, während die Mutter nach einigen Wochen wie geplant nach Radom zurückkehrt. Im Herbst beginnt Lusek sein Studium der Architektur am Technion in der Hafenstadt Haifa.

Der kleine Sumek besucht weiter die jüdische Grundschule und hat längst Lesen und Schreiben gelernt. Er entwickelt sich zum Bücherwurm. Statt Schularbeiten zu machen oder mit anderen jüdischen Kindern auf dem Hof zu spielen, versinkt er in Kinderbüchern. James Fenimore Coopers *Der letzte Mohikaner* und andere Wildwest-Geschichten sind seine Favoriten. Er entdeckt aber auch schon Yitzhak Faberowicz' *Urke Nachalnik*, einen Thriller des jüdisch-polnischen Autors. »Aber das musste geheim bleiben«. Korman sagt rückblickend über sich selbst: »Ich war ein Einzelgänger und brauchte nicht viele Freunde und Kontakte.«

Ein Höhepunkt des Jahres sind für Sumek die herrlich langen Sommerferien. Zusammen mit seiner Mutter fährt er in kleine Dörfer nahe Radom, wo sie sich bei Bauern einmieten. Der Blick reicht weit in der großen Ebene. Felder und Wälder wechseln sich ab, kleine Dörfer und Städte mit niedrigen Häusern, umgeben von Gärten, liegen verstreut darin. Der Klatschmohn blüht. Im Wald pflücken sie gemeinsam Walderdbeeren und Blaubeeren. Israel Sumer sehnt diese Urlaube herbei, heraus aus der engen Stadt, hinaus ins Grüne. Sein Vater kann nur ab und zu am Wochenende vorbeikommen, denn er kümmert sich weiter um das Geschäft.

Zweimal in den dreißiger Jahren fahren Vater und Israel Sumer zusammen in ein bekanntes polnisches Kurstädtchen. Einmal kommt auch der mittlere Sohn Mosche mit. Ciechocinek liegt in einem Talkessel und ist bekannt für sein mildes Klima. Durch den weiten Kurpark mit seinem Teich und Springbrunnen führt eine breite Allee. In der hölzernen Konzertmuschel spielen Orchester auf. Korman erinnert sich: »Ciechocinek war berühmt für sein salzhaltiges Wasser, und dann gab es dort auch noch ein Wasser mit einem geringen Anteil an Ölen, das als sehr gesund galt.« Sie verbringen einige unbeschwerte Tage: »Wir wohnten in einer schönen jüdischen Pension. Es war alles sehr luxuriös. In diesem Städtchen setzte mich mein Vater auf ein Pferd, und der Pferdebesitzer sagte: ›Oh, er ist ein Jude, aber er macht das gut.‹ An so etwas erinnert man sich.«

Der Junge bekommt nichts davon mit, dass die politische Lage in Mitteleuropa immer bedrohlicher wird. Das Deutsche Reich rüstet auf. 1936 besetzt die Wehrmacht das entmilitarisierte Rheinland, ohne auf Widerstand zu stoßen. Zwei Jahre später, im März 1938, marschieren die Deutschen in Österreich ein. Die meisten Österreicher jubeln. Der langgehegte Wunsch Adolf Hitlers vom »Anschluss« seiner Heimat an Deutschland ist Realität geworden. Doch dabei bleibt es nicht. Als Nächstes stehen für Hitler und die Nazis die Einverleibung der mehrheitlich deutsch besiedelten Sudetengebiete in der Tschechoslowakei auf dem Plan. Immer wüster werden die Beschimpfungen gegen die Regierung in Prag. Die britische Regierung will einen Krieg verhindern. Premierminister Neville Chamberlain verhandelt mit Adolf Hitler in München ohne Mitwirkung der tschechischen Regierung. »Frieden in unserer Zeit« nennt er das im September 1938 abgeschlossene Münchner Abkommen, das es den Deutschen erlaubt, das Sudenland zu besetzen und dem Reich einzugliedern. Schon im März des folgenden Jahres bricht Hitler das Münchner Abkommen und lässt die Wehrmacht in Prag einmarschieren. Die Beziehungen Polens zu Nazi-Deutschland, die zeitweise miteinander verbündet waren, verschlechtern sich zunehmend. Im Innern verschärfen die Nazis ihre judenfeindliche Politik. Immer mehr Juden werden enteignet und ihr Besitz »arisiert«.

Gegen Ende des Jahres 1938 lernt der elfjährige Israel Sumer den Antisemitismus der Deutschen zum ersten Mal aus eigener Anschauung kennen. Denn zu dieser Zeit bekommt er einen neuen Freund: Felix Berger ist in seinem Alter und jüdisch, doch er versteht zunächst kaum die jiddische Sprache seiner neuen Umgebung. Felix kommt aus Stettin in Deutschland. Er, seine vier Geschwister und seine Mutter sind von den Nazis in einer Nacht-und-Nebel-Aktion nach Polen deportiert worden, obwohl sie alle in Deutschland geboren wurden. Ihr einziges Vergehen: Sie besitzen die polnische Staatsangehörigkeit, weil die Großeltern ursprünglich aus Polen stammten. So wie Familie Berger geht es im Oktober 1938 rund achtzehntausend polnischen Juden in Deutschland.

Felix' Schwester Irmgard hat die Nazi-Verfolgung überlebt. Sie erinnert sich, dass am Abend ihres zehnten Geburtstags zwei Polizisten in ihr Haus in Stettin eindrangen: »Die Polizisten schubsten unser Kindermädchen von der Tür weg und kamen direkt in unser Wohnzimmer. Meine großen Brüder Felix und Eduard saßen am Esszimmertisch und machten Hausaufgaben für den Erd-kundeunterricht. Die Polizisten sagten, ich solle ins Bett gehen.« Die Polizei wartet auf Vater und Mutter. Doch Fritz Berger, Inha-ber eines Großhandelsgeschäfts für Tuchwaren, befindet sich in Berlin, um sich dort um Visa für ihre Auswanderung in die USA zu kümmern.

Früh am nächsten Morgen wird Irmgard von der heimgekehrten Mutter geweckt, Butterbrote werden geschmiert, einige Sachen eiligst in kleine Koffer gepackt, und dann geht es im schwarzen Au-to der Gestapo zum Stettiner Polizeihauptquartier, wo sie viele Freunde und Verwandte treffen, die man ebenfalls festgenommen hat. Dort sprechen die Polizisten gegenüber den Kindern von ei-nem »netten Ausflug«, den die Familie schon bald machen werde. Irmgard Berger berichtet: »Wir sagten, es sei aber doch Schule. Sie meinten, wir sollten uns nicht darum kümmern, es sei für alles ge-sorgt. Dann mussten wir alle in einen ganz normalen Zug einsteigen, der zur nächsten polnischen Grenzstadt fuhr. Sie ließen uns heraus, und der Zug fuhr nach Deutschland zurück.« Die Mutter Pepi Ber-ger steht mit ihren Kindern Eduard, Felix, Irmgard, Marlit und dem gerade fünfjährigen Joachim völlig mittellos am Bahnsteig.

Die polnischen Grenzstädte sind überfüllt von deportierten Ju-den aus ganz Deutschland. Irmgard berichtet weiter: »Wir spra-chen kein Polnisch, wir konnten nur Deutsch. Die jüdischen Kin-der in Polen sprachen alle Jiddisch. In dem Moment, wo wir zu sprechen begannen, nannte man uns Nazis. Wir wollten sie nicht beleidigen, aber wir wollten auch nicht als Nazis beschimpft wer-den.« Nach einer wochenlangen Odyssee durch polnische Städte landet Familie Berger schließlich in Radom. Ein jüdisches Hilfs-komitee bringt sie dort bei verschiedenen Familien unter. Felix wohnt bei den Kormans.

Korman erinnert sich an seinen Freund: »Felix blieb ungefähr ein Jahr bei uns und gehörte während dieser Zeit zur Familie. Er erzählte mir, wie die Nazis mit den Juden umgegangen waren. Aber er war wirklich blind gegenüber der Situation in Deutschland. Auf der einen Seite wusste er von der ›Kristallnacht‹ kurz nach ihrer Deportation nach Polen. Sein Vater war anschließend in ein Konzentrationslager gebracht worden. Auf der anderen Seite verteidigte er immer noch Deutschland und war von den Nazis beeindruckt. Wir hatten zum Beispiel große Diskussionen darüber, welche Armeelastwagen besser wären, die deutschen oder die polnischen. Er freundete sich in Radom auch mit nichtjüdischen Jungen an. Er hat wohl die Situation nicht ganz begriffen.«

Felix' Mutter Pepi, die in ihrem bisherigen Leben in Stettin einen Haushalt führte, muss nun in Radom die Familie alleine über Wasser halten. Sie besucht einen Kurs, um zu lernen, wie man Damenunterwäsche herstellt, und macht sich danach als Korsettnäherin mit einem kleinen Geschäft selbständig. Sie freundet sich mit Hannah Korman an. Irmgard Berger berichtet: »Frau Korman war eine für die damalige Zeit sehr ungewöhnliche Frau. Sie war unglaublich energiegeladen. Meine Mutter und Frau Korman hatten vieles gemeinsam. Sie wollten beide, dass ihre Familien aus Polen herauskommen.«

Doch die Frauen finden keinen Weg zu einer raschen Emigration. Im Gegenteil, Israel Sumers Bruder Lusek trifft Ende 1938 wieder in Radom ein. Er ist mit dem Architekturstudium in Haifa nicht mehr zurechtgekommen und hat beschlossen, lieber Arzt zu werden. Medizin wird aber in ganz Palästina nicht gelehrt, und deshalb bewirbt er sich an verschiedenen britischen Universitäten um einen Studienplatz. Die Hochschule im schottischen Edinburgh nimmt Lusek als Medizinstudenten an, allerdings erst mit Beginn des Studienjahres 1939/40.

Anfang 1939 ist die Kriegsgefahr deutlich spürbar. Deutschland stellt weitreichende Forderungen an Polen. Die polnische Armee verstärkt ihre Truppen im Gebiet zwischen Ostpreußen und Pommern. In Deutschland verbreiten die Nazis Gräuelpropaganda und behaupten, dass die deutsche Minderheit im Nachbarstaat übel drangsaliert werde.

In dieser Situation beschließen Hannah und Mordechai Korman, dass ihr Sohn Lusek besser bei den Verwandten in Palästina warten soll, bis sein Studium in Schottland beginnt. Inzwischen hat auch der mittlere Sohn Mosche das Gymnasium in Radom abgeschlossen. Und so reisen beide im Februar 1939 nach Erez Israel. Zurück bleiben die Eltern mit dem jüngsten Sohn Israel Sumer.

Der steht kurz vor dem Ende der Grundschule und soll im Herbst aufs Gymnasium wechseln. Doch seine Leistungen lassen zu wünschen übrig. Israel Sumer vernachlässigt seine Hausaufgaben. Lieber sitzt er im großen Wohnzimmer und liest spannende Geschichten. Das rächt sich bei der Aufnahmeprüfung für die höhere Schule. Er berichtet: »Ich bin durchgefallen – in allen Fächern, Mathematik, Schreiben, einfach alles. Aber dann fand eine mündliche Prüfung statt. Da war ich brillant. Was immer gefragt wurde, ich wusste es. Also haben sie einen Vorgesetzten geholt, der mir einige Fragen gestellt hat. Unter anderem die, ob ich ihm die Namen der fünf Unterseeboote der polnischen Marine nennen könne. Das war kurz vor dem Krieg, es ging sehr nationalistisch zu. Ich nannte ihm die Namen und hatte damit die Prüfung bestanden, obwohl ich vorher in allen Fächern durchgefallen war.«

Danach beginnen die Ferien. In diesem Jahr macht die Mutter nicht wie sonst im Frühling, sondern erst im Sommer ihre jährliche Palästina-Reise. Im Juli schifft sie sich in Constanza ein. In Tel Aviv wohnt sie bei ihrer Schwester und deren Mann und trifft ihre geliebten Söhne Lusek und Mosche wieder. Der in Radom gebliebene Vater kann den Laden nicht einfach zusperren. Deshalb verbringen er und Israel Sumer Juli und August 1939 zu Hause.

Dieser Sommer ist ungewöhnlich heiß. In den Straßen und Gassen von Radom flimmert die Luft. Im Haus ist es kühler. Israel Sumer bleibt im Wohnzimmer und liest viel. Das Leben könnte so unbeschwert sein. Bald beginnt das Gymnasium. Der Junge weiß noch nicht, was er beruflich einmal machen möchte. Die Gegenwart ist zu schön, um sich über die Zukunft zu viele Gedanken zu machen.

Doch die Zukunft bedeutet Krieg. Im Sommer 1939 geht in

ganz Europa die Angst um. Warschau erhält immer neue Drohungen aus Berlin. Großbritannien und Frankreich versichern der polnischen Regierung ihre unverzügliche militärische Hilfe, sollte das Land von Deutschland angegriffen werden. Die polnische Armee bereitet sich auf einen Waffengang vor. Ihre Generäle geben sich überzeugt, die Deutschen besiegen zu können. Und selbst für den als unwahrscheinlich erachteten Fall, dass die Nazis Teile Polens erobern sollten, gibt es ja immer noch die Verbündeten, die dann Deutschland im Westen angreifen und auf Berlin marschieren würden.

Auch Mordechai Korman bekommt als aufmerksamer Zeitungsleser mit, was sich da zusammenbraut. Im August wartet er immer nervöser auf die Rückkehr seiner Ehefrau Hannah. Diese schreibt regelmäßig Briefe aus Palästina nach Hause. Ende des Monats besteigt sie endlich in Haifa ein Schiff, das über das libanesische Beirut und Alexandria nach Rumänien fahren soll. Mit ihr sind fünfzehn weitere polnische Juden an Bord, die nach einem Besuch bei ihren Verwandten nach Hause reisen wollen. Sonst ist der Dampfer nahezu menschenleer, die Kabinen verwaist – wer begibt sich schon freiwillig auf eine Reise in ein potentielles Kriegsgebiet? Aus der ägyptischen Hafenstadt schickt Hannah Korman eine Postkarte an die Lieben in Tel Aviv: »Liebe Tobale und Mottel und meine lieben, süßen Kinder! Gott sei Dank bin ich schon in Alexandria. Die Fahrt geht weiter, aber wir erhalten keine Neuigkeiten und wissen nicht, was in der Welt geschieht. Im Hafen ist kein einziger Passagier, und es liegt hier kein anderes Passagierschiff – nur Kriegsschiffe. Möge Gott uns helfen, dass wir sicher die Heimat erreichen. Allerbeste Grüße und viele Küsse. Mama.«[5] Kurz darauf nimmt der Dampfer Kurs auf Piräus.

Auch andere Menschen machen sich in diesen Tagen eiligst auf den Weg von Palästina nach Europa. Es sind junge Männer, Angehörige einer evangelisch-pietistischen Sekte, die dort eigene landwirtschaftliche Siedlungen unterhalten und tief gläubig auf die Wiederkehr des Heilands in Jerusalem warten. Sie nennen sich selbst Templer, und eines ihrer Dörfer namens Sarona liegt nur ein paar hundert Meter östlich der Stadtgrenze von Tel Aviv. Gut möglich, dass Hannah Korman bei einem ihrer Besuche in Erez Israel die gut gebauten steinernen Häuser mit ihren spitzen Giebeln gesehen hat, die so gar nicht in den Nahen Osten zu passen scheinen und die ein wenig an süddeutsche Provinzbahnhöfe erinnern. Die Templer sind Mitte des neunzehnten Jahrhunderts aus Württemberg eingewandert und in ihrem selbstgewählten Exil Deutsche geblieben. Viele von ihnen haben sich unter Leitung der NSDAP-Landesgruppe Palästina zu begeisterten Nazis entwickelt – mit Hakenkreuzfähnchen, Versammlungen der Hitlerjugend und Führer-Geburtstagsfeiern mitten im Heiligen Land. Nun erreicht die Wehrpflichtigen unter ihnen der Geheimbefehl, sofort nach Deutschland zu reisen – die Codewörter lauten »Führer« und »Der Chauffeur ist vorgefahren«. Der deutsche Konsul in Jerusalem, Wilhelm Melchers, hat zu diesem Zweck den griechischen Dampfer »Patris« gechartert. In der Nacht vom 31. August auf den 1. September verlässt das Schiff Haifa mit 232 Wehrpflichtigen und 88 Familienangehörigen an Bord. Es geht nach Athen. Fast alle Eltern, Schwestern, Großeltern und andere Verwandte bleiben im britischen Mandatsgebiet zurück.[6]

Am 1. September 1939, einem Freitag, erreicht Hannah Korman den griechischen Hafen Piräus vor Athen. In Europa hat am frühen Morgen dieses Tages der Zweite Weltkrieg begonnen. Die deutsche Wehrmacht marschiert in Polen ein und meldet an Adolf Hitler Sieg auf Sieg. Israel Sumers Mutter weiß nicht, wie sie nun nach Radom kommen soll. Sie weiß, dass ihr Weg mitten in den Krieg führen wird, doch sie lässt sich von diesem Weg nicht abbringen. »Jeder hier an Bord ist sehr traurig und niedergeschlagen, aber wir hoffen, dass wir mit Gottes Hilfe irgendwie nach Hause kommen werden«, schreibt Hannah aus Athen an die Verwandten in Tel Aviv.[7] Nach Radom kann sie keinen Kontakt mehr aufnehmen – der Postverkehr ist eingestellt.

Kapitel III

Jahre des Terrors

WÄHREND DIE DEUTSCHE WEHRMACHT in einem »Blitzkrieg« ge-
nannten Feldzug nach Polen einmarschiert und Mordechai und
Israel Sumer angstvoll auf die Rückkehr von Hannah Korman
warten, erreicht diese am 4. September 1939 die rumänische
Hafenstadt Constanza am Schwarzen Meer, die Endstation der
Schiffsreise. Hier erfährt sie, dass keine Züge mehr nach Polen
fahren. »Die Lage in Polen ist furchtbar, und wer weiß, wie es in
Radom zugeht«, schreibt sie.[8] Herr Wachsmann, ein befreundeter
Reisebüromitarbeiter in Constanza, hat die Post für sie gesammelt, und so erfährt sie wenigstens die letzten Neuigkeiten von der
Verwandtschaft aus Tel Aviv. Sie nimmt einen Zug in Richtung der
polnischen Grenze, doch schon am nächsten Morgen endet die
Fahrt in Czernowitz, damals in Rumänien und heute in der
Ukraine gelegen. Das dortige polnische Konsulat verspricht, dass
am nächsten Morgen ein Zug bis zur polnischen Grenze gehen
wird. Aus Polen strömen Tausende Flüchtlinge über die Grenze
nach Rumänien. Hannah Korman und ihre kleine Gruppe polnischer Juden auf der Rückreise von Palästina nehmen den ent-
gegengesetzten Weg – ins Kriegsgebiet. Tatsächlich schafft sie es
irgendwie, aus Rumänien und über die Linien der deutschen
Wehrmacht Radom zu erreichen. Am 17. September meldet Hannah über Herrn Wachsmann in Constanza, der der Familie Korman von nun an als Poststelle zwischen den Feindstaaten
Deutschland und dem britischen Palästina dient, ihre Rückkehr
nach Radom an die Verwandtschaft in Tel Aviv. Vater, Mutter und
der zwölfjährige Israel Sumer sind endlich wieder vereint – doch
sie leben in einem besetzten Land.

Die Polnische Republik hat aufgehört zu existieren. Gegen die deutsche Übermacht hatte die polnische Armee keine Chance. Und die internationale Hilfe für den polnischen Staat stand nur auf dem Papier: Großbritannien und Frankreich haben Deutschland zwar am 3. September 1939 den Krieg erklärt, wie es der Bündnisvertrag vorsah. Doch sie sind weitgehend untätig geblieben und haben im Westen kaum einen Schuss abgefeuert. Zuletzt, am 17. September, dem Tag, an dem Hannah Korman der Verwandtschaft in Palästina ihre Rückkunft mitteilt, greift die sowjetische Rote Armee gemäß dem geheimen Zusatzprotokoll im Nichtangriffspakt zwischen Deutschland und der Sowjetunion völlig überraschend den kaum verteidigten Osten des Landes an. Die Sieger teilen den Staat unter sich auf. Der Westen Polens wird dem Deutschen Reich einverleibt, der Osten fällt an die Sowjets. Im deutsch besetzten Zentralpolen richten die Nazis auf Befehl Hitlers ein kolonieähnliches »Generalgouvernement« ein. Sein Chef mit Dienstsitz in Krakau wird Hitlers Kronjurist Hans Frank.

Die Deutschen lassen vom ersten Tag an keine Zweifel an ihrer antipolnischen und antisemitischen Einstellung. Noch während des deutschen Vormarschs kommt es zu Gewaltexzessen. Ganze Dörfer werden niedergebrannt, wenn dort Widerständler auch nur vermutet werden. Vielfach wird die männliche Bevölkerung zusammengetrieben und erschossen. Hinter der Front wüten Einsatzgruppen, die Lehrer, Professoren und andere Akademiker systematisch ermorden – in dieser Bevölkerungsgruppe vermuten die Deutschen potentielle Unruhestifter und mögliche Anführer eines späteren Aufstands. Ermordet werden auch viele Insassen von Heil- und Pflegeanstalten, die in den Augen der Nazis »unwertes Leben« darstellen.

Industriebetriebe werden schon nach wenigen Wochen enteignet und deutschen Treuhändern unterstellt. Ziel der Deutschen ist die systematische Ausbeutung der Menschen. »Die wirtschaftlichen Kräfte des Landes werden voll und ganz in den Dienst der deutschen Kriegswirtschaft gestellt«, heißt es in den Richtlinien des Oberkommandos des Heeres von Anfang Oktober 1939.[9] Die Arbeitszeiten werden verlängert, Urlaubsansprüche verkürzt und die Löhne gesenkt. Arbeiten ist Pflicht, und Zehntausende Menschen werden unter Drohungen zur Arbeit nach Deutschland gebracht, um dort an Stelle von Deutschen eingesetzt zu werden, die von der Wehrmacht eingezogen worden sind. Polen gelten in den rassistischen Kategorien der Nazis als »Slaven« und damit als »Untermenschen«.

Die Juden stehen in den Augen der deutschen Besatzer auf einer noch niedrigeren Stufe und gelten zudem als »Bedrohung« der »arischen Rasse«. Noch existieren bei den Nazis keine Pläne zu ihrer physischen Vernichtung. Doch schon sind sie für viele der Soldaten der einmarschierenden Wehrmacht nichts weiter als Freiwild. Für die deutschen Bürokraten, die in Radom in der Bezirksverwaltung arbeiten und ein Arbeitsamt zur lückenlosen Registrierung aller Arbeitskräfte ab dem zwölften Lebensjahr einrichten, sind sie kostenlose Arbeitskräfte, die zu den schwersten Arbeiten etwa im Straßenbau oder der Wasserwirtschaft herangezogen werden. Für den Sicherheitsdienst (SD) und die Sicherheitspolizei, die in Radom an der Zeromskiego-Straße ihre Büros einrichten, sind sie keine menschlichen Wesen.

»Es ging Stufe um Stufe«, erinnert sich Ian Korman. »Es begann alles sehr langsam. Die Deutschen ergriffen Juden und schnitten ihnen die Bärte ab. Sie führten die Menschen von der Straße weg zur Zwangsarbeit. Ich persönlich hatte Glück und bin nicht abgeführt worden.« Das Gymnasium aber, für das er sich vor dem Sommer qualifiziert hat, darf Israel Sumer keinen einzigen Tag lang besuchen. Eine der ersten Maßnahmen der Nazis im ganzen Generalgouvernement ist ein vollständiges Schulverbot für Juden. Jüdische Schulgebäude und das Vermögen ihrer Institutionen werden beschlagnahmt. Auch die Synagogen müssen geschlossen werden. Nur in einigen der kleinen Stibl können die Juden noch im Geheimen zum Gebet zusammenkommen. Zu Yom Kippur, dem höchsten jüdischen Feiertag, dringen deutsche Soldaten in eines der chassidischen Bethäuser in Radom ein und verprügeln die betenden Besucher. »Sie befahlen ihnen, die Thora-Rollen zu zerreißen und die Pergamente ins Feuer zu werfen«, erinnert sich eine Augenzeugin.[10]

Ian Korman sagt: »Vater wollte bleiben und sehen, was passiert. Er und Millionen andere dachten, dass sich die Lage schon wieder beruhigen würde. Wir führten unser Geschäft zunächst weiter. Man hoffte: Wenn die Deutschen erst einmal sehen, dass alles in Ordnung ist, können die Juden so weiterleben wie bisher.« Doch das ist ein Trugschluss.

Ian Kormans Sätze werden knapp, wenn er nach Einzelheiten der Verfolgung gefragt wird. Es ist schmerzvoll für ihn, sich an die Gräuel in seiner Kindheit zu erinnern. Viel lieber spricht er von den kleinen und seltenen positiven Ereignissen, Ausnahmen in einem Alltag, der von Verboten, Erniedrigungen und Diebstählen geprägt war.

Zu den Kunden in Kormans Geschäft gehören jetzt auch Soldaten der Wehrmacht. Häufig stehlen sie. Warum auch bei einem Juden, diesem »Abschaum«, bezahlen? Israel Sumer rennt dann hinaus auf die Straße zum nächsten Posten und bittet die dort stationierten Militärpolizisten einzuschreiten. Doch sie kümmern sich nicht um den Appell des jüdischen Jungen und vertreiben ihn wie eine lästige Fliege. Ein einziges Mal, im November 1939, kommt es anders.

Ian Korman: »Das ist eine Geschichte, die ich zehnmal am Tag erzählen könnte, weil sie so wundervoll ist. Ich fange dann an zu weinen. Eine Gruppe Soldaten kam damals in unseren Laden und begann Dinge zu stehlen. Wie üblich ging ich zu dem Militärposten, etwa fünfzig Meter die Straße hinunter. Aber dieses Mal sagten sie nicht ›hau ab!‹ zu mir. Die zwei Polizisten baten mich, ich solle sie in den Laden führen. Wir kamen zu unserem Geschäft. Sie gingen hinein und begannen die Soldaten auszuschimpfen: ›Was macht ihr da? Habt ihr bezahlt? Bezahlt das jetzt sofort! Wenn ihr nicht bezahlen wollt, dann lasst die Sachen hier und geht.‹ Die Soldaten zahlten. Die beiden Polizisten blieben bei uns. Nach etwa einem halben Tag wollte ein Soldat wieder etwas stehlen. Und der sagte zu unseren Polizisten: ›Wisst ihr, wen ihr da beschützt? Schaut draußen auf das Ladenschild.‹ Da draußen stand ja unser jüdischer Name geschrieben – Mordka Korman, es konnte nicht jüdischer sein. ›Ihr bewacht hier Abraham‹, sagte der Soldat. Aber einer der Polizisten antwortete ihm: ›Dieser Laden darf nicht angerührt werden.‹ Er wusste, dass wir Juden waren. Die beiden Polizisten blieben insgesamt zwei Tage in unserem Geschäft. Es war so schön, mit ihnen zu sprechen. Und sie benahmen sich wie menschliche Wesen. Für uns war es wie ein Wunder, dass uns diese Leute ebenbürtig behandelten und nicht von oben herab. Mir erschienen sie wie zwei Engel. Sie kamen aus einer anderen Welt. Am Ende des zweiten Tages sagten die Polizisten meinem Vater, dass sie leider gehen müssten, ihr Transport würde kommen. Mein Vater schenkte jedem von ihnen ein Paar gefütterte Handschuhe. Sie wollten sie erst nicht annehmen und sagten, das sei wirklich nicht nötig. Aber am Ende haben sie die Handschuhe doch genommen. Sie verließen uns, und ich hoffe wirklich, dass die beiden gut durch den Krieg gekommen sind.«

Menschlichkeit gegenüber Juden zu zeigen ist also durchaus möglich – aber die Regel sind Gewaltexzesse. Die Radomer Jüdin Maria Friedman erinnert sich an einen Vorfall Ende 1939: »Viele jüdische Bürger wurden vor der Kirche versammelt, wo man ihnen die Köpfe und Gesichter kahlrasierte und sie zu Gebeten, Sportübungen, Bekreuzigungen usw. zwang. Man befahl ihnen, einen Haufen Steine von einem Platz zum anderen zu tragen und dann wieder zurück, bis ihre Kräfte völlig erschöpft waren. Danach mussten sie sich mit Leinen zusammenbinden, ihre Kleidung mit Ölfarbe beschmieren, durch die Straßen marschieren und zu Blechtrommelbegleitung singen. [...] Später wurden sie in die Waffenfabrik geschleppt, wo sie die mit Schutzfarbe bedeckten Scheiben reinigen sollten. Diese ohnehin schon schwer zu bewerkstelligende Arbeit konnte die Schergen jedoch nicht zufriedenstellen, also schlugen sie die Juden, bis sie bluteten, und führten sie dann in den Keller, wo es Wasserhähne gab, damit sie sich reinigen konnten. Dabei verstarb einer namens Wiener an seinen Verletzungen.«[11]

Mit Verordnung vom 26. Oktober 1939 führen die Nazis den Arbeitszwang für Juden ein. Generalgouverneur Frank äußert sich dazu im November zynisch: »Eine Freude, endlich einmal die jüdische Rasse körperlich angehen zu können. Je mehr sterben, umso besser. Ihn [den Juden] zu treffen, ist ein Sieg unseres Reichs. Die Juden sollen spüren, dass wir gekommen sind.«[12] Arbeitslosenhilfe wird an Juden nicht länger ausgezahlt.

Am 12. Dezember wird es Juden verboten, ihren Wohnsitz ohne polizeiliche Genehmigung zu wechseln und öffentliche Wege, Straßen und Plätze zwischen 21.00 Uhr abends und 5.00 Uhr morgens zu betreten. Am 26. Januar 1940 folgt das generelle Verbot, die Eisenbahn zu benutzen, das später dahingehend erweitert wird, dass Juden auch das Fahren mit Pferdewagen von Ort zu Ort untersagt wird. Laut Anordnung Nummer vier des Leiters der Devisenstelle im Amt des Generalgouvernements vom 20. November 1939 werden sämtliche Guthaben, Depots und Schließfächer in jüdischem Besitz gesperrt. Nur 250 Zloty bleiben wöchentlich abhebbar. Regierungspräsident Hans Rüdiger äußert sich zur Wirtschaftspolitik: »Ziel der Behandlung der Juden im Wirtschaftsleben muss sein, sie für die Zukunft restlos auszuschalten und ihre Betriebe in arische Hand zu überführen.«[13] Am 23. November erfolgt die Kennzeichnungspflicht für alle jüdischen Geschäfte. Und am selben Tag tritt eine Verordnung in Kraft, nach der alle Juden, die älter sind als zehn Jahre, deutlich sichtbar eine weiße Armbinde mit dem Davidstern in Blau tragen müssen – eine furchtbare Stigmatisierung für die betroffenen Menschen, die sie ab sofort von der polnischen Mehrheit separiert. Die SS-Männer und manche Wehrmachtssoldaten in Radom können ihre sadistischen Neigungen offen ausleben. Juden werden ohne jeden Anlass auf der Straße erniedrigt und verprügelt. Sie müssen zum Gaudium der Besatzer Gymnastikübungen ausführen, oder sie werden zum Singen antisemitischer Lieder gezwungen.

Familie Korman darf ihr Geschäft nur noch wenige Monate betreiben. Vermutlich Ende November 1939 erhält der Vater vom Chef der Radomer Zivilverwaltung, dem Stadthauptmann und SA-Gruppenführer Fritz Schwitzgebel, die Ankündigung, dass sein Betrieb durch einen Treuhänder übernommen wird. Mordechai Korman muss eine Inventarliste zusammenstellen. Im Dezember übernimmt eine heute unbekannte Person (vermutlich ein christlicher Pole) den einst florierenden Laden, selbstverständlich ohne Herrn Korman dafür auch nur einen Zloty zu bezahlen.[14] Damit verliert die Familie ihre Existenzgrundlage, und nicht nur das. Zwanzig Jahre lang haben die Eheleute Hannah und Mordechai für ihr Geschäft gelebt, haben es aus bescheidenen Anfängen groß und bekannt gemacht in ganz Radom. All die Mühen und Einkaufsreisen, der Kampf um die Öffnungszeiten am Sonntag, die Pflege der Stammkunden, das geschickte Handeln um die Preise – vergeblich und vorbei. Die Hausangestellten müssen entlassen werden. Hannah und Mordechai Korman sind vermutlich tief deprimiert. Hannah ist fünfundvierzig Jahre alt, ihr Mann ein Jahr jünger. Was soll aus ihnen werden? Doch ihren Sohn Israel Sumer lassen die Eltern möglichst wenig von ihrer gedrückten Stimmung merken. Der Junge soll nicht in Angst aufwachsen, gerade jetzt nicht, wo er sich auf seine Bar-Mizwa vorbereitet, die Aufnahme in die jüdische Gemeinde mit allen Rechten und Pflichten. Dabei ist der Alltag ohnehin schon in seinen Grundfesten erschüttert. Die Synagogen sind zwangsweise geschlossen worden, auch das Stibl, wo Vater und Sohn am Schabbat immer zu Rabbi Yankel gegangen sind. Spielen auf der Straße ist gefährlich geworden, weil man nie weiß, wie die Deutschen reagieren, wenn sie ein jüdisches Kind sehen. Der

Junge sitzt zu Hause herum und darf das Gymnasium nicht besuchen.

»Ich habe das Gefühl, meine Eltern erzählten nicht alles und schützten mich so ein wenig vor der Realität«, meint Ian Korman heute. Aber natürlich entgeht dem aufgeweckten Jungen nicht, was sich um ihn herum abspielt.

Er berichtet weiter: »Wir begannen uns vorzubereiten, die ganze Familie, Vater, Mutter und ich, auch meine Onkel. Eines Tages kam ein Schuhmacher zu uns. Wir mussten alle unsere Schuhe ausziehen. Der Schuhmacher schnitt Löcher in die Absätze, die mit Goldmünzen gefüllt wurden. Wofür auch immer. Es war für die Erwachsenen – nicht für mich – offensichtlich, dass irgendetwas passieren könnte und dass sich die Juden in einer sehr prekären Situation befanden.«

Schon im Januar 1940 zwingen die Deutschen die Radomer Juden dazu, einen Judenrat zu bilden. Dessen vierundzwanzig Mitglieder müssen als Mittler zwischen den Behörden und der Bevölkerung fungieren. Benötigen die Deutschen etwa eine größere Zahl von Arbeitskräften, um durch die Luftangriffe beschädigte Gebäude aufzuräumen oder um ihre Dienststellen mit Mobiliar auszustatten, ergeht eine entsprechende Anforderung an den Judenrat. Er hat dafür zu sorgen, dass die Menschen in ausreichender Zahl zum Arbeitseinsatz erscheinen. Das macht den Rat gegenüber den normalen Juden mächtig, denn er kann selbst entscheiden, wer zur Zwangsarbeit muss und wer verschont bleibt. Natürlich versuchen deshalb viele Menschen, sich mit kleinen Bestechungssummen freizukaufen.

Die Armut unter den Juden von Radom nimmt drastisch zu. Viele Menschen haben ihre Existenzgrundlage verloren, und wer nicht, wie Familie Korman, über Ersparnisse verfügt, muss hungern. Immer mehr Bettler durchstreifen die Straßen, Diebstähle nehmen zu. Wohlhabendere Menschen sind gezwungen, ihren

Besitz zu verkaufen. Möbel, Schmuck, Kunstgegenstände und Kleidung wechseln angesichts des Überangebots zu Spottpreisen den Besitzer. Doch das allergrößte Problem ist die Wohnungsnot. Einige Gebäude an der Walowa-Straße im jüdischen Viertel sind infolge der deutschen Luftangriffe unbewohnbar. Nun weisen die Deutschen alle Juden aus den von ihnen annektierten Westgebieten Polens aus. Das sind weit über fünfzigtausend Menschen. Zudem werden viele Juden gezwungen, aus ihren kleinen Landstädtchen im Generalgouvernement in die größeren Orte umzuziehen. Tausende von ihnen strömen daher nach Radom. Rund um die Walowa-Straße leben die Menschen nun zu Dutzenden in winzigen, dunklen Zimmern. Viele durften bei ihrer Flucht nichts mitnehmen – keine Betten, keinen Kochtopf, nur die Kleidung, die sie am Leibe trugen. Es fehlt im Winter an Heizmaterial. Einen Eindruck von den Bedingungen, unter denen diese Menschen lebten, vermittelt ein Brief des Vorsitzenden des Radomer Judenrats, Josef Diamant, an die deutsche Verwaltung, Abteilung Innere Verwaltung, Bevölkerungswesen und Fürsorge: »Betrifft: Schlafdecken. In der allerletzten Zeit sind bekanntlich im Radomer Distrikt ungefähr 10 000 aus Reichsgebieten ausgesiedelte Juden untergebracht worden, darunter 6000–7000 aus Plock, die ganz ohne Sachen angekommen sind. Die letzteren befinden sich in einer großen Notlage. […] Die Unterbringung der Ausgesiedelten war mit allergrößten Schwierigkeiten verbunden. Zumeist befinden sie sich in Sammellokalen, in denen sie natürlich in den allerschlechtesten Verhältnissen wohnen. Vor allem macht sich ein sehr großer Mangel an Schlafdecken bemerkbar, die in einer nur so geringen Zahl vorhanden sind, dass mit ihnen nicht einmal alle Kranken, Greise und Kinder bedacht werden können. Um diesem unerträglichen Zustand abzuhelfen, beabsichtige ich, aus den Mitteln der Jüdischen Sozialen Selbsthilfe für den Distrikt Radom eine größere Anzahl Schlafdecken […] anzukaufen. Da die Besorgung dieses Artikels äußerst dringlich ist, gestatte ich mir, die ganz ergebene Bitte vorzulegen, diesen meinen Antrag wohlwollend zu befürworten.«[15]

Ob die Nazis den Kauf der Schlafdecken genehmigt haben, ist nicht überliefert.

Die Jüdische Soziale Selbsthilfe richtet Volksküchen ein, um die größte Not zu lindern. Gegen Lebensmittelkarten erhalten die verarmten Menschen dort eine wässrige Suppe oder ein Stückchen Brot. Alte und Junge stehen dort an, Mütter mit ihren Kindern hoffen auf ein bisschen Milch. Doch die Rationen sind so knapp bemessen, dass sie nur zum langsamen Verhungern reichen. Denn Juden stehen in der zehnteiligen Rationsskala des Generalgouvernements, gültig ab dem 1. Januar 1941, auf dem allerletzten Platz. Ihnen billigen die deutschen Herrscher wöchentlich siebenhundert Gramm Brot, bis zu fünfzig Gramm Zucker und vierzig Gramm Getreidekaffee zu, dazu Kartoffeln »nach Bedarf«, Gemüse »nach jahreszeitlichem Anfall« und einen Viertelliter Milch »nach Vorhandensein«. In Radom gibt es nur Brot und Zucker. Milch fehlt ganz.[16] Die jüdische Bevölkerung Radoms ist auf etwa zweiunddreißigtausend Menschen angewachsen, mehr als ein Drittel aller Einwohner der Stadt. Wer überleben will, muss im Schwarzhandel tätig werden – so er denn etwas zum Eintauschen besitzt.

Familie Korman hat vorläufig noch genügend Ersparnisse, der zwölfjährige Israel Sumer muss nicht hungern. Doch das tägliche Leben ist bedrückend. Vater und Mutter sind den Einteilungen zur Zwangsarbeit bisher entkommen. Doch was bleibt zu tun in der Wohnung im ersten Stockwerk über dem Laden, der ihnen nicht mehr gehört und der von anderen, fremden Leuten geführt wird? Sie sitzen viel zu Hause. Besorgungen auf der Straße werden angesichts der Bedrohung durch die Nazis auf das Notwendigste beschränkt. Das große Telefunken-Radio haben sie abgeben müssen, denn Juden wie Polen ist der Besitz von Rundfunkgeräten seit Ende Januar 1940 verboten. Das schöne Wohn- und Esszimmer mit der Junghans-Uhr, dem großen Tisch und dem feinen Parkettfußboden ist zum Gefängnis geworden.

Am 23. Juni 1940, sechs Tage nach seinem dreizehnten Geburtstag, feiert Israel Sumer seine Bar-Mizwa. Wie es die Sitte verlangt, liest er aus der Thora vor. Aber anders als bei seinen älteren Brüdern, gibt es zu diesem Anlass kein großes Fest mehr. Nur einige Radomer Verwandte des Jungen sind in die Wohnung seines Onkels Symcha Najman im Hinterhaus der Zeromskiego-Straße 7 gekommen, wo die Feier stattfindet. Der traditionelle Besuch in der Synagoge muss entfallen.

Es muss etwa um diese Zeit sein, dass die Deutschen nicht länger dulden, dass Juden in den Vorderhäusern der Zeromskiego-Straße wohnen. In der schönsten Straße der Stadt haben sich diverse deutsche Dienststellen in beschlagnahmten Häusern gut eingerichtet. Die Straße ist in Reichsstraße umbenannt, die Umgebung der Garnisonskirche heißt jetzt Adolf-Hitler-Platz, die Walowa in der jüdisch geprägten Altstadt Wallstraße.[17] Alle Juden, deren Wohnungen direkt an die Zeromskiego-Straße grenzen, werden zum Umzug gezwungen. Nach dem Geschäft verlieren die Kormans nun auch noch ihr Heim. Vorläufig kommen sie in der Hinterhauswohnung bei Onkel Symcha und Tante Elka unter. Doch die haben selbst zwei Kinder, und in ihren Zimmern wird es furchtbar eng. Für die Möbel der Familie Korman gibt es keinen Platz. Es kann sich nur um eine Übergangslösung handeln.

Im Herbst 1940 folgt die nächste drastische Einschränkung im Leben der Familie. Die deutschen Behörden unter dem neuen Stadthauptmann Hans Kujath lassen eine »Bekanntmachung« auf Deutsch und Polnisch in der Stadt plakatieren: »1.) Der jüdischen Bevölkerung wird ab 1. November 1940 das Betreten folgender Plätze und Strassen verboten: a) Adolf-Hitler-Platz b) Rathausplatz auf der Seite des Rathauses c) Reichsstrasse von der Walowa bis zur 1. Mai-Strasse. 2) Bei der Reichsstrasse gilt das Verbot wie folgt: a) Montag bis Freitag von 13 bis 15 Uhr und von 19 bis 5 Uhr b) Sonnabend von 13 Uhr bis Montag 5 Uhr. 3) Mitgliedern des Ober-Ältestenrats und Anwohnern der gesperrten Plätze und Strassenteile wird auf Antrag, der über den Ober-Ältestenrat bei mir einzureichen ist, Ausnahmegenehmigung erteilt. 4) Zuwiderhandlungen werden mit Geldstrafe oder Haft bestraft. Der Beauftragte des Distriktchefs für die Stadt Radom Kujath«[18]

Selbst wenn sie mit einer »Ausnahmegenehmigung« ausgestattet sind, dürfen Hannah und Mordechai Korman künftig weder abends noch den ganzen Schabbat und den Sonntag über Besuch empfangen. Zur Jahreswende 1940/41 zieht die Familie erneut um. Ob die Nazis sie dazu gezwungen haben oder ob die Familie die Lebensbedingungen an der »Reichsstraße« einfach nicht mehr aushält, wissen wir nicht. Die Kormans finden eine kleine leere Wohnung in der Podwalna-Straße 3, mitten im jüdischen Viertel. Onkel Symcha, Tante Elka, ihre Tochter Hadass und der Sohn Lusek kommen mit, so dass es wiederum extrem eng zugeht. Das bisherige bürgerliche Leben der Familien ist damit endgültig vorbei. Doch das spielt jetzt keine große Rolle mehr. Es ist schon ein großes Glück, überhaupt eine eigene Wohnung zu besitzen. »Ich weiß nicht mehr genau, was wir mitnehmen konnten. Aber wir hatten in unserer neuen Wohnung zumindest noch Betten«, erinnert sich Ian Korman.

Mit dem Wohnungswechsel verlässt Felix Berger, der gleichaltrige deutsch-jüdische Freund von Israel Sumer, die Familie Korman und zieht wieder zu seiner Mutter. Pepi Berger versorgt inzwischen dank ihrer deutschen Sprachkenntnisse, wiewohl Jüdin, die Ehefrauen der deutschen Besatzer mit Damenunterwäsche aus ihrer Werkstatt. Ihre Kinder helfen ihr. Hannah Korman will, dass auch ihr Sohn nicht länger zu Hause herumsitzt, sondern einer Arbeit nachgeht. Sie findet einen jüdischen Zahntechniker, bei dem Israel Sumer als Gehilfe angestellt wird. »Meine Mutter meinte, es sei wichtig, dass ich etwas lerne«, erinnert sich Ian Korman. Der Zahntechniker muss auch für die SS-Offiziere arbeiten. »Die mochten ihn«, sagt Ian Korman. »Sie brachten ihm manchmal etwas mit, auch Schweinefleisch. Auch mir boten sie das Fleisch an. Doch ich nahm es nicht, denn es war ja nicht koscher.«

Die Nazis erfinden in Radom immer wieder neue Abgaben, die

sie den Juden auferlegen, und nennen das »Sühnegeld«, ohne dass die Betroffenen erfahren, wofür sie denn eigentlich sühnen sollen. Eine damalige Bewohnerin erinnert sich: »Diese Gelder musste der Judenrat herbeischaffen, der dazu gezwungen war, den Juden Steuern aufzuerlegen und diese einzukassieren. Die Deutschen verlangten vom Judenrat, der Gestapo die Namen der Juden zu melden, die sich weigerten, Steuern zu zahlen, und der Judenrat kam dem widerwillig nach. Er war gezwungen, den Deutschen Listen mit den Namen der Betreffenden zu übermitteln [...] Die Gestapo verhaftete diese sofort und ließ sie erst frei, nachdem die Familienmitglieder ihr Sühnegeld entrichtet hatten. Auch meine Mutter wurde auf diese Weise durch die Deutschen verhaftet, und ich bezahlte 1000 Zloty, um sie zu befreien. Später, als man von den Juden keine derart hohen Summen mehr bekommen konnte, weil sie schon nichts mehr hatten, was sie verkaufen konnten, führten sie eine monatliche Steuer ein – ich musste monatlich 50 Zloty bezahlen. Es gab Leute, die bis zu 200 Zloty pro Monat entrichten mussten. Von den Geldern, die auf diese Weise eingenommen wurden, musste der Judenrat den Deutschen hin und wieder Geschenke kaufen, wie Ringe, einen Pelzmantel, Stiefel, oder goldenen Zahnersatz herstellen. Je mehr die Deutschen nahmen, desto höhere Forderungen stellten sie.«[19]

Mordechai Korman sitzt deprimiert in der winzigen und überfüllten Wohnung, unfähig, irgendwelche Entscheidungen zu treffen. Immerhin ist es ihm bisher gelungen, nicht zur Zwangsarbeit herangezogen zu werden. Er hat großes Glück, denn im August 1940 deportieren die Nazis etwa zweitausend Juden in Lager bei Lublin östlich von Radom. Dort müssen sie Straßen und Eisenbahnstrecken für den geplanten Aufmarsch der Wehrmacht vor dem Angriff auf die Sowjetunion instand setzen. In den Lagern für die Juden herrschen katastrophale Bedingungen: Es gibt keine Matratzen und Decken, die Menschen schlafen frierend auf dem nackten Fußboden. Die Essensrationen sind viel zu spärlich, um davon satt zu werden, dazu kommen die Misshandlungen der

Wachmannschaften. Ruhr und Flecktyphus breiten sich aus, Hunderte der Deportierten sterben. Nur ein Teil der Verschleppten kehrt später nach Radom zurück.

Mordechai Korman und die Familie leben weiter von ihren Ersparnissen. Seine Ehefrau Hannah setzt alle Hebel in Bewegung, um eine Auswanderung zu organisieren. Wohl schon im Herbst 1939 reist sie, ausgestattet mit einer Sondergenehmigung, mehrfach nach Warschau und wird dort bei jüdisch-zionistischen Hilfsorganisationen vorstellig – ohne Erfolg. Hannah will auf keinen Fall alleine nach Palästina reisen, sondern Ehemann und Sohn unbedingt mitnehmen. Sie wendet sich an ein in der polnischen Hauptstadt ansässiges Schifffahrtsbüro. Auch hier kommt sie nicht weiter. Nicht nur sie, sondern Zehntausende Juden suchen dringend Möglichkeiten zur sofortigen Auswanderung nach Palästina. Doch ausgerechnet jetzt, wo die Not am größten ist, hat die britische Mandatsmacht die Zahl der Einreisegenehmigungen für das Gelobte Land drastisch verringert. London reagiert damit auf einen Aufstand unter den arabischen Einwohnern Palästinas, die verhindern wollen, dass immer mehr Juden ins Land kommen.

Ein direkter Kontakt zu den Söhnen in Tel Aviv ist nicht mehr möglich, weil sich Deutschland und Großbritannien im Krieg befinden und die Post deshalb nicht mehr befördert wird. In einem Brief, der über das Reisebüro Wachsmann im rumänischen Constanza Palästina erreicht, informiert die Mutter im April 1940 ihre Söhne Lusek – hier Elieser genannt – und Mosche über ihre Bemühungen: »Elieser und Mosche müssen sich um ihre Eltern und die Familie keine Sorgen machen, aber sie sollten versuchen, deren Einreise zu arrangieren. Auch wenn das nicht möglich sein sollte, müssen sie sie informieren, damit diese wissen, woran sie sind.«[20]

In Tel Aviv versuchen die Söhne verzweifelt, die Einreise für Vater, Mutter und den Bruder zu organisieren. Die Pläne von Lusek Korman für ein Studium im schottischen Edinburgh haben sich angesichts des Krieges zerschlagen. Am 20. September 1939 notiert der mittlerweile Zwanzigjährige in seinem Tagebuch: »Man hat eine Organisation von Leuten gegründet, die Verwandte in Polen haben. Ich habe mich ihr angeschlossen, weil wir dadurch vielleicht die Möglichkeit bekommen, etwas für Mama zu arrangieren. Unglücklicherweise können wir für Papa und Sumek gar nichts tun, weil sie nur Leuten helfen, die Rückreisevisa für dieses Land besitzen. Ich ging zu einem Anwalt, Herrn Aharoni, um etwas zu unternehmen und möglicherweise ein altes Zertifikat von Sumek zu erneuern, und vielleicht kann er auch etwas für Papa tun. Er bat mich in zwei Wochen wiederzukommen. Wir können versuchen, etwas für Mamas Rückkehr zu tun, weil sie ein gültiges Visum besitzt, aber für Vater und Sumek hat er nur sehr wenig Hoffnung.«[21] Zwei Tage später leistet Lusek drei Pfund Anzahlung bei einer Schifffahrtsgesellschaft, damit schon einmal ein Platz für die Mutter reserviert ist. Einen ganzen Monat später klagt er, dass in der Zwischenzeit nichts passiert sei, um die Familie zu retten. Wieder zwei Monate später informiert ihn der Anwalt, dass man derzeit nichts tun könne.

Aber Lusek gibt nicht auf. Anfang 1940 erfährt er, dass die Familie eventuell mit Hilfe von griechischen Visa über das mit Deutschland verbündete Italien ausreisen könnte. Doch die Reise ist unglaublich teuer, weil diverse Stellen mit hohen Geldbeträgen bestochen werden müssen, und zudem ist es unsicher, ob sie überhaupt stattfinden wird. Die Pläne zerschlagen sich rasch. Am 30. Januar 1940 schreibt Lusek deprimiert: »Es ist alles so hoffnungslos, und es gibt keine Lösung.«[22]

Einigen wenigen gelingt es dennoch, aus dem besetzten Polen herauszukommen, wie die Kormans erfahren: Felix Berger, der Freund von Israel Sumer, reist noch im April 1941 in die USA aus. Seine Mutter Pepi hat es irgendwie geschafft, ihrem Jungen eine Genehmigung zur Wiedereinreise nach Deutschland zu besorgen. Von dort erreicht der etwa vierzehnjährige Felix ganz alleine mit einem Schiffstransport für jüdische Kinder über Lissabon die Vereinigten Staaten. Seine Mutter und seine Geschwister bleiben im besetzten Polen zurück. Den Vater Fritz haben die Nazis mittlerweile in das Konzentrationslager Sachsenhausen bei Berlin verschleppt.

Wie die Mutter die erfolgreiche Flucht ihres Sohnes bewerkstelligt hat, bleibt ein Rätsel. Möglicherweise ist es ihr gelungen, führende SS-Männer in Radom zu bestechen. Denn schon am 25. Oktober 1940 verfügten die Nazis ein Auswanderungsverbot für alle im Generalgouvernement lebenden Juden.[23] Die nach einer neuen Heimat suchenden Betroffenen erfahren davon allerdings nichts und bemühen sich weiter verzweifelt um ihre Emigration – so wie Hannah Korman in Radom.

Die Briefe, die Lusek Korman von der Mutter erhält, werden seltener. Dennoch lässt er in seinen Bemühungen, die Eltern und den Bruder zu retten, nicht nach. Aus Zeitungen erfährt er, dass die Nazis für alle polnischen Juden Zwangsarbeit angeordnet haben, und er macht sich große Sorgen. Im März 1940 lässt er Israel Sumer auf einer von Privatpersonen organisierten Liste von Kindern, die nach Palästina einreisen wollen, registrieren. »Es gibt aber nur sehr schwache Hoffnungen«, schreibt er. »Die britische Regierung will sogar die Einreise von Kindern aus den vom Feind besetzten Gebieten nicht erlauben.«[24] Immer abenteuerlichere Reisepläne werden in Erwägung gezogen. Lusek hat von Bekannten in Tel Aviv gehört, dass es möglich sein soll, von Polen aus über Schanghai in China nach Palästina zu gelangen. Tatsächlich ist Schanghai eines der allerletzten Fluchtziele für viele Juden, denn dort werden keine Visa verlangt. In tagelangen Eisenbahnreisen quer durch die Sowjetunion erreichen noch einige tausend Menschen die Stadt. Überall sonst haben die Staaten der Welt nahezu unüberwindliche Mauern hochgezogen, um die verzweifelten Juden aus Deutschland und den besetzten Gebieten abzuweisen. Diese Mauern sind nicht aus Stein, sondern bestehen aus den vielen Papieren, die zur Einwanderung verlangt werden: Ausreisevisa, Transitvisa, Einreisevisa, Arbeitserlaubnisse, Wohngenehmigungen, Aufenthaltsbestätigungen, finanzielle Übernahmegarantien von im Land lebenden Bürgen – und wenn das eine Papier nach großem Aufwand und noch mehr Glück endlich vorliegt, ist die andere Genehmigung schon wieder abgelaufen. Menschen, die nach Kuba flüchten, werden dort nicht ins Land gelassen und müssen nach Deutschland zurückkehren. Viele Juden entschließen sich in völliger Verzweiflung zum Selbstmord.

Auch die Schanghai-Pläne von Lusek lassen sich nicht realisieren. Die Fahrt ist unglaublich teuer, die geizigen Verwandten in Tel Aviv wollen nicht helfen, und Lusek, der sich mit Gelegenheitsjobs selbst nur mühsam über Wasser hält, kann das Geld alleine nicht aufbringen. Immer neue Reisepläne zerschlagen sich ausnahmslos schon nach wenigen Wochen. Die Kommunikation zwischen den Brüdern in Tel Aviv und den Eltern in Radom gerät mehr und mehr ins Stocken. Die britische Zensur fängt die an Herrn Wachsmann in Rumänien adressierten Briefe ab und weist sie zurück, verbunden mit der Drohung, ein erneuter Versuch werde Konsequenzen nach sich ziehen. Nur noch ganz selten und über viele Umwege erreichen Informationen aus Polen Tel Aviv.

Der Krieg ist inzwischen zum Weltkrieg geworden. Die Wehrmacht marschiert in den Niederlanden, Belgien und Luxemburg ein und zwingt Frankreich im Juni 1940 zur Kapitulation. Dänemark und Norwegen sind in deutscher Hand. Die Italiener greifen Albanien und Griechenland an. Deutschland fällt im Frühjahr 1941 in Jugoslawien ein und unterstützt Italien bei der Einnahme von Griechenland. In England versucht die deutsche Luftwaffe die Lufthoheit zu gewinnen und bombardiert London und andere britische Großstädte. Zur selben Zeit sind Erwin Rommels Panzertruppen auf dem Vormarsch in Nordafrika. Sie überschreiten die Grenze zu Ägypten und drohen, Palästina zu erobern – das Land, von dem so viele Juden geglaubt haben, es könne ein sicherer Hafen für sie sein. Die italienische Luftwaffe bombardiert Tel Aviv und Haifa. Die Leiter der Jewish Agency, wie die Vertretung der

Juden in Palästina genannt wird, machen sich daran, Widerstands-
pläne für den Fall eines deutschen Einmarschs auszuarbeiten.

Mit Datum vom 17. März 1941 richtet Hannah Korman in Radom
einen Brief an Herrn Wachsmann, der das Schreiben an die Söhne
in Tel Aviv weiterleitet. Die Mutter bemüht sich immer noch um
eine Ausreise – immer dringender und verzweifelter. Sie schreibt in
verschlüsselter Form und ohne Anrede: »In Beantwortung Deiner
Postkarte vom 9. Februar möchte ich Dich darüber informieren,
dass wir die entsprechenden Unterlagen über die Agentur der
Schiffahrtsgesellschaft Adriatica in Warschau eingereicht haben,
so dass Vater M. Korman und sein Sohn Sumek Korman für die
Reise registriert werden. Es sollte auch eine Anfrage für eine Rei-
segenehmigung für S. Najman und Familie gestellt werden. Soll-
test Du keinerlei Informationen erhalten haben, schreibe bitte an
Elieser und Mosche Korman und bitte sie darum, die Vorbereitungen zu beschleunigen. Ich möchte Dich sehr darum bitten und be-
danke mich schon jetzt bei Dir und bin sicher, dass Elieser und Mosche alles tun werden, damit wir dorthin gelangen können. Hannah
Korman«[25]
   Es ist der letzte ausführliche Brief der Mutter an die Söhne in Tel
Aviv. Und trotz aller darin geäußerten Hoffnungen zerschlägt sich
auch dieser Versuch zu entkommen, zumal inzwischen das Auswanderungsverbot der Nazis in Kraft getreten ist. Hannah, Mordechai und Israel Sumer sitzen in der Falle. Sie haben ihre schöne
Wohnung und ihr erfolgreiches Geschäft verloren. Sie müssen zusammen mit einer befreundeten Familie zu siebt in zwei kleinen
Zimmern leben. Jeder Gang auf die Straße ist voller Gefahren,
denn dort suchen die Nazis nach Zwangsarbeitern. Das in langen
Jahren gesparte Geld rinnt dahin. Der Sohn darf keine Schule besuchen. Die Zukunft sieht düster aus.

Etwa zur gleichen Zeit ist ein gewisser Geheimrat Dr. Eduard Sethe in seinem Büro emsig bei der Arbeit. Sethe arbeitet etwa fünfhundert Kilometer westlich von Radom in der Reichshauptstadt Berlin, dem Zentrum der Macht. Hier werden die Gesetze und Verordnungen erlassen, die über Leben und Tod von Millionen Menschen entscheiden, über Angriffe und Friedensverhandlungen, Sklavenarbeit oder Freiheit. Der 1884 geborene Jurist und Diplomat ist seit 1934 Mitglied der NSDAP, aber dort nur eine Karteileiche.[26] Er ist in der Rechtsabteilung des Berliner Auswärtigen Amts in der Potsdamer Straße 186 beschäftigt, einem Ressort, das eigentlich nur am Rande mit der Judenpolitik der Nazis befasst ist. Doch nun kommt dieser äußerst diffizile Auftrag. Es geht um einen Austausch zwischen dem Deutschen Reich und dem feindlichen Vereinigten Königreich. Sethe korrespondiert mit der Berliner US-Botschaft einerseits und dem Reichssicherheitshauptamt der SS andererseits. Er erhält Briefe von der Deutschen Botschaft in Madrid ebenso wie Schreiben der Auslandsorganisation der NSDAP. Die Arbeit, die sein Vorgesetzter Erich Albrecht ihm da aufgehalst hat, ist alles andere als ein Routinejob, auch wenn Sethe als Spezialist für Angelegenheiten dieser Art gilt. Schließlich hat er vor Kriegsbeginn im deutsch-britisch-französischen Ausschuss für Kriegsgräberfürsorge Erfahrungen in komplizierten trilateralen Verhandlungen sammeln können und war in den zwanziger Jahren als Konsul in den USA und den Niederlanden eingesetzt.

Aber dieser Auftrag hat es in sich: Auf britischem Territorium festsitzende deutsche Zivilisten sollen in die Heimat zurückgebracht werden – »heim ins Reich«, wie man sagt. Im konkreten Fall sind es gar nicht so viele Menschen, deutlich weniger als zweitausend. Doch die Sache ist kompliziert, denn diese Reichsdeutschen leben nicht etwa in London oder Liverpool, sondern im britischen Mandatsgebiet Palästina. Es sind die Verwandten jener 232 deutschen Männer, die in der Nacht zum 1. September 1939 aus Haifa nach Deutschland abgereist sind, um dort ihre Wehrpflicht zu erfüllen: die Templer in Palästina.

Fast alle der nach Deutschland ausgereisten Männer sind längst Soldaten der Wehrmacht, eingesetzt in den besetzten Gebieten von Frankreich bis Polen, ebenso wie in Deutschland. Zwölf von ihnen sind bis zum September 1941 gefallen. Manche haben für ihren Einsatz Kriegsauszeichnungen erhalten. Alle, die noch leben, sehnen sich nach ihren Angehörigen, nach den Ehefrauen, den Kindern, den Eltern. Die Nachrichten, die sie über Umwege aus Palästina erreichen, sind beunruhigend. Die städtischen Siedlungen der pietistischen Templer-Sekte wurden von den Briten zwangsgeräumt. In anderen Kolonien durften die Frauen zwar bleiben, doch sie sind hinter Stacheldraht interniert. Dort können sie zwar weiter ihre Landwirtschaft betreiben. Doch die Kontakte nach draußen sind abgeschnitten, die arabischen Helfer dürfen nicht mehr frei zur Arbeit in die Kolonien kommen, und die Frauen scheinen von der Knochenarbeit im Stall, an den Obstbäumen und auf den Feldern überfordert. Die in Palästina verbliebenen Männer im wehrfähigen Alter wurden in ein Gefangenenlager nahe der alten Küstenstadt Akko im Norden Palästinas gebracht und leben dort in primitiven Holzhütten.

Einige der zurückgekehrten Templer schreiben an die Staats- und Parteiführung, an den Reichsführer-SS, Heinrich Himmler, oder an die Auslandsorganisation der NSDAP. Schließlich haben sie sich, als sie noch in Palästina lebten, für die neue Ordnung in Deutschland eingesetzt. Etwa ein Drittel aller erwachsenen Templer ist in den dreißiger Jahren der NSDAP beigetreten, ein in Deutschland unerreicht hoher Wert. Die von den Nazis propagierte »Volksgemeinschaft« trug wohl entscheidend dazu bei, denn die Templer verstehen sich schließlich selbst als Gemeinschaft, wenn auch im religiösen Sinn. Jetzt erwarten die Wehrmachtssoldaten aus Palästina, dass die Partei ihnen dabei hilft, ihre zurückgelassenen Angehörigen nach Deutschland zu holen.

Einer von ihnen, Hermann Lauer, schreibt am 6. Oktober 1941 aus dem polnischen Lodz, das die Deutschen in Litzmannstadt umbenannt und dem Reich einverleibt haben, an das Auswärtige Amt:

»Als einer von vielen bin ich auch von dem traurigen Los betroffen, meine Frau und beide Kinder (Zwillingsmädchen im Alter von 6 Jahren) sowie meine Schwiegereltern, den deutschen Apotheker Hans Buladh und Frau, in der deutschen Kolonie Wilhelma in Palästina als Zivilinternierte zu haben.« Lauer hat einen Brief der Schwiegermutter beigelegt, aus dem er zitiert: »Ein Papier soll wieder mal umgehen, wo sich aufschreiben kann, wer fort will von hier. Ob wir alten Leute auch aufschreiben dürfen? Niemand weiß es.«[27]

Doch viele der in Palästina lebenden Templer sind von der Idee einer »Heimführung« nach Deutschland gar nicht begeistert. Dafür haben sie handfeste Gründe: Was geschieht mit ihrem in Generationen erarbeiteten Besitz, wenn sie das Land verlassen? Und wo sollen sie überhaupt angesiedelt werden, wenn sie nach Europa zurückkehren? Schließlich ist da noch die Religion. Die frommen Templer sind ab 1868 aus Württemberg nach Palästina gekommen, um dort als »Volk Gottes« das Land in ihren Besitz zu nehmen. Fern von den vermeintlich schädlichen Einflüssen der modernen Zivilisation wollen sie nahe der heiligen Stadt Jerusalem den wahren Gottesglauben leben. Im Ersten Weltkrieg wurden die Templer von den Briten nach Ägypten verschleppt. Doch sie blieben auch danach ihrem Glauben treu und erreichten, dass ihnen schließlich die Rückkehr nach Palästina gestattet wurde. Sollen sie das alles nun für eine äußerst ungewisse Zukunft aufgeben? »Gegebenenfalls müsste den für einen Austausch in Frage kommenden Frauen in Palästina mitgeteilt werden, dass ihre Ehemänner ihre Abreise nach Deutschland unter allen Umständen wünschen«, heißt es vieldeutig in einem Schreiben, in dem diverse Unteroffiziere, Gefreite und Zivilisten, die es kurz vor Kriegsbeginn nach Deutschland geschafft haben, um die Heimholung ihrer Ehefrauen ersuchen.[28]

Unter den 1939 nach Deutschland gereisten Palästina-Deutschen ist auch der Alt-Nazi Cornelius Schwarz, seit 1933 treuer Abonnent des *Völkischen Beobachters*. Er durfte zusammen mit einigen internierten deutschen Diplomaten im Oktober 1939 das Land auf einem Dampfer nach Italien verlassen. Jetzt fungiert er in Stuttgart weiterhin als Landesgruppenleiter Palästina der NSDAP und schreibt eifrig Denunziationen über oppositionell gesinnte ehemalige Mitgefangene in Palästina. Zugleich bemüht er sich von Stuttgart aus, die Templer zum Verlassen ihrer Heimat zu bewegen. In einem Brief an den Leiter der NSDAP-Auslandsorganisation, Wilhelm Bohle, schreibt er: »Es handelt sich bei den Palästina-Deutsche [sic!] um wertvolle Menschen. Ich selbst habe 40 Jahre unter ihnen gelebt. Ich kenne und verstehe sie und es ist mir gelungen sie für die Bewegung des Führers zu gewinnen. Daher liegt mir auch deren Schicksal am Herzen. So wie ich sie für den Führer gewann, so möchte ich sie jetzt auch ›guten Willens‹ zu dem Entschluss bewegen, ihre bisherige Heimat zu verlassen und dem Willen des Führers zu folgen.«[29]

Die Nazi-Führung plant tatsächlich eine Umsiedlung der Templer – allerdings offenbar erst für die Zeit nach dem gewonnenen Krieg. Aus dem Büro von Heinrich Himmler, Reichsführer-SS und Reichskommissar für die Festigung deutschen Volkstums, schreibt im April 1941 ein SS-Brigadeführer: »Es wird auch hier davon ausgegangen, dass es sich bei den Palästinadeutschen um eine wertvolle Gruppe der Auslandsdeutschen handelt, und bei allen Entscheidungen entsprechend verfahren. In Übereinstimmung mit dem Leiter der Auslandsorganisation wird hier die Auffassung vertreten, dass nach Kriegsende eine Umsiedlung der Palästinadeutschen in das Reichsgebiet durchzuführen ist. Diese kleine Volksgruppe mit etwa 2000 Menschen kann unmöglich weiterhin im Orient verbleiben. Das Klima in Palästina würde dieses wertvolle deutsche Blut zugrunde gehen lassen. In der fremdvölkischen – heute noch zu einem erheblichen Teil jüdischen – Umwelt würden diese Volksgenossen auf die Dauer der nationalsozialistischen Weltanschauung entfremdet werden.«[30]

Doch zum Zeitpunkt der Abfassung dieses Schreibens sind die Vorbereitungen für die Heimholung der Templer aus Palästina mittels eines Austauschs in Wahrheit bereits in vollem Gang. Man will nicht das Kriegsende abwarten, offenbar hatten die Nazis dies ohnehin nie beabsichtigt. Wozu die Vernebelungstaktik diente, lässt sich nicht mehr klären. Auch die Interventionen der Palästina-Deutschen in der Wehrmacht sind offenbar unnötig. Denn schon Ende Oktober 1939, knapp zwei Monate nach Beginn des Krieges, erreicht ein Schreiben des Berliner Auswärtigen Amts das britische Foreign Office in London. Darin bieten die Deutschen einen Austausch von in Deutschland lebenden indischen und palästinensischen Staatsangehörigen gegen Deutsche aus diesen Ländern an.[31]

Unter Palästinensern versteht man im Jahre 1939 nicht in dem Land wohnende Araber, sondern die dort ansässigen Juden. Viele in Palästina lebende Juden sind bei Kriegsbeginn zufällig zu Besuch bei ihren in Polen lebenden Familienangehörigen. Jetzt ist dieses Land von den Deutschen besetzt und ihre Rückkehr unmöglich. Für diese Menschen könnte der von den Deutschen vorgeschlagene Austausch ein Schlupfloch aus dem besetzten und drangsalierten Land sein, ein Ausweg aus Diskriminierung, Zwangsarbeit, Verschleppung und Mord. Für die Mutter Hannah Korman nicht – sie reiste 1939 zurück nach Hause. Sie ist Polin, Angehörige eines untergegangenen Staates. Aber immerhin besitzt sie ein Rückreisevisum für Palästina. Das könnte vielleicht helfen. Und für Israel Sumer Korman besteht ganz gewiss keinerlei Aussicht – er ist polnischer Staatsbürger und hat Polen in seinem ganzen Leben noch nie verlassen. Er besitzt auch kein Visum für Palästina.

In London sind die Reaktionen auf den deutschen Vorstoß zunächst verhalten. Das Kolonialministerium befürchtet, die Deutschen wollten mit ihrer Offerte einen Keil zwischen die britischen Untertanen auf der Insel und solchen in den abhängigen Gebieten treiben. Man verlangt die generelle Ausreisemöglichkeit für alle im Feindgebiet lebenden Briten. Aber schließlich will man sich die vagen Möglichkeiten auch nicht von vornherein verbauen. In Whitehall, dem britischen Außenministerium, in der Nähe des

St. James's Park in der Londoner Innenstadt, fällt die Entscheidung, auf die deutschen Vorschläge einzugehen.

Niemand erfährt zunächst von dem nun beginnenden Briefwechsel zwischen Eduard Sethe vom Auswärtigen Amt und dem Foreign Office, schon gar nicht die Templer in Palästina oder die in Polen festsitzenden Juden aus Erez Israel. Von Indien ist in den Schreiben schon bald nicht mehr die Rede. Es geht alleine um Juden aus Palästina. Die Briefe voller diplomatischer Floskeln gehen von Sethes Schreibtisch über die US-Botschaft in Berlin und die Britische Botschaft in Bern an das Londoner Foreign Office hin und her. Die Vereinigten Staaten befinden sich noch nicht im Krieg, sondern sind neutral, deshalb können sie als Mittler zwischen den Feindstaaten dienen. Der Schriftwechsel ist streng geheim. Dennoch erfährt die Vertretung der Jewish Agency in London schon im Dezember von der Möglichkeit zur Rettung von Juden. Ein Delegierter des Roten Kreuzes in Berlin, der von den Nazis informiert worden ist, hat nicht dichtgehalten und die Information an das Genfer Büro der Jewish Agency weitergegeben – möglicherweise ein von den Nazis durchaus gewollter Effekt, um Großbritannien von jüdischer Seite unter Druck zu setzen. Für die Vertretung der Juden in Palästina hat der mögliche Austausch natürlich einen ganz anderen Stellenwert als für die Bürokraten in diversen Londoner Regierungsstellen. In Jerusalem weiß man zumindest ansatzweise von den Qualen, denen die Juden durch die Nazis ausgesetzt sind, und hofft auf deren Rettung. Sofort geht eine erste Liste mit aus Palästina stammenden Juden, die in Polen gestrandet sind, von der Jewish Agency an das Foreign Office in London.[32]

In Großbritannien erarbeiten verschiedene Regierungsbehörden Rahmenbedingungen für den möglichen Austausch. Danach sind alle Männer im wehrfähigen Alter von einer Rückführung ausgeschlossen. Neben Frauen und Kindern dürfen nur Jugendliche unter achtzehn Jahren und mindestens sechzig Jahre alte Männer teilnehmen. Man will den derzeit so siegreichen Deutschen keine zusätzlichen Soldaten zuschanzen. Der Austausch soll auf der Basis gleicher Personenzahlen erfolgen. Wer sich ihm nicht anschließen möchte, soll nicht dazu gezwungen werden. Im April 1940 heißt es in einem internen Schreiben aus der Downing Street, dem Amtssitz von Premierminister Winston Churchill, die Regierung Seiner Majestät habe sich mit den Deutschen auf dieser Basis grundsätzlich über einen Austausch geeinigt.[33]

In Berlin entfalten Eduard Sethe und seine Mitarbeiter nun hektische Aktivität. Eine grundsätzliche Einigung mit den Briten bleibt bedeutungslos, solange nicht geklärt ist, welche konkreten Personen an dem Austausch teilnehmen sollen. Es eilt, denn niemand weiß, wie sich der Krieg weiterentwickeln wird. Unter rot unterstrichenem »Sofort!« fordert Sethe noch im April 1940 bei Regierungsrat Rudolf Kröning im SS-Reichssicherheitshauptamt Listen mit Namen von Juden an, die die palästinensische Staatsangehörigkeit besitzen. Die SS hat zu diesem Zeitpunkt offenbar keinen Überblick darüber, wie viele Juden aus Palästina sich im besetzten Polen oder in anderen Regionen aufhalten. Bisher haben die Nazis in Warschau, Lodz oder Radom keinen großen Unterschied zwischen in- und ausländischen Juden gemacht, sondern diese kollektiv als »rassisch Minderwertige« misshandelt. Bekannt sind der SS nur diejenigen Menschen, die sich aus den verschiedensten Gründen in Haft befinden. Doch nun sind die palästinensischen Juden plötzlich ein nützliches Faustpfand geworden, mit dem sich möglicherweise »wertvolles deutsches Blut« ins Reich rückführen lässt.

Bei der SS kümmert sich der achtunddreißig Jahre alte Jurist Rudolf Kröning um die Realisierung des Austauschs. Er ist verheiratet und Vater eines Kindes, war schon in der Weimarer Republik rechtsradikal organisiert und beteiligte sich 1923 mit dem Freikorps »Reichskriegsflagge« am gescheiterten Hitler-Putsch in München. Seit 1933 ist er Mitglied der NSDAP, seit 1940 auch bei der SS – ein überzeugter Nationalsozialist also. Als Passspezialist ist Kröning 1938 an der Ausweisung der polnischen Juden aus

Deutschland beteiligt. »Kröning hat sich in seiner Dienststellung bewährt und wird in charakterlicher und weltanschaulicher Hinsicht als untadelig bezeichnet«, so lautet eine Dienstbeurteilung durch seine Vorgesetzten; »reges Interesse hat er insbesondere der neuen Gesetzgebung auf rassepolitischem Gebiet entgegengebracht«, eine andere.[34] Doch nicht immer sind die Beurteilungen über ihn so günstig: Kröning, der sein Staatsexamen mit »genügend« bestanden hat, gilt auch als faul.

Doch davon ist in den Schriftwechseln im Jahre 1940 nichts zu bemerken. Am 1. Juli übermittelt Kröning eine erste Liste mit zwanzig ausreisewilligen Personen. Dazu kommen zwei ohne Ausweispapiere und fünf weitere, die in Wien und Nürnberg in Gefangenenlagern interniert sind. Daraufhin beehrt sich das Auswärtige Amt in einem Schreiben an die amerikanische Botschaft in Berlin, »eine Liste derjenigen palästinensischen Staatsangehörigen in Deutschland, die nach Palästina heimkehren wollen, in dreifacher Ausfertigung zu übermitteln«, und bittet zugleich um eine ähnliche Liste mit in Palästina festgehaltenen deutschen Staatsbürgern.[35] Mitte August lässt die US-Botschaft mitteilen, dass lediglich sechs deutsche Frauen in Palästina interniert seien. Es gebe aber weitere Personen, deren Bewegungsfreiheit eingeschränkt sei. Die Informationen sind mehr als dürftig.

Sethe will sich nicht allein auf amerikanische und britische Informationen aus Palästina verlassen. Er schaltet deshalb die deutsche Botschaft in Madrid ein und bittet das neutrale Spanien darum, an den Austauschverhandlungen teilzunehmen. Deutschland verfügt seit Kriegsbeginn nicht mehr über eigenes konsularisches Personal in Palästina. Der spanische Generalkonsul in Jerusalem ist deshalb auch für die im Lande lebenden Deutschen zuständig. Die Regierung in Madrid reagiert positiv: Am 21. November 1940 leitet sie eine britische Liste mit den Namen von neunzig Palästina-Deutschen nach Berlin weiter. Die Informationen werden umständlich geprüft. Kurz zuvor war eine zweite Liste der SS mit Namen von Juden aus dem polnischen Regierungsbezirk Kattowitz beim Auswärtigen Amt eingegangen. Weitere Listen folgen. Im März 1941 bittet Eduard Sethe die SS, »dem Auswärtigen Amt mitzuteilen, ob in dem einen oder anderen Fall besondere staatspolizeiliche Bedenken es angezeigt erscheinen lassen, die Ausreiseerlaubnis zu versagen«. Wer Gräueltaten der Nazis miterlebt hat und in Palästina über diese berichten könnte, soll offenbar nicht in die Hände des Feindes fallen.

Einige der inhaftierten palästinensischen Juden werden aus verschiedenen Gefängnissen nach Schloss Liebenau am Bodensee geschickt. In diesem Lager für ausländische Zivilinternierte sollen sie warten, bis der Austausch konkrete Formen annimmt.

In London und Jerusalem überprüfen Beamte die deutschen Listen daraufhin, ob die dort genannten Personen überhaupt Palästinenser im Sinne des Gesetzes sind. An einer allgemeinen Judenrettung besteht dort kein besonderes Interesse. Im März 1941 haben die Behörden des Vereinigten Königreichs erst drei Juden als potentielle Austauschkandidaten anerkannt, zugleich aber bereits entschieden, »dass die folgenden Personen keine Palästinenser sind und ihnen keine Reisemöglichkeit nach Palästina gewährt werden soll: Eva Okmiansky, Mindla Rosensal, Naftali Simche, Chawa Simche, Beila Simche, Lea Simche, Esther Simche«.[36] Die Herkunft einer weiteren Person wird als »zweifelhaft« beschrieben. Doch das Foreign Office gerät unter Druck: In Palästina spricht sich der geplante Austausch unter den Zionisten herum. Israel Sieff vom Londoner Büro der »Women's International Zionist Organisation« appelliert Anfang April 1940 eindringlich an Großbritannien, die Chance zur Rettung der Menschen wahrzunehmen: »Wir sind in einem Telegramm aus Jerusalem kürzlich darüber informiert worden, dass sich 18 Kinder und 37 Frauen in Deutschland und im deutsch besetzten Polen befinden, von denen 17 in Warschau inhaftiert worden sind. Wir sind sicher, dass unsere Furcht über das Schicksal dieser palästinensischen Juden dahingehend richtig verstanden wird, als dass alle Juden unter der Nazi-Herrschaft Verfolgungen unterliegen. […] Wir dringen daher darauf, dass jede Anstrengung unternommen werden muss, um diese unglücklichen Menschen von den Gefahren und dem Horror zu retten, denen sie ausgesetzt sind.«[37]

In Wahrheit sind es weit mehr als achtzehn Kinder und siebenunddreißig Frauen aus Erez Israel, die in Polen in der Falle sitzen. Doch auch die Juden in Palästina besitzen zu diesem Zeitpunkt noch keinen genauen Überblick über die Zahlen.

Im SS-Reichssicherheitshauptamt kümmert man sich nur am Rande um den Austausch. In der Terrorzentrale sind die Geheime Staatspolizei (Gestapo), die Kriminalpolizei sowie der Sicherheitsdienst (SD) der SS unter einem Dach vereint. Ungleich wichtiger ist den Nazis eine andere Frage, die intern mit der »Endlösung der Judenfrage« umschrieben wird. Die Juden, darin besteht Einigkeit, sollen aus dem deutschen Machtbereich verschwinden. Ende der dreißiger Jahre unternehmen die Nazis alles, um die deutschen Juden loszuwerden. Nach der Pogromnacht am 9. November 1938 werden etwa dreißigtausend jüdische Männer in Konzentrationslager verschleppt. Sie kommen nur frei, wenn sie Auswanderungspapiere vorlegen können. Später tragen sich die Nazi-Führer mit Überlegungen, alle Menschen in einem »Judenreservat« im Raum Lublin in Polen zu konzentrieren. Doch diese Pläne lassen sich nicht realisieren. Daraufhin verfallen die Nazis auf die Vorstellung, alle Juden auf die französische Insel Madagaskar zu deportieren, eine jahrzehntealte Idee notorischer Antisemiten. Das Auswärtige Amt stellt dazu sogar eine eigene Studie zusammen. Doch auch diese Idee zerschlägt sich rasch.

Im Jahre 1941 werden andere Überlegungen immer konkreter. Die mehreren Millionen Juden im deutschen Machtbereich sollen nicht auswandern, sie sollen nicht deportiert oder konzentriert werden, sondern man will sie physisch vernichten. Mit dem Überfall auf die Sowjetunion am 22. Juni 1941 folgen von der SS und Ordnungspolizeieinheiten geführte Einsatzgruppen den Truppen der Wehrmacht. Sie erhalten nicht nur den Auftrag, alle kommunistischen Funktionäre zu töten, sondern auch sämtliche nun im deutschen Machtbereich befindlichen Juden, egal ob Männer, Frauen oder Kinder. In den meisten Fällen werden die Menschen brutal aus ihren Häusern getrieben und zu Fuß oder mit Lastkraftwagen in möglichst abgelegene Wälder gebracht. Dort müssen sie Gruben ausheben und sich danach entkleiden. SS-Männer, ganz normale Schutzpolizisten und »Hilfswillige« genannte Kollaborateure, etwa aus der besetzten Ukraine oder den baltischen Staaten, erschießen die Menschen. Bei jeder einzelnen Aktion kommen Hunderte ums Leben. Schon bald gehen die Morde in die Hunderttausende.

Auch für Familie Korman verschlimmert sich die Situation drastisch. Am 31. März 1941 ordnet der deutsche Stadthauptmann von Radom, Hans Kujath, an, dass bis zum 7. April ein jüdisches Ghetto zu bilden ist. Weil die Zahl der Juden in Radom infolge der Ausweisungen aus den kleineren Siedlungen stark angewachsen ist, werden zwei Gebiete ausgewiesen: Im Stadtteil Glinice südlich des Bahnhofs, dort, wo Israel Sumers Großmutter ihre Wohnung hat, werden etwa achttausend Menschen zusammengepfercht. Es wird fortan »kleines Ghetto« genannt. Rund fünfundzwanzigtausend Menschen werden gezwungen, in einen Teil der Altstadt zu ziehen, das »große Ghetto«. Dabei handelt es sich um wenige Straßenzüge um die breite Walowa-Straße. Der Judenrat muss die Anordnungen der Nazis umsetzen. Männer schlagen die Plakate mit den Befehlen an Häuserwänden an. Es ist unvorstellbar, auf so winziger Fläche so viele Menschen unterzubringen, noch dazu in alten, oft baufälligen Gebäuden. Die Nazis haben vergessen, den in dem geplanten Ghetto lebenden christlichen Polen eine Anweisung zum sofortigen Auszug zuzustellen. Die Bildung des Ghettos muss deshalb auf den 12. April verschoben werden. In einem Brief an die deutsche Verwaltung zieht die Jüdische Soziale Selbsthilfe Anfang Mai 1941 eine erste vorsichtige Bilanz. Das Wohnungsproblem, heißt es da, sei wegen der Überbelegung der Häuser nicht lösbar. Da der Warenverkehr eingeschränkt ist, erwarte der Sozialdienst noch mehr Arbeitslose und damit noch mehr Fürsorgeempfänger. Und dann: »Die Lebensmittelzuweisungen halten sich in dem allerbescheidensten Rahmen«, »das Lebensmittelproblem [ist] im jüdischen Wohnbezirk nicht lösbar«.[38]

Familie Korman hat das zweifelhafte Glück, dieses Mal nicht umziehen zu müssen. Ihre kleine Wohnung, die sie mit der vierköpfigen Familie Najman teilt, befindet sich innerhalb der Grenzen des großen Ghettos in der Altstadt.

Anfangs ist das Ghetto von Radom noch offen. Ohne Erlaubnis Waren ins Ghetto zu bringen, ist zwar verboten, doch viele Menschen halten sich nicht daran, und die Geldstrafen sind zunächst erträglich. Korman: »Da gab es Jungen, die rausgegangen sind, um Lebensmittel von der polnischen Seite her zu schmuggeln. Und die Deutschen haben sie erwischt und nahmen ihnen die Sachen weg.« Vor allem Kinder unter zehn Jahren werden zu kleinen Schmugglern, weil sie als Einzige von der Auflage zum Tragen des Judensterns befreit sind und sich so relativ unauffällig außerhalb des Ghettos bewegen können. Dennoch ist die Situation im Ghetto eine einzige Katastrophe. Die dunklen und heruntergekommenen Wohnungen sind vollständig überfüllt. Es fehlt an Toiletten, es existiert kaum eine Waschgelegenheit, im Ghetto-Krankenhaus fehlt es an fast allen Medikamenten. Unter diesen Bedingungen zerbricht die jüdische Solidarität, und es beginnt ein Kampf, in dem es nur noch ums nackte Überleben geht.

Zur Aufrechterhaltung der Ordnung wird auf Befehl der SS ein »Jüdischer Ordnungsdienst« gegründet. Ihre einhundert Mitglieder tragen eine dunkelblaue Polizeimütze mit rotem Aufschlag und eine Binde am rechten Arm mit der Aufschrift »Jüdischer Ordnungsdienst«. Ihre einzige Bewaffnung sind fünfundsiebzig Zentimeter lange Gummiknüppel. Sie müssen mit der polnischen Polizei, der deutschen Schutzpolizei und der SS zusammenarbeiten und zum Beispiel Schmuggler an den Ghetto-Grenzen festnehmen und übergeben. Ihre Arbeit ist im Ghetto verhasst, aber dennoch melden sich viele Männer freiwillig zum Dienst, denn sie erhalten

zusätzliche Lebensmittelrationen. Die Männer werden gezwunge-
nermaßen zu Handlangern der Nazis. Ein Angehöriger des Jüdischen Ordnungsdienstes in Radom berichtet nach dem Krieg: »Es
war im großen Ghetto, als eines Tages zwei deutsche Polizisten, ich
glaube, es waren sogar SS- oder SD-Leute, zu uns, dem Jüdischen
Ordnungsdienst, kamen und einen bestimmten Juden wünschten,
dessen Namen ich nicht mehr weiß. Der Betreffende wurde durch
die Jüdische Ordnungspolizei geholt und den beiden Deutschen
übergeben. Ich musste als Begleiter dann mitkommen. Nicht weit
vom SS-Gebäude sagte einer der beiden Deutschen zu dem Festgenommenen, dass dieser schneller gehen solle. Das tat der Mann
auch, und als er etwa zehn Schritte von uns entfernt war, zog einer
der beiden Deutschen seine Pistole und erschoss den Mann. Ich
musste bei dem Toten bleiben, während sich die beiden andern entfernten. Nach kurzer Zeit kam ein Wagen vom Ghetto, worauf wir
die Leiche wegbrachten.«[39]

»Für uns gab es noch genügend zu essen«, sagt Korman. »Offenbar hatten wir noch Geld. Ich kann aber nicht mehr sagen, wo
wir unser Essen gekauft haben – wahrscheinlich war das auf
dem Schwarzmarkt, denn die Lebensmittel waren streng rationiert. Ich erinnere mich, wie die Menschen im Ghetto gehungert
haben. Ich erinnere mich, wie die Toten zum Friedhof gebracht
wurden.«

Vater Mordechai und Onkel Symcha werden zur Zwangsarbeit
eingeteilt.[40] Sie müssen ab April 1941 in der Radomer Waffenfabrik Pistolen und Gewehre für die Wehrmacht herstellen. Die Arbeitszeit beträgt zwölf Stunden am Tag. Die Fabrik ist enteignet
worden und wird von dem deutsch-österreichischen Konzern
Steyr-Daimler-Puch aus Steyr betrieben. Auch die Meister und
Wachmänner stammen aus Österreich, oder es sind »Volksdeutsche«, Angehörige der deutschen Minderheit in Polen. Sie drangsalieren die polnischen und jüdischen Zwangsarbeiter. Schläge sind
an der Tagesordnung. Doch dem Onkel gelingt es durch Beste-

chung der Österreicher, eine privilegierte Stellung zu erhalten. Er hilft auch Vater Mordechai.

Mutter Hannah findet für Israel Sumer einen Ausbildungsplatz. Ein jüdisches Hilfskomitee gründet im Herbst 1941 eine Schule zur Ausbildung von Schlossern und Mechanikern. Außerdem üben dort vierzig Mädchen das Nähen von Kleidungsstücken. Israel Sumer lernt das Schlosserhandwerk: »Meine Mutter meldete mich dort an. Damals erlaubten die Nazis den Menschen eine gewisse Ausbildung ihrer Kinder, weil sie glaubten, diese könnten später für sie arbeiten. In der Schule gab es eine große Halle. Wir arbeiteten mit Stahl und in einer eigenen Schmiede. Für mich war das ziemlich interessant. Meine erste Arbeit bestand darin, eine Stichsäge herzustellen. Schmieden fand ich faszinierend.« Das Geld des Hilfskomitees reicht nicht aus. Hannah muss fünfzig Zloty Schulgeld im Monat für ihren Sohn bezahlen. Damit die Schulkinder nicht zur Zwangsarbeit abgeführt werden, erhalten sie rote Arbeitskarten. Solche Karten bekommen auch Vater Mordechai und Onkel Symcha. Damit dürfen sie sich auf dem Weg zur Schule und zur Waffenfabrik außerhalb des Ghettos aufhalten. Die Mutter leistet keine Zwangsarbeit, daher erhält sie auch keine Arbeitskarte.

Der Hunger, die Enge, die Kälte, die fehlende medizinische Versorgung und die miserablen hygienischen Bedingungen haben furchtbare Folgen: Im Ghetto von Radom breiten sich im Herbst 1941 Seuchen aus. Besonders Alte und Kinder sterben. Für die Nazis sind Typhus und Fleckfieber nur insofern ein Problem, als dass diese Krankheiten die Ghettogrenzen überspringen könnten und damit auch Polen und die deutschen Besatzer bedrohen. Dr. Erich Waizenegger, Leiter der Unterabteilung Gesundheitswesen in Radom, konstatiert auf einer Sitzung am 18. Oktober 1941: »Am meisten aber beschäftigt uns das Fleckfieber, welches trotz der umfassendsten und intensivsten Maßnahmen der Gesundheitsverwaltung in diesem Jahr in konstantem Steigen begriffen ist. Obwohl beinahe nur Juden davon betroffen sind, macht uns diese Seuche große Sorgen, weil bei weiterem Umsichgreifen dieser gefährlichen Krankheit das Leben deutscher Volksgenossen bedroht ist.«[41] Waizenegger und seine Kollegen kommen nicht etwa zu dem Schluss, dass die Lebensbedingungen im Ghetto verbessert werden müssen. Sie wollen stattdessen die Bewegungsmöglichkeiten der Juden außerhalb des Ghettos noch weiter einschränken.

Im Herbst 1941 ergeht der Befehl, Juden, die sich ohne Genehmigung außerhalb des Ghettos aufhalten, ohne Gerichtsverfahren zu ermorden. Für die Stadt Piotrkow im Distrikt Radom, das die Nazis in Petrikau umgetauft haben, hat sich der Plakatanschlag erhalten, der in diesen Tagen an die Ausgänge der jüdischen Ghettos in Polen geklebt wird: »Jedem Juden, jeder Jüdin und jedem jüdischen Kinde ist es verboten, den jüdischen Wohnbezirk oder das Betriebsgelände ohne Erlaubnis zu verlassen. […] Bei Nichtbeachtung des Verbots erfolgt Erschießung ohne Gerichtsverfahren. Ist das Verbot von Kindern übertreten worden, so trifft die gleiche Strafe auch die Eltern. Jedem Juden, jeder Jüdin und jedem jüdischen Kinde ist es verboten, ohne Erlaubnis irgendwelche Sachen oder Lebensmittel zu kaufen, zu verkaufen, zu tauschen oder zu verschenken. Bei Nichtbeachtung dieses Verbots erfolgt Bestrafung wie vorher.«[42]

Bei Androhung der Todesstrafe ist es christlichen Polen verboten, ihre früheren jüdischen Nachbarn zu verstecken. Das Ghetto von Radom wird geschlossen. An den Eingängen stehen jetzt Schilder: »JUDENVIERTEL Achtung Seuchengefahr!«[43] Wer das Ghetto verlässt und dabei erwischt wird, kommt zunächst ins Gefängnis. Regelmäßig werden die Festgenommenen bei Massenerschießungen getötet. Allein zwischen April und August 1942 sind neun solcher Massenmorde in Radom bezeugt. Der Leiter der Abteilung Gesundheitswesen der Regierung des Generalgouvernements in Krakau, Dr. Jost Walbaum, spricht eine zynische Sprache: »Natürlich wäre es das beste und einfachste, den Leuten ausreichende Ernährungsmöglichkeiten zu geben, aber das geht nicht, das hängt eben mit der Ernährungs- und Kriegslage im allgemeinen zusammen. [...] Man muss sich, ich kann es in diesem Kreise offen aussprechen, darüber klar sein, es gibt nur 2 Wege, wir verurteilen die Juden im Ghetto zum Hungertode oder wir erschießen sie. Wenn auch der Endeffekt derselbe ist, das andere wirkt abschreckender.«[44]

Jeden Morgen verlässt Israel Sumer nach einem dürftigen Frühstück die elterliche Wohnung und macht sich auf den Weg zur ehemaligen Gerberei Gutman und Zucker, wo die Lehrlingswerkstatt untergebracht ist. Auf den engen, mit holprigem Kopfstein gepflasterten Straßen kommen ihm zerlumpte Bettler entgegen, die sich vor Hunger kaum noch auf den Beinen halten können. Andere Männer bieten an den Straßenecken und Hauseingängen ihre Waren an: Streichhölzer, Nähgarn oder Rasierklingen. Die Straßen sind schmutzig von Unrat, die zwei- und dreigeschossigen Häuser überfüllt mit Menschen. Der strenge Geruch menschlicher Ausdünstungen tritt aus den Hauseingängen und offenen Fenstern. Kinder, nur noch in Fetzen gekleidet und mit Holzschuhen an den nackten Füßen, bieten ihre Dienste als Träger an. Männer schleppen laut polternde zweirädrige hölzerne Karren vor sich her, manche beladen mit den wenigen Dingen, die im Ghetto noch hergestellt werden. Vor der Suppenküche der Jüdischen Sozialen Selbsthilfe bildet sich immer dann, wenn Essen ausgegeben wird, eine lange Menschenschlange. Greise, Männer, Frauen, Mütter mit ihren Kindern – sie alle hoffen verzweifelt auf ein Stückchen Brot. Doch meist muss die Küche, lange bevor alle Hungernden ein wenig Essen erhalten haben, schließen, weil nichts mehr da ist. Auf dem Rückweg nach dem Unterricht ein ähnliches Bild. Mit von klapprigen Pferden gezogenen Leiterwagen werden die Leichen der Verhungerten und an Krankheiten Zugrundegegangenen auf den Friedhof gebracht. Jüdische Hilfspolizisten durchstreifen mit ihren Gummiknüppeln die Straßen. Immer dann, wenn deutsche Polizei im Ghetto auftaucht, wird es auf den Straßen schlagartig leer. Niemand will den Deutschen begegnen, von denen doch nur neue Schikanen und Anweisungen zur Zwangsarbeit zu erwarten sind. Israel Sumer hat es etwas besser als andere Juden im Ghetto, denn er ist immerhin Besitzer einer Arbeitskarte. Im Herbst 1941 ist er vierzehn Jahre alt. Er erinnert er sich: »Sogar im Ghetto hatten die Menschen noch Hoffnung. Hoffnung, dass sich die Dinge verändern und wieder besser werden würden.«

Auf dem Schreibtisch von Geheimrat Dr. Eduard Sethe in Berlin häufen sich zu dieser Zeit die Posteingänge. Die Verhandlungen des Auswärtigen Amts mit Großbritannien über den Austausch zwischen Templern und Juden stehen kurz vor dem Abschluss. Die Zeit drängt nun noch mehr als zuvor, denn Ende Juli 1941 haben die britischen Behörden bereits sechshundertfünfundsechzig der deutschen Templer per Schiff nach Australien verbracht. Dahinter stehen militärische Erwägungen: Immer mehr alliierte Soldaten werden in Palästina konzentriert, und diese brauchen Platz. Australien, Mitglied des britischen Commonwealth, erklärt sich zur Aufnahme von Zivilinternierten aus feindlichen Staaten bereit. Die Militärs beschlagnahmen einen Teil des Besitzes der Templer. Der britische Hochkommissar in Jerusalem, Sir Harold MacMichael, schreibt an das Kolonialministerium in London: »Angesichts der großen Zahl an abhängigen Frauen unter den Internierten möchte ich vorschlagen, nur extreme Nazis und faschistische Elemente zu transferieren, die eine große potentielle Gefahr für die Sicherheit darstellen, sollte der Krieg näher an Palästina rücken.«[45] Die Briten fürchten, dass die Nazis in Palästina als fünfte Kolonne der Deutschen fungieren könnten, sollte das kleine Land erobert werden. Das ist keineswegs auszuschließen: Rommels Truppen in Nordafrika feiern im Sommer 1941 einen Sieg nach dem anderen. Die Behörden in London folgen deshalb dem Vorschlag ihres Jerusalemer Hochkommissars: Auf der Liste aller nach Australien deportierten Deutschen ist für jede Person akribisch notiert, inwieweit er oder sie nach britischen Geheimdienstinformationen für die Nazis tätig gewesen ist.

Proteste des spanischen Generalkonsuls und des deutschen Auswärtigen Amts gegen die Massenausweisung bleiben ohne Reaktion. Eduard Sethe muss nun befürchten, dass der eigentliche Verhandlungsgegenstand – die Templer – in unerreichbare Ferne verbracht wird und der Austausch deshalb gar nicht zustande kommen kann. Nach der Abreise nach Australien leben, so erklärt die NSDAP-Auslandsorganisation in einem Schreiben, nur noch etwas mehr als eintausend deutsche Templer in Palästina. Die Nazi-Partei bittet »mit größtem Nachdruck« um beschleunigte Verhandlungen.[46] Sethe macht sich ans Werk.

Im Oktober 1941 sind endlich die Übergabemodalitäten geklärt. Das britische Foreign Office erklärt sich mit dem deutschen Vorschlag einverstanden, dass die Deutschen zur syrisch-türkischen Grenze transportiert werden. Zeitgleich sollen die Juden die bulgarisch-türkische Grenze erreichen. Der Austausch selbst soll also in der neutralen Türkei stattfinden. Sethes oberster Vorgesetzter, Reichsaußenminister Joachim von Ribbentrop, gibt im Oktober seine Zustimmung. Doch noch immer kommen neue Personen ins Spiel und werden auf beiden Seiten neue Listen erstellt. Manche der deutschen Frauen weigern sich weiterhin, am Austausch teilzunehmen. Die in Palästina Geborenen haben kein Interesse daran, in eine Heimat »zurückzukehren«, die sie selbst noch nie gesehen haben. Sie wollen ihren Familienbesitz nicht verlieren.

Bei den Juden gehen die britischen Behörden im Zweifelsfall äußerst kaltherzig vor. Bei wem auch nur der geringste Zweifel daran besteht, palästinensischer Staatsangehöriger zu sein, der wird rigoros von dem Austausch ausgeschlossen. Dazu zählen auch Jüdinnen, die erst nach Kriegsbeginn einen Bürger Palästinas geheiratet haben und sich, so der britische Verdacht, die Staatsangehörigkeit möglicherweise durch eine Scheinehe erschlichen haben könnten. Es trifft aber auch Kinder.

»Michael Boehm ist kein (wiederhole kein) Palästinenser und darf nicht (wiederhole nicht) in den Transfer eingeschlossen werden«, schreibt Hochkommissar Harold MacMichael am 18. November 1941 in einem Telegramm an seinen Kolonialminister in

London.[47] Michael Böhm ist sechs Jahre alt und der Sohn eines deutschen Juden. Seine Mutter Eva Okmiansky-Böhm, geboren in Magdeburg und nun interniert im Lager Liebenau am Bodensee, darf dagegen nach britischer Auffassung trotz ursprünglicher Ablehnung einreisen, denn ihr zweiter Ehemann lebt in Erez Israel. Die Dreißigjährige besitzt bereits die deutsche Genehmigung zur Ausreise. Als sie erfährt, dass man ihrem kleinen Sohn die Einwanderung nach Palästina verweigert, verzichtet sie auf den Austausch. Angesichts dieser strengen Regelauslegungen hätte Israel Sumer Kormans Mutter Hannah trotz ihres palästinensischen Rückreisevisums keine Chance auf eine Rettung, und ihr Sohn schon gar nicht. Und so ist es nur konsequent, dass in den Bergen von deutschen und britischen Dokumenten im Archiv des Auswärtigen Amts in Berlin und den National Archives in London ihre Namen nirgends auftauchen. Sie bleiben im November 1941 im jüdischen Ghetto von Radom gefangen.

Bei den Austauschverhandlungen geht es zur gleichen Zeit auch um logistische Fragen. Wie viel Gepäck sollen die Menschen mitnehmen dürfen? Wie soll der Transport selbst durchgeführt werden? Schließlich einigt man sich darauf, dass die Juden in Wien gesammelt und von dort per Bahn zur bulgarisch-türkischen Grenze gebracht werden. Deutschland erklärt sich zudem bereit, den »ausreisenden palästinensischen Staatsangehörigen zu gestatten, ihr persönliches Eigentum, soweit es als Handgepäck befördert werden kann, mitzunehmen.«[48] Die Briten handeln ebenso. Anfang Dezember informiert Sethe die deutsche Botschaft in Ankara über den Austausch und bittet um die Vermittlung der Türkei. Diese erklärt sich »gerne bereit«. Sethe bestellt bei der Deutschen Reichsbahn für den Austausch einen Sonderwagen zweiter und dritter Klasse, der an einen fahrplanmäßigen Schnellzug für Fronturlauber nach Bulgarien angehängt werden soll. Die britische Seite arrangiert derweil den Transport der Templer-Deutschen in die Türkei.

Am 29. November 1941 genehmigt der Reichsführer-SS, Heinrich Himmler, per Erlass den Austausch. Das ist auch deswegen notwendig, weil die Nazis einen Monat zuvor die Auswanderung von Juden aus Deutschland generell verboten haben. »Geheim! Reichsführer-SS und Chef der Deutschen Polizei hat angeordnet, dass die Auswanderung von Juden mit sofortiger Wirkung zu verhindern ist«, schreibt Gestapochef Heinrich Müller am 23. Oktober.[49] Der Satz dokumentiert die endgültige Entscheidung der Nazis, die Juden aus ihrem Machtbereich nicht länger zu vertreiben, sondern zu ermorden. Nur wenn es den Interessen des Reichs dient, ist eine Ausnahme möglich. Der Austausch ist eine solche sehr seltene Ausnahme.

Von Deutschland aus reisen die jüdischen Austauschkandidaten Anfang Dezember 1941 per Sammeltransport nach Wien, einige machen sich individuell auf den Weg. Die meisten Frauen und Kinder kommen aus Berlin, zehn von ihnen stammen aus Polen, davon fünf aus Radom. Damit sie unterwegs nicht von den Nazis festgenommen werden – schließlich sind Bahnfahrten für Juden streng verboten –, erhalten sie ein Papier der SS, das den Behörden den Zweck der Reise erklärt.

In Wien besteigen die Juden mit palästinensischer Staatsangehörigkeit am 9. Dezember 1941 den Sonderwagen. Zwei von ihnen bleiben zurück: Eine Frau ist erkrankt, und ein älterer Mann ist von einem übereifrigen Wiener Polizeibeamten ins Gefängnis gebracht worden, der die Begleitpapiere nicht studiert hat. Am 13. Dezember 1941 um 12.15 Uhr meldet der »Transportführer des Palästinaaustauschtransports Ruoff«: »Transport gut verlaufen. Freitag 12. Dezember morgens 46 Palästinenser in Türkei überstellt.«[50] Am selben Tag um 22.30 Uhr geht ein weiteres Telegramm in Berlin ein, es kommt von der deutschen Botschaft in Ankara: »Palästinadeutsche Leute auf türkischem Boden wohlbehalten eingetroffen. Werden morgen auf Durchfahrt Ankara betreut.«[51] Es sind siebenundsechzig Menschen. Der Austausch hat geklappt.

Der Berliner Polizeirat Wilhelm Merkel nimmt als Vertreter der

Polizei an dem Austausch teil und resümiert in seinem Reisebericht: »Das Verhalten aller Transportteilnehmer war im allgemeinen korrekt. […] Die allgemeine Ordnung und Sauberkeit ließ teilweise zu wünschen übrig. Die Stimmung war gut und zufrieden. Klagen sind nicht laut geworden. Da es sich um englische Austauschpersonen handelte, ist, um ungünstige Rückwirkungen auf die auszutauschenden deutschen Staatsangehörigen unbedingt zu vermeiden, auf äusserste korrekte Behandlung der Transportierten Wert gelegt worden.«[52]

Schon vor dem erfolgreichen Abschluss planen Eduard Sethe und seine Mitarbeiter im Berliner Auswärtigen Amt den nächsten Austausch. Schließlich sind immer noch rund siebenhundert der »rassisch« vermeintlich so »wertvollen« deutschen Templer in Palästina interniert. In einem Brief des Auswärtigen Amts an das SS-Reichssicherheitshauptamt vom 8. Dezember 1941 heißt es: »Es ist hier bekannt, dass sich noch eine große Anzahl von deutschen Frauen in Palästina befindet, die nach Deutschland zurückkehren wollen. Um der britischen Regierung eine entsprechende Gegenleistung anbieten zu können, ist es notwendig, die bisher angestellten und ergebnislos gebliebenen Nachforschungen nach palästinensischen Frauen mit Nachdruck fortzusetzen und zugleich in allen besetzten Gebieten […] Ermittlungen anzustellen, ob sich dort palästinensische Staatsangehörige befinden, die für den Austausch in Frage kommen.«[53] Damit beginnt die intensive Suche nach weiteren jüdischen Austauschkandidaten.

Am 20. Januar 1942, dem gleichen Tag, an dem in einer Villa am Wannsee die Nazi-Spitzen die organisatorische Umsetzung des Massenmords an den Juden besprechen, schlägt Dr. Eduard Sethe gegenüber dem Reichskommissariat für die Festigung deutschen Volkstums – auch diese Organisation steht unter Leitung von SS-Chef Heinrich Himmler – vor, »die Heimbeförderung der Reichsdeutschen aus Palästina – wenn möglich in größerem Umfang« fortzusetzen, wozu nur »Nichtarier« als Austauschobjekte in Frage kämen. Nur zehn Tage später liegt die positive Antwort vor: »Ich würde es begrüßen, wenn es gelingen würde, in einem Zuge die restlichen noch in Palästina internierten reichsdeutschen Frauen und Kinder gegen Juden palästinensischer Staatsangehörigkeit sofort auszutauschen«, heißt es.[54] Damit ist der geplante Austausch von höchster Stelle bewilligt.

Von alldem erfährt die Familie Korman in Radom nichts. Der Vater muss weiter täglich zur Zwangsarbeit in die Waffenfabrik. Israel Sumer besucht die Handwerkerschule. Die Mutter bleibt zu Hause, kümmert sich um den immer schwieriger werdenden Einkauf von Lebensmitteln und Heizmaterial auf dem Schwarzmarkt. Noch immer tragen Vater, Mutter und der Sohn Goldstücke in den Absätzen ihrer Schuhe versteckt – als letzte Reserve. Noch immer bemüht sich Hannah verzweifelt um eine Auswanderungsmöglichkeit – nicht nur für sich, den Ehemann und den Sohn, sondern für möglichst viele ihrer Verwandten und Freunde. Doch alle ihre Versuche bleiben erfolglos. Etwa um diese Zeit muss die Familie innerhalb des Ghettos umziehen. Die neue Adresse lautet nun Peretzastraße 3. Der Kontakt zu den Söhnen Lusek und Mosche in Tel Aviv ist endgültig abgebrochen. Keinerlei Nachrichten dringen aus dem besetzten Radom heraus. Am 30. Dezember 1941 versucht Lusek über das britische Rote Kreuz Kontakt zur Familie nach Radom aufzunehmen. Er schreibt: »Was macht Ihr alle? Bitte gleich Antwort schreiben.«[55] Doch es kommt kein Lebenszeichen mehr aus Polen. Erst ein Jahr später erhält Lusek einen maschinenschriftlichen Brief aus Radom. Er enthält vier magere Zeilen und ist längst von der Realität überholt.

Kurz vor Weihnachten 1941 werden neue Plakate im Ghetto angeschlagen. Sie fordern die Radomer Juden auf, sämtliche Pelzsachen an die Deutschen abzugeben. Weil die Deutschen eine Fleckfieber-Ansteckung fürchten, müssen die Mitarbeiter des Judenrats die Sammlung übernehmen. Wer sich dem Befehl widersetzt, wird bei den folgenden Hausdurchsuchungen von der deutschen Polizei ohne Gerichtsverfahren erschossen. Die Kleidungsstücke gehen an die Wehrmacht, die bei ihrem Vormarsch in der Sowjetunion vor Moskau steckengeblieben ist. Hitler, von seiner Strategie des »Blitzkrieges« überzeugt, hatte seine Soldaten nicht ausreichend mit Winterkleidung ausgestattet. Im Ghetto gibt es kaum noch Holz oder Kohlen, die Wohnungen sind größtenteils ungeheizt. Mitten im Winter verlieren die Juden in Radom und in allen anderen polnischen Städten auch noch ihre warme Kleidung. Zu Hunger und Seuchen kommt jetzt die beißende Kälte, der die Menschen ungeschützt ausgesetzt sind. Immer mehr von ihnen sterben. Beladene Leichenwagen holpern tagtäglich über das Pflaster zum Ghetto-Friedhof.

Ian Korman mag sich an diese Schreckenszeit nur noch vage erinnern. Er hat die Jahre im Ghetto tief in seinem Innern vergraben.

Die Nazis haben sich zur Ermordung aller Juden entschieden. Ab Oktober 1941 bringen die Züge der Reichsbahn deutsche Juden in das besetzte Polen. Fast 20 000 Menschen werden in das Ghetto Lodz gepfercht. Wer nicht arbeitsfähig ist, wird weiter nach Chelmno deportiert. Dort werden Gaswagen zur Ermordung eingesetzt. Schon bald fahren andere Züge weiter nach Osten, etwa nach Minsk, Riga oder Kowno. In Kowno werden alle Deportierten kurz nach ihrer Ankunft erschossen. Das gilt auch für einen der Transporte nach Riga. Die anderen und die nach Minsk Verschleppten kommen zunächst im dortigen jüdischen Ghetto unter. Ab Frühjahr 1942 sind die Gaskammern von Auschwitz in Betrieb, wo Juden aus Deutschland und den besetzten Gebieten ermordet werden.

Im Herbst des Vorjahres muss in Berlin und Krakau der Beschluss gefallen sein, die 1 800 000 Juden im Generalgouvernement systematisch umzubringen. Der geplante Massenmord trägt den Namen »Aktion Reinhardt«. Dazu werden drei neue Lager errichtet: Belzec, Sobibor und Treblinka. Anders als in den Konzentrationslagern werden Menschen dort nicht zum Sklaveneinsatz für die Rüstungsindustrie eingesetzt, bevor sie an Entkräftung sterben oder getötet werden. Diese Lager dienen ausschließlich der Vernichtung. Die Mordstätten, die da in aller Eile errichtet werden, liegen möglichst abgelegen, verfügen aber alle über einen Eisenbahnanschluss, damit die Todgeweihten dennoch relativ rasch dorthin deportiert werden können. In allen drei Vernichtungslagern bauen die Deutschen Gaskammern ein. Zum Chef der »Aktion Reinhardt« ernennt Heinrich Himmler den SS- und Polizeiführer von Lublin, Odilo Globocnik, in SS-Kreisen »Globus« genannt. Erster Leiter des Lagers Treblinka wird Dr. Irmfried Eberl, ein Mediziner aus Österreich, der sich schon früh den Nazis zugewendet hat und im Jahre 1940 führend an der Ermordung Kranker und Behinderter in Deutschland beteiligt war. Planungen und Bau der Vernichtungslager werden mit deutscher Effizienz umgesetzt. Anfang März 1942 ist als erstes das Vernichtungslager Belzec südlich von Lublin fertiggestellt. Im internen Schriftverkehr ist fortan immer häufiger von der »Umsiedlung« der Juden die Rede. »Umsiedlung«, das ist die Tarnbezeichnung für die Tötung.

Zu Beginn des Jahres 1942 werden auch in Radom Vorbereitungen für den systematischen Massenmord getroffen.

Unterdessen hat Geheimrat Dr. Eduard Sethe vom Auswärtigen Amt bei den Vorbereitungen für den zweiten Austausch ein Problem: Sein Vermittler ist ihm abhandengekommen. Seit dem 11. Dezember 1941 befinden sich die Vereinigten Staaten im Krieg mit Deutschland. Die US-Botschaft in Berlin ist geschlossen, ihre Mitarbeiter sind interniert. An die Stelle der Amerikaner tritt deshalb die Schweizer Gesandtschaft in Berlin. Die dortige Abteilung Schutzmachtangelegenheiten ist für all diejenigen Ausländer zuständig, für die die neutrale Schweiz im Rahmen ihrer diplomatischen Tätigkeit aktiv wird – das sind insgesamt fünfundzwanzig Staaten. Der Gesandtschaftsattaché Philippe Aubert de la Rüe wird der zuständige Mann. Der erst einunddreißigjährige Diplomat und gebürtige Genfer ist seit 1939 bei der Botschaft in Berlin tätig. Der dunkelhaarige Mann ist in Paris aufgewachsen und hat dort und in

Berlin und Zürich Jura und Politische Wissenschaften studiert.[56] Er stürzt sich mit aller Energie in seine neue Aufgabe. Der Briefwechsel bleibt freilich mehr als umständlich: Schreiben des Auswärtigen Amts gehen fortan zunächst an die Schweizer Gesandtschaft, Abteilung Schutzmachtangelegenheiten, Berlin-Mitte. Von dort erreichen sie die britische Botschaft in Bern, und diese sendet sie weiter nach London. Umgekehrt ist derselbe Weg notwendig. Dieses Verfahren verlängert zwangsläufig die Verhandlungen.

In London ist das Foreign Office zu einem zweiten Austausch bereit, obwohl das Vereinigte Königreich wesentlich mehr Deutsche, nämlich siebenundsechzig, aus Palästina hat ausreisen lassen, als es selbst Juden in Empfang nehmen konnte – nur sechsundvierzig Juden haben im Dezember 1941 das Gelobte Land erreicht. Das widerspricht eindeutig den vereinbarten Regeln. Die Jewish Agency verstärkt ihren Druck auf die britischen Behörden: Die Vertretung der Juden in Palästina will erreichen, dass die Vorschriften nicht mehr so eng gefasst werden, damit mehr Menschen aus Deutschland und den besetzten Gebieten das rettende Palästina erreichen können. Nicht nur palästinensische Staatsangehörige sollten am nächsten Austausch teilnehmen dürfen, sondern auch Juden, die lediglich Verwandte in Palästina haben. Bei Harold MacMichael stößt die Jewish Agency mit diesem Vorschlag auf erbitterten Widerstand. Der britische Hochkommissar steht für eine äußerst restriktive Einwanderungspolitik: Nach dem arabischen Aufstand in den Jahren 1936 bis 1939 hat Großbritannien die Zahl der jüdischen Neueinwanderer auf lediglich fünfundsiebzigtausend für die folgenden fünf Jahre begrenzt. Mit dieser Entscheidung soll die arabische Seite besänftigt werden. Dass er damit vielen europäischen Juden die letzte Fluchtmöglichkeit nimmt, spielt für MacMichael offensichtlich keine Rolle. Seit Kriegsbeginn vergibt London auch keine Einwanderungszertifikate mehr an Juden, die in Feindstaaten und deutsch besetzten Gebieten leben. Zehntausenden wird so eine Rettung verwehrt.

Die Jewish Agency hat deshalb die illegale Einwanderung organisiert. Alija Bet [Hebräisch für »Aufstieg B«] lautet der Codename der Operation, die vom Mossad Le-Alija Bet durchgeführt wird, aus dem später der legendäre Geheimdienst hervorgehen wird. Auf heillos überfüllten Dampfern erreichen die wenigen Glücklichen heimlich Erez Israel. An einsamen Stränden werden die Reisenden in Empfang genommen. Sie tauchen in der nächsten jüdischen Siedlung unter, bevor die Polizei anrücken kann. Doch manche Flucht nach Palästina scheitert auch, die Menschen werden von den Briten festgenommen und landen in Internierungslagern. Manche der schrottreifen Dampfer erleiden Schiffbruch, wie die »Salvador«, die im Dezember 1940, aus dem bulgarischen Varna kommend, in der Nähe der türkischen Küste untergeht und zweihundertvier Menschen mit in den Tod reißt. Im Februar 1942 wird ein anderes Flüchtlingsschiff, die »Struma«, kurz nach der Abfahrt in Istanbul von einem Torpedo getroffen und sinkt. Nur ein einziger der siebenhundertneunundsechzig Passagiere überlebt die Katastrophe. Die Reisen werden zu gefährlich. Deshalb wird der illegale Transport zur See nach der Katastrophe der »Struma« weitgehend eingestellt.

Istanbul, die größte Stadt der neutralen Türkei, ist im Weltkrieg die Nachrichtenbörse zwischen Europa und Asien. In den engen Straßen der Stadt am Bosporus wimmelt es von Geheimdienstmitarbeitern. Angehörige des deutschen Konsulats bemühen sich, von hier aus den Schiffsverkehr im östlichen Mittelmeer zu überwachen und Informationen über die Lage im Nahen Osten zu sammeln. Britische Spione erhalten von einheimischen Informanten Berichte über die Lage in dem mit Deutschland verbündeten Rumänien und weiteren Balkanstaaten. Auch die Jewish Agency entschließt sich 1940, dort ein Büro zu eröffnen. Im ehrwürdigen Luxushotel Pera Palas auf der europäischen Seite der Stadt residiert fortan Chaim Barlas. Der Zweiundvierzigjährige ist ein altgedienter Mitarbeiter der jüdischen Organisation: In den zwanziger Jahren hat er die Einwanderungsstelle der Jewish Agency in Warschau geleitet. Im ersten Kriegsjahr war er im Genfer Büro der Organisation angestellt. Barlas hat den Auftrag, Informationen zu sammeln und Mittel und Wege zu finden, um die in Süd- und Osteuropa gestrandeten Juden, die über ein Palästina-Zertifikat verfügen, sicher nach Erez Israel zu bringen. »Tausende von jüdischen Flüchtlingen hingen in Kowno, Bukarest und anderen europäischen Städten fest«, berichtet Barlas über die Situation im Sommer 1940. »Sie waren im Besitz von Pässen, von Palästinazertifikaten und hatten die Zusage für syrische Transitvisa. Das einzige Hindernis, das noch bevorstand, war das Verbot ihrer Durchreise durch die Türkei.«[57] Vier Monate lang verhandelt Barlas mit türkischen Regierungsstellen, dann gelingt es ihm, für einige der Gestrandeten Durchreisegenehmigungen zu erhalten.

Die Zentrale der Jewish Agency in Jerusalem sammelt die Nachrichten über die Lage der Juden in Europa. Anfang 1942 gehen mehr und mehr alarmierende Berichte ein. Im Januar wird ein Brief des sowjetischen Außenministers Wjatscheslaw Molotow bekannt, in dem von Verbrechen der Nazis besonders gegen Juden die Rede ist. Im März gelangen erste Berichte über die grauenhafte Situation der Menschen im Warschauer Ghetto nach Palästina. Dort vegetieren mehr als eine halbe Million Menschen eingeschlossen hinter Mauern und Stacheldraht. In abgefangenen Berichten heimgekehrter ungarischer Soldaten heißt es, in der deutsch besetzten Ukraine seien eine Viertel Million Juden ermordet worden. Noch sind diese Informationen unbestätigt, die Quellenlage ist oft dürftig, und es handelt sich nur um punktuelle Nachrichten. Doch es wird immer deutlicher, dass Nazi-Deutschland offenbar in großem Stil damit begonnen hat, osteuropäische Juden umzubringen.

In Palästina werden auch alle Nachrichten über jüdisch-palästinensische Staatsangehörige zusammengestellt, die sich bei Kriegsbeginn in Staaten aufhielten, die jetzt von den Deutschen besetzt sind. Schon bald wird klar: Es sind nicht Dutzende, die in der Falle der Nazis sitzen, auch nicht Hunderte, sondern mindestens eintausendzweihundert Menschen, die dringend der Hilfe bedürfen.

Chaim Barlas erhält in Istanbul den Auftrag, nach diesen Menschen zu suchen und sie in Listen zusammenzufassen. Diese Listen will man dem britischen Foreign Office und der Regierung von Palästina unterbreiten und damit die Heimholung der Menschen forcieren. Es ist eine Sisyphusaufgabe: Namen, Geburtstage und Geburtsorte müssen recherchiert und verglichen werden, es gilt, den derzeitigen Aufenthaltsort zu bestimmen und festzustellen, welchen Status die Juden in Palästina haben. Ob das Ergebnis dieser Arbeit irgendwann einmal tatsächlich zur Rettung der Menschen führen wird, ist dabei höchst ungewiss.

In Berlin machen sich derweil der zwischenzeitlich zum SS-Obersturmführer beförderte Rudolf Kröning und seine Mitarbeiter vom Reichssicherheitshauptamt weisungsgemäß auf die Suche nach palästinensischen Juden. Per Schnellbrief informiert das Büro des Reichsführers-SS und Chefs der Deutschen Polizei Heinrich Himmler das Auswärtige Amt regelmäßig über die Fortschritte und verschickt Namenslisten. Im Februar 1942 gelangt so Eva Okmiansky, die immer noch im Zivilinternierungslager Liebenau am Bodensee festsitzt, erneut ins Visier. Über sie ist vermerkt: »Okmiansky, Eva, geborene Lewin, geboren am 28. 5. 1911 in Magdeburg, nicht arisch. Ihr Ehemann befindet sich in Palästina. Die O. ist jedoch nur dann bereit, nach Palästina auszureisen, wenn sie ihren Sohn Michael Böhm, geboren am 11. 8. 1935 in Berlin, der die deutsche Staatsangehörigkeit besitzt, mit sich nehmen darf.«[58] Insgesamt umfasst die Liste die Namen von zwanzig Personen, von denen einige allerdings nicht die palästinensische, sondern die britische Staatsangehörigkeit haben. Schon einen Monat später geht die nächste Liste der SS bei Eduard Sethe ein. Diesmal sind dort dreiundzwanzig Juden aus den besetzten Niederlanden aufgeführt. Kurz darauf folgt ein Brief, in dem sechs in Belgien und Nordfrankreich lebende Palästina-Juden genannt werden. Im Mai 1942 gehen beim Auswärtigen Amt schließlich die ersten Listen mit den Namen polnischer Juden ein. Es folgen Listen mit den Namen von Frauen und Kindern aus Kattowitz, Listen aus Warschau, Listen aus Krakau. Die Angelegenheit scheint den Nazis ungeheuer wichtig zu sein. Nur so lässt sich erklären, dass die SS im Februar sogar per Ministerialblatt nach Menschen fahndet, die als Tauschmittel für die Heimholung der deutschen Templer benötigt werden. »Ich ersuche um Feststellung und Bericht auf dem Dienstwege, wo sich die nachstehend aufgeführten palästinensischen Staatsangehörigen aufhalten«, lautet das Schreiben an alle Verwaltungsbehörden, Kreispolizeistellen und Ausländerämter. Nach den Namen von zehn Frauen folgt der Text: »Sollte eine der vorgenannten Personen ermittelt werden, ist sie zu befragen, ob sie nach Palästina zurückkehren will.«[59] Tatsächlich werden so drei weitere Austauschkandidatinnen gefunden.

Regelmäßig schickt Eduard Sethe die bearbeiteten Namenslisten an Philippe Aubert de la Rüe von der Schweizerischen Gesandtschaft in Berlin. Von dort gehen sie über Bern nach London weiter, wo überprüft wird, ob die aufgeführten Personen tatsächlich ein Recht auf Aufenthalt in Palästina haben.

Im Reichssicherheitshauptamt ist SS-Obersturmführer Rudolf Kröning vom Referat II B 4 b »Grundsatzfragen der Ausländerpolizei und Grenzsicherung« emsig mit der Suche nach Juden für den Austausch beschäftigt. Nur wenige hundert Meter entfernt geht unterdessen ein unauffälliger Bürokrat einer ganz anderen Aufgabe nach: Adolf Eichmann vom Referat IV B 4 »Judenangelegenheiten, Räumungsangelegenheiten« ist zuständig für die »Endlösung der Judenfrage«, der Ermordung aller Juden im Machtbereich der Nazis. Der 1906 in Solingen geborene SS-Obersturmbannführer koordiniert die Zugfahrpläne in die Vernichtungslager. Er lässt die technischen Details der Morde durch Giftgas erörtern und kümmert sich um die Beute, den beschlagnahmten Besitz der deportierten Juden. Zu Beginn des Jahres 1942 hat die »Aktion Reinhardt« zur Ermordung der polnischen Juden noch nicht begonnen, doch aus anderen Gebieten rollen bereits Züge mit in Personen- und Viehwagen gepressten Menschen in den Osten. Die Reichsbahn berechnet dem Reichssicherheitshauptamt dabei den einfachen Personentarif der dritten Klasse in Höhe von vier Pfennig pro Kilometer pro Person. Bei Deportationen mit mehr als vierhundert Teilnehmern gewährt die Bahn fünfzig Prozent Ermäßigung. Kinder unter zehn Jahren fahren für die Hälfte in den Tod, Kleinkinder unter vier umsonst.

Im März 1941 hatte der britische Hochkommissar für Palästina, Harold MacMichael, die Einreise der Familie Simche im Rahmen des ersten Austauschs abgelehnt, weil diese angeblich keine palästinensischen Staatsbürger seien. Während sechsundvierzig Glückliche im Dezember das Gelobte Land erreichen, müssen Chawa, Beila, Lea und Esther Simche in ihrer Wiener Wohnung bleiben und all die Erniedrigungen, Schikanen und Demütigungen über sich ergehen lassen, denen die Juden in »Großdeutschland« in diesen Tagen ausgesetzt sind. Am 12. Mai 1942, vierzehn Monate nach Verweigerung der britischen Einreiseerlaubnis, wird die Familie deportiert. Sie wird in die Kleinstadt Izbica im polnischen Distrikt Lublin gebracht. Insgesamt werden bis zum Juni fünfzehntausend Juden aus Deutschland und Österreich in diesen Distrikt verschleppt. Izbica ist von den Nazis zu einem Durchgangsghetto erklärt worden. Schon im März beginnen die Deportationen der polnischen Juden aus Izbica in das Vernichtungslager Belzec, wo sie kurz nach ihrer Ankunft mit Giftgas ermordet werden – die »Aktion Reinhardt« hat begonnen. Die Schwestern aus Wien bleiben davon vorläufig verschont. Sie leben vermutlich in einem der baufälligen Holzhäuser von Izbica, dessen Bewohner von den Nazis bereits deportiert wurden, und sind völlig auf sich allein gestellt: Die Jüdische Soziale Selbsthilfe vor Ort erhält keine zusätzlichen Mittel zum Kauf von Nahrungsmitteln für die neu hinzugekommenen Menschen. Vielleicht müssen die Schwestern wie Hunderte andere Juden im Zwangsarbeitslager Augustówka bei der Regulierung von Flüssen für ein paar Brocken Brot und eine Wassersuppe schuften. Vielleicht verrichten sie nicht einmal Zwangsarbeit und hungern in dem fremden Haus. Wir wissen es nicht. Nach ihrer

Deportation hat man nie wieder etwas von Chawa, Beila, Lea und Esther Simche gehört. Im Rahmen der »Aktion Reinhardt« sind sie wie Hunderttausende andere Juden ermordet worden. Von den fünfzehntausend aus Deutschland und Österreich nach Lublin und Umgebung Deportierten tauchen nach Beendigung des Krieges ganze zwanzig wieder auf.

Im polnischen Radom rückt die geplante Vernichtung der Juden im Rahmen der »Aktion Reinhardt« Anfang 1942 näher. Am 19. Februar 1942 werden im Ghetto über vierzig Juden auf der Stelle erschossen. Etwa dreißig bis vierzig weitere kommen in das Gefängnis der Stadt. Viele der Getöteten und Inhaftierten sind Mitglieder des Radomer Judenrats, darunter auch deren Vorsitzender Josef Diamant. Andere gelten als Intellektuelle. Die gebildete Schicht unter den Juden muss sterben, weil die Nazis jedes Risiko eines Widerstands vermeiden wollen. Tatsächlich sind im Ghetto erste Vorbereitungen für einen Aufstand getroffen worden, aus Warschau werden Informationen, Literatur und Geld eingeschmuggelt. Doch die Anführer werden von den Deutschen erschossen oder inhaftiert; eine geplante Revolte scheitert, bevor sie überhaupt beginnen kann. Marian M., ein damals zwanzigjähriger Mann aus dem Radomer Ghetto, erinnert sich bei einer Zeugenbefragung an die damaligen Vorfälle: »Ca. 30 der Verhafteten verbrachte man in das Radomer Gefängnis in der Warszawska-Straße. Unter diesen Personen befand sich auch mein Vater. Ich habe ihm selbst offiziell Lebensmittelpakete ins Gefängnis gebracht. Nach etwa sechs Wochen nahm man die Pakete nicht mehr an. Man erklärte mir, dass sich mein Vater nicht mehr im Gefängnis befände. Über seinen Verbleib hat man mir nichts gesagt. Erst nach dem Kriege habe ich erfahren, dass er seinerzeit nach Auschwitz gebracht worden ist, wo er dann ums Leben gekommen ist.«[60]

Das sind die Arbeitsergebnisse von SS-Obersturmbannführer Adolf Eichmann in Berlin und von SS- und Polizeiführer Odilo Globocnik im deutsch besetzten Lublin. Doch während im Gene-

ralgouvernement die Deportation der Juden in die Vernichtungslager beginnt, geht SS-Obersturmführer Rudolf Kröning weiter
seiner ganz anders gearteten Tätigkeit nach und sucht genau dort
nach Juden mit palästinensischen Wurzeln. Kröning steht bei der
Bearbeitung der für den Austausch vorgesehenen Juden in regel-
mäßigem persönlichem Kontakt mit dem ranghöheren Eichmann.
Schließlich gilt es zu koordinieren, welche wenigen Juden vom
Massenmord auszunehmen sind.[61]

Irgendwann im Frühjahr 1942, das genaue Datum lässt sich
nicht mehr feststellen, erhält der nach der Mordaktion vom Februar neu gebildete Radomer Judenrat von der örtlichen Gestapo
die Anweisung, eine Liste mit Juden »ehemaliger polnischer
Staatsbürgerschaft« zu erstellen, die nach Palästina ausreisen wollen. In einem Schreiben präzisiert der Judenrat, welche Kriterien
erfolgreiche Kandidaten erfüllen müssen. Jakob Kurtz aus der benachbarten Stadt Piotrkow erinnert sich: »Wir erhielten ein zwei-
tes Rundschreiben aus Radom, nachdem nur berechtigt waren zu
fahren: a) Frauen, deren Männer in Israel leben b) Kinder unter 18
Jahre, deren Eltern in Israel leben c) Personen, die vor Kriegsausbruch kamen, in Besitz eines Visums für die Rückkehr sind und nur
wegen des Krieges nicht dazu in der Lage waren.«[62] Dieser Krite-
rienkatalog geht allerdings weit über das hinaus, was Großbritannien zu akzeptieren bereit ist. Bei der SS ist man offenbar nicht
allzu wählerisch – Hauptsache, die Juden haben irgendeine Verbindung zu Palästina.

An die bröckeligen Mauern und Hauseingänge im Radomer
Ghetto werden im Auftrag der SS wieder einmal Plakate geschlagen. Der Judenrat sucht Menschen aus Palästina, steht darauf geschrieben. Ist das vielleicht eine Chance? Besteht noch irgendeine
Hoffnung, nach über einem Jahr des Hungers, der Kälte und der
Enge dem Terror des Ghettos zu entkommen? Viele Menschen
zweifeln, glauben, das könne nur ein weiterer Trick der Deutschen
sein, an dessen Ende ein neuer Einsatz zur Zwangsarbeit stünde,
neue Schikanen und Demütigungen. Andere bleiben skeptisch,

aber sie melden sich dennoch. Unter ihnen ist Hannah Korman. Ihr Sohn erinnert sich: »Sie suchten nach Juden mit palästinensischer Staatsangehörigkeit. Soweit ich es verstanden hatte, ging es auch um Leute, die ein Visum für Palästina besaßen. Meine Mutter hatte ein Rückreise-Visum, sie kam aus Palästina nach Polen und hätte zurückkehren können. Ich hingegen besaß überhaupt keinen Ausweis. Ich besaß nichts dergleichen. So wie ich meine Mutter kannte, wird sie darauf bestanden haben, dass auch ihr Sohn registriert wurde.«

Am 17. Juni 1942 geht wieder einmal ein Schnellbrief des SS-Reichssicherheitshauptamts bei Geheimrat Dr. Eduard Sethe vom Auswärtigen Amt ein. Unterzeichnet ist er diesmal von Rolf Kelbing, dem früheren Vizechef der Bremer Gestapo und jetzt als Mitarbeiter der Passabteilung in Berlin zuständig für Ausweise und Kennkarten. »Nach einem Bericht des Kommandeurs der Sicherheitspolizei und des SD in Radom wurden weiterhin folgende Personen ermittelt, die für den Austausch in Frage kommen und den Wunsch haben, nach Palästina zurückzukehren«, heißt es in dem Schreiben. Es folgt eine Liste mit insgesamt sechsunddreißig Namen. Unter 23. und 24. sind notiert: »Korman, geborene Potaznik, Hannah-Symcha, geboren am 12.9.1894 in Radom, wohnhaft in Radom Perecastr. 3. Ist im Besitze des poln. Auslandspasses Ser. 1 Nr. 690895, ausgestellt am 30.12.1936 durch den Starosten in Warschau, mit palästinensischem Rückreisevisum Nr. 8237. Ist lediglich mit ihrem Kinde besuchsweise nach Radom gekommen. 2 Söhne und 1 Schwester wohnen in Tel-Aviv, Faierbergstr. 20. Korman, Izrael-Sumer, geboren am 27.6.1927 in Radom, wohnhaft wie 23.«[63]

Dass diese Angaben nicht ganz der Wahrheit entsprechen, ist natürlich Absicht. Wenn die Deutschen den Angaben Glauben schenken und wenn Großbritannien zustimmt, besteht zum ersten Mal im jahrelangen Kampf der Mutter um die Auswanderung aus der Nazi-Hölle eine kleine Chance auf Rettung. Eine winzige Chance. Immer noch besser als nichts.

In Berlin studiert Eduard Sethe das Schreiben, lässt die Angaben ins Englische übersetzen und fertigt daraus wieder einmal eine neue Liste möglicher Austauschkandidaten an. Am 23. Juli 1942 verfasst er ein Memorandum an die Schweizer Botschaft in Berlin: »Das Auswärtige Amt beehrt sich, der Schweizerischen Gesandtschaft, Abteilung Schutzmachtangelegenheiten [...] mitzuteilen, dass das in dem Memorandum vom 7. April 1942 – R 6347 – gemachte Angebot, in den vorgeschlagenen deutsch-palästinensischen Austausch Frauen und Kinder sowie besondere Personengruppen einzubeziehen, die nahe Angehörige in Palästina haben, sich auch auf die in den von Deutschland besetzten Gebieten befindlichen Personen erstreckt. [...] Als Anlage (vierfach) wird eine weitere Namenliste von 56 Personen übermittelt, denen im Zuge des geplanten deutsch-palästinensischen Austauschs die Ausreise nach Palästina gestattet werden wird.«[64]

Unter 12. sind auf der Liste Hannah Korman und ihr Sohn Israel Sumer aufgeführt. Die Chancen für eine Rettung scheinen immer noch gering. Aber sie sind nicht mehr winzig. Wenn nichts dazwischenkommt.

Kapitel IV

Der Massenmord

Am 19. Juli 1942 gibt Heinrich Himmler nach einem Besuch bei Odilo Globocnik in Lublin den Einsatzbefehl: »Ich ordne an, dass die Umsiedlung der gesamten jüdischen Bevölkerung des Generalgouvernements bis 31. Dezember 1942 durchgeführt und beendet ist. Mit dem 31. Dezember dürfen sich keinerlei Personen jüdischer Herkunft mehr im Generalgouvernement aufhalten. Es sei denn, dass sie sich in den Sammellagern Warschau, Krakau, Tschenstochau, Radom, Lublin aufhalten.«[65] Noch im selben Monat beginnen die Räumungen der jüdischen Ghettos im Bezirk Krakau. Mit Güterzügen der deutsch kontrollierten Ostbahn werden deren Bewohner in das Vernichtungslager Belzec deportiert, wo sie sofort ermordet werden. Ab dem 22. Juli starten die Deportationen aus dem Warschauer Ghetto in großem Stil. Ihr Ziel ist das Vernichtungslager Treblinka. In den Ghettos bleibt fortan nur eine kleine Zahl »arbeitsfähiger« Menschen zurück, die von den Nazis zur Arbeit in der Rüstungsindustrie gezwungen werden.

Im Juli 1942 dringen vereinzelt Nachrichten über die Räumung von Ghettos in anderen polnischen Städten zu den Radomer Juden durch. Eine Augenzeugin berichtet: »Der Aufruhr in der Stadt nahm täglich zu. Einigen Juden aus Lublin gelang es, in das Ghetto von Radom einzudringen, und sie erzählten uns erschütternde Einzelheiten von dem, was sich bei ihnen abgespielt hatte. Seitdem lebten wir immer in Angst.«[66]

Israel Sumer Korman hört nichts von den Gerüchten. Er und seine Eltern warten auf neue Informationen über die angebliche Reise nach Palästina. Sie erfahren nichts.

Über den 16. August 1942 in Radom, den Tag, an dem das große Ghetto geräumt wird, möchte Ian Korman nicht sprechen. Er kann es nicht. »Ich erinnere mich an diesen Tag als den furchtbarsten Tag in meinem ganzen Leben«, sagt er.

Die folgende Beschreibung der damaligen Geschehnisse stammt aus einer Gerichtsverhandlung gegen einen der Täter. Unter »Die ›Aussiedlungen‹ in Radom im August 1942, I. Allgemeine Feststellungen« heißt es: »Die ›Aussiedlung‹ des Gettos Glinice fand in der Nacht vom 4. auf den 5. August 1942 statt. Am Abend des 4. August 1942 umstellten deutsche Einheiten das Getto. Im Laufe der Nacht mussten die Juden ihre Wohnungen verlassen und sich auf den Straßen aufstellen. Dann wurden sie zum Bahnhof getrieben. Dort fand in der Dolnastraße eine Selektion statt. Etwa 1000 arbeitsfähige Juden wurden herausgesucht und am Morgen des 5. August 1942 in das Große Getto gebracht. Die übrigen Juden wurden in Güterwagen verladen, die am Güterbahnhof bereitstanden und deren Luftklappen mit Stacheldraht vernagelt worden waren.

Während der Aktion wurden viele Juden, insbesondere ältere, kranke in den Häusern und auf der Straße erschossen. Sie wurden später in Massengräbern beerdigt. Da mehr Transportraum zur Verfügung stand, als für die zum Abtransport bestimmten Juden benötigt wurde, wurden noch in derselben Nacht auch Juden im Großen Getto aus ihren Häusern herausgeholt. Sie mussten sich in der Walowastraße in Kolonnen aufstellen. Ungefähr 2000 von ihnen wurden zum Güterbahnhof geführt und ebenfalls in die bereitstehenden Güterwagen verladen.

Ziel der Güterwagen war das Vernichtungslager Treblinka. Dort wurden die Juden durch Giftgas getötet.

Die ›Aussiedlung‹ des Großen Gettos folgte sodann in den Nächten vom 16. auf den 17. und 17. auf den 18. August 1942.

Am Sonntag, dem 16. August 1942, umstellten abends Einheiten u.a. der deutschen Schutzpolizei das Große Getto. Die Straßenlampen, in die zuvor stärkere Birnen eingedreht worden waren, erhellten die Straßen und Plätze des Gettos gut.

Etwa gegen Mitternacht begannen SS-Leute und Angehörige des jüdischen Ordnungsdienstes, die im westlichen Teil des Gettos wohnenden Juden mit lauten Rufen aufzufordern, aus ihren Wohnungen herauszukommen. Unter Schreien und Schlagen wurden die Juden von SS-Leuten auf den Platz Stare Miasto getrieben. Wer nicht schnell genug laufen konnte oder hinfiel, wurde rücksichtslos erschossen.

Auf dem Platz Stare Miasto fand eine Selektion statt, deren Zweck es war, die Arbeitsfähigen, die in Radom bleiben sollten, von den nicht Arbeitsfähigen zu trennen, die für den Abtransport in ein Vernichtungslager bestimmt waren.

Die Selektion wurde von SS-Leuten durchgeführt. Sie entschieden, wer zur Gruppe der Arbeitsfähigen gehen musste. Wer im Besitz einer Arbeitskarte war, wurde im Allgemeinen als arbeitsfähig angesehen. Daher mussten die Juden an Tischen, die vor dem Gebäude des jüdischen Ordungsdienstes aufgestellt worden waren, den SS-Leuten ihre Arbeitskarten vorlegen. Es kam vor, dass Arbeitskarten von den SS-Leuten zerrissen und die betreffenden Juden zu den nicht Arbeitsfähigen oder aber Juden ohne Arbeitskarte zu den Arbeitsfähigen geschickt wurden.

Die arbeitsfähigen Juden wurden in den Hof der am Stare Miasto liegenden Gerberei Gelka gebracht. Die übrigen Juden dagegen wurden unter Bewachung teils zum Bahnhof, teils zu Bahngleisen in dem Fabrikgelände an der Mary-Wilksa-Straße geführt und dort in bereitstehende Güterwagen verladen.

Mindestens 100 der in dem Hof der Gerberei Gelka versammelten arbeitsfähigen Juden wurden gegen Morgen in den Penc-Garten geführt, ein großes Gartengelände zwischen der Starokrakowskastraße und der Staromiejskastraße. Dort mussten sie große Gräben ausheben, die inzwischen herangebrachten, während der Aktion getöteten Juden entkleiden und schichtweise in die Gräben legen. Im Laufe des Vormittags wurden Gruppen von alten und gebrechlichen Juden herangeführt und bei den Gruben von SS-Leuten erschossen. Die Leichen wurden ebenfalls in die Grube gelegt. Nach Beendigung dieser Arbeiten wurden die Juden in ein kleines Restgetto geführt, das im Bereich des Großen Gettos gebildet wurde und die Szwarlikowskstraße, die Szpitalnastraße, die Brudnastraße und die Zytniastraße umfasste. In dieses Restgetto waren inzwischen auch die übrigen in Radom zurückbleibenden arbeitsfähigen Juden gebracht worden.

In der folgenden Nacht, der Nacht vom 17. auf den 18. August 1942, wiederholte sich diese Aussiedlungsaktion im östlichen Teil des Großen Gettos. Wieder wurden die Juden, beginnend etwa um Mitternacht, durch SS-Leute und Angehörige des Jüdischen Ordungsdienstes aus ihren Wohnungen herausgerufen und zu dem Sammelplatz, diesmal der sehr breiten Walowastraße, getrieben. Dort führten SS-Leute eine Selektion durch. Die als arbeitsfähig angesehenen Juden wurden in das Restgetto geführt, die übrigen Juden unter Bewachung zum Bahnhof gebracht, wo sie in Güterwagen verladen wurden.

Insgesamt wurden in diesen beiden Nächten aus dem Großen Getto mindestens 20000 Juden ›ausgesiedelt‹. Sie wurden in das Vernichtungslager Treblinka transportiert und dort durch Giftgas getötet.«

Einunddreißig Jahre später wird vom Schwurgericht Hamburg einer der damaligen Täter verurteilt: Hermann Weinrich, 1942 SS-Hauptsturmführer in Radom, erhält 1973 wegen Mordes und Beihilfe zum Mord eine siebenjährige Freiheitsstrafe. Der Mitangeklagte Paul F. wird auf Kosten der Staatskasse freigesprochen. In der oben in Auszügen wiedergegebenen Urteilsbegründung unternimmt das Gericht nach jahrelangen Ermittlungen und Zeugenbefragungen den Versuch, die Vorgänge möglichst sachlich, distanziert und objektiv darzustellen.[67]

Die Anklage gegen Hermann Weinrich und deren Vorbereitung kommt durch die beharrlichen Ermittlungen der 1958 gegründeten »Zentralen Stelle der Landesjustizverwaltungen zur Aufklärung nationalsozialistischer Verbrechen« in Ludwigsburg bei Stuttgart zustande. Diese Behörde arbeitet noch immer. Mit heute achtzehn Mitarbeitern, darunter fünf Richtern, Staatsanwälten und einem Kriminalbeamten, ist es die weltweit größte Ermittlungsbehörde gegen Nazi-Verbrechen. Der unauffällige Dienstsitz am Rande der barock geprägten Stadt beherbergt seit einigen Jahren zugleich eine Außenstelle des Bundesarchivs der Bundesrepublik Deutschland, in der Historiker die Ermittlungsakten längst abgeschlossener Fälle einsehen können.

In diesen Akten finden sich auch die Zeugenaussagen der wenigen überlebenden Radomer Juden, die vor Beginn des Prozesses gegen Hermann Weinrich befragt werden. Diese Menschen sind überall auf der Welt verstreut. Sie werden in den bundesdeutschen Konsulaten von Toronto in Kanada bis Melbourne in Australien vernommen. Zudem leistet der Staat Israel Amtshilfe und befragt im Auftrag der Hamburger Staatsanwaltschaft mögliche Zeugen. Die Aussagen machen deutlich, was im August 1942 wirklich geschah, welche unbeschreiblichen Brutalitäten und Morde die eingesetzten SS-Männer begingen, mit welcher Ohnmacht die Menschen mit ansehen mussten, wie ihre Bekannten und Freunde, Eltern und Kinder in die Viehwaggons der Züge getrieben oder gleich an Ort und Stelle erschossen wurden. Manche der Aussagen widersprechen sich in Details, was angesichts der Angst und Erregung am Tag der Ghetto-Räumung und des großen zeitlichen Abstands bis zur Zeugenvernehmung nicht verwundert.

Die Zeugenaussage von Jehoshua G., damals siebzehn Jahre alt, beschreibt den Beginn der Räumung des östlichen Teils des Ghettos:[68]

»In jener Nacht wurde das Ghetto von deutschen und ukrainischen Einheiten und blauer Polizei eingekreist [mit blauer Polizei sind unter deutschem Kommando stehende polnische Polizeikräfte gemeint, K. H.]. In jener Nacht stürzten 3 oder 4 SS-Männer in unsere Wohnung. Sie waren mit Gewehren bewaffnet, hatten Peitschen in der Hand und schrieen ›heraus‹. Unsere ganze Familie verließ die Wohnung, und wir schlossen uns den übrigen Ghettobewohnern an, die in Richtung Walowa-Straße getrieben wurden. In der Walowa-Straße wurden alle Juden versammelt. Der Platz in der Walowa-Straße war von Scheinwerfern taghell erleuchtet. Die ganze Zeit wurde auf uns geschossen, und viele Personen wurden auf dem Weg getötet. Der Platz in der Walowa-Straße war mit Maschinengewehren umstellt; es wurde ständig geschossen.«

Zelig K., geboren im Jahre 1925, berichtet gegenüber den Vernehmern über die gleiche Nacht in der Walowa-Straße:[69]

»Ich glaube, es war in der Nacht zwischen 12 und 1 Uhr, als man Maschinengewehr- und Gewehrschüsse hörte. Ich wohnte damals in der Walowa-Straße 20 und war mit meiner Mutter, einem meiner älteren Brüder und zwei jüngeren Schwestern zusammen. Wir wurden aus dem Haus getrieben – ich glaube, dort wohnten wenigstens 300 Menschen. Als wir auf die Walowa-Straße kamen, die sehr breit ist, wussten wir genau, um was es sich handelte. Überall sah man SS-Leute mit Maschinengewehren, es wurde geschossen, ältere Leute, die keine Kraft mehr hatten, wurden auf der Stelle erschossen. Ich entsinne mich genau, dass mehrere Leichen vor der Tür lagen, als ich aus dem Haus […] kam. Von dort wurden wir zur Kommandantur […] getrieben, die bei der Polizei untergebracht war. […] Ich habe viele Szenen gesehen, u. a. wie man mit Gewalt versuchte, den Müttern die Kleinkinder zu entreißen. Wenn sie sich weigerten, nahm man die Kinder und schlug sie an einer Wand tot, die sich in der Nähe der Kommandantur befand.«

Marian M., geboren 1921, berichtet über die Vorbereitungen zum Massenmord:[70]

»Ca. drei bis vier Wochen vorher hatten wir Angehörige von der Kanzlei des jüdischen Ordnungsdienstes Situationspläne anzufertigen und der Gestapo zu übergeben. Es handelte sich im einzelnen um genaue Aufzeichnungen hinsichtlich der Straßenzüge, Plätze, Häuser-Ein- und -Ausgänge, Einwohnerzahl der einzelnen Wohnungen pp. Erst nach der Aktion kam uns zum Bewusstsein, dass unsere erstellten Pläne die Unterlagen für das Vorgehen der Aktionsteilnehmer bildeten.« M. wird während der Aktion dazu gezwungen, an den Durchsuchungen der Wohnungen teilzunehmen, nachdem die Juden den Befehl zum Verlassen der Häuser erhalten hatten:[71] »Ich hatte mich gleich nach Beginn der Aktion ins Büro des jüdischen Ordnungsdienstes begeben. Die nächsten Stunden verbrachte ich dort. Dann erschienen Gestapobeamte, die uns zunächst mitnahmen. Im einzelnen mussten wir diesen Gestapobeamten beim Durchsuchen der Wohnungen nach Versteckten behilflich sein. Hierbei kam es auch noch zu Erschießungen von Juden in meiner Gegenwart. Ich gehörte als einziger jüdischer Ordnungsdienstmann zu einer Gruppe von drei Gestapobeamten. Ich kenne die Namen dieser Gestapoangehörigen nicht, obwohl der eine oder andere in meiner Gegenwart jüdische Menschen erschoss. Ich muss dazu sagen, dass diese drei Beamten grundsätzlich alle in Verstecken vorgefundenen Juden an Ort und Stelle erschossen haben. In meinem Durchsuchungstrupp ca. 20 Personen. Ich kann zu diesen Erschießungsorten keine näheren Angaben mehr machen. In dem Durcheinander gelang es mir, mich von den drei Gestapobeamten zu entfernen. Ich suchte verzweifelt meine Mutter, fand sie jedoch nicht mehr vor.«

Rose M., geboren im Jahre 1917 in Radom, wurde mit ihrem Kind von der Ghetto-Räumung überrascht. Ihre Aussage:[72]
»Am Vortag wurden große Lampen in die Laternen gedreht an der Walowa, da bekamen wir Angst. Nachts um 12 Uhr wurden wir von SS-Leuten herausgetrieben. Wir gingen auf die Walowa; ein Teil wurde nach rechts, ein Teil nach links geschickt. Ich hatte mein Kind auf dem Arm, das nahm ein SS-Mann mir weg und sagte, es käme in einen Kindergarten: Du wirst arbeiten und das Kind sehen

111

können. Ich hatte eine Arbeitsbescheinigung und kam zu der Gruppe, die bleiben konnte; mein Kind habe ich nicht wieder gesehen. Viele, die auch Ausweise hatten, kamen trotzdem in die ›schlechte‹ Gruppe. Wir standen in 3 Reihen und gingen immer weiter; die SS-Leute, die uns kontrollierten, standen da. [...] Bis etwa 9 Uhr früh mussten wir stehen bleiben; in unsere Wohnungen kamen wir nicht zurück.«

Martin M., geboren 1910 in Radom, erinnert sich an die Selektion:[73]

»Wir mussten uns alle zu einem Sammelplatz begeben. Man musste laufen, überall hörte man Schüsse. Leute schrieen. [...] Ich befand mich auf dem Wege zu dem Sammelplatz mit meinem Vater und mit meiner Stiefmutter, die mit mir zusammen in der Wohnung gelebt hatten. Auf dem Sammelplatz angekommen, war mein Vater nicht mehr bei mir. Auch meine Stiefmutter hatte ich in dem Tumult verloren, ich sah sie erst am folgenden Tag wieder. Jeder auf dem Sammelplatz wurde befragt, wo er arbeitete. Ich zeigte mein Ausweispapier. Ich kam daraufhin auf die eine Seite. Andere kamen bei dieser ›Selektion‹ auf die andere Seite. Es war inzwischen 4 Uhr morgens geworden. Alle auf meiner Seite Stehenden wurden in ein abgezäuntes kleines Ghetto gebracht, das aus drei Straßen bestand und ein Teil des ›großen‹ Ghettos war. Dort erfuhr ich, dass die auf der anderen Seite Stehenden in Güterwagen abtransportiert worden waren.«

Max H. wurde 1915 in Radom geboren und lebte 1942 mit seiner Familie im Radomer Ghetto. Er berichtet über die Ereignisse bei der Räumung des westlichen Ghettoteils:[74]

»Um 23 Uhr des 15. oder 16. 8. 42 haben SS- und SD-Leute und auch Angehörige der Schutzpolizei und auch Angehörige des jüdischen Ordnungsdienstes [...] die Bewohner des großen Gettos Walowa (Radom-Stadt) auf dem Platz Staremiasto zusammengetrieben. Dieser Platz war von den vorbezeichneten deutschen Sicherheitsorganen umstellt. Darüber hinaus waren eine Menge Scheinwerfer aufgestellt, die den Platz ständig taghell beleuchtet haben. Auch ich befand mich mit meiner ganzen Familie unter ihnen, mit Ausnahme meiner Schwester, nein, keine Ausnahme, auch meine Schwester war mit ihrer Familie dabei. Es haben sich inzwischen rund 30 000 jüdische Menschen auf diesem Platz befunden. Wir mussten alle gegen 24 Uhr an einigen Tischen vorbeigehen, an denen SS- und SD-Leute standen, die uns sortierten. Es hieß damals, dass die Inhaber von Arbeitskarten von der Aussiedlung verschont blieben. Man hat aber nicht gewusst, was eine Aussiedlung bedeutet. Jeder war aber bemüht, in Radom zu bleiben. Arbeitskarten hatten nur solche jüdische Mitbürger, die in deutschen kriegswichtigen Betrieben arbeiteten. Der größte Teil der hier aufgestellten jüdischen Menschen wurde sofort in kleinen Gruppen zum Bahnhof in Marsch gesetzt. Der kleinere Teil, größtenteils Inhaber von Arbeitskarten, mussten sich in das Betriebsgelände der Lederfabrik Trojka begeben. Es dürften ca. 2000 bis 3000 Juden gewesen sein. Die Lederfabrik Trojka befand sich unmittelbar am Staremiasto-Platz. Ich selbst war Inhaber einer roten Arbeitskarte und kam an einen Tisch, an dem Hauptscharführer H. stand. Ich zeigte ihm meine rote Arbeitskarte, die er aber ungesehen sofort zerriss. Als ich ihm jetzt sagte: ›Herr Hauptscharführer, ich bin's, Sie kennen mich doch von der Lederfabrik her‹, gestattete er mir, bzw. schickte er mich ebenfalls in die Lederfabrik Trojka und ich konnte in Radom bleiben. […] Einige Stunden später, man hatte bei der Aussortierung mal wieder eine Pause gemacht und es wurde schon etwas hell, habe ich gesehen, wie dieser H. mit seiner Pistole blindlings in die in der Nähe aufgestellten Juden geschossen hat. […] Ob diese Leute dadurch getötet worden sind, weiß ich deswegen nicht, weil ich keine Gelegenheit hatte, das zu überprüfen. Am Morgen des folgenden Tages, unmittelbar nach Beendigung der Aussiedlung, haben auf dem Aussiedlungsplatz und seiner näheren Umgebung mehrere hundert Leichen gelegen. Zum Wegräumen der Leichen wurden später Leute verwendet, die nicht ausgesiedelt worden sind. Ich habe auch gesehen, dass nach der Aussiedlungsaktion noch einzelne Juden erschossen worden sind. In dieser Nacht ist auch meine verheiratete Schwester Hella Korman und deren Mann mit einem Kind ausgesiedelt worden. […] Während der Aussiedlung ist mir ein besonders grausamer Sonderfall in Erinnerung geblieben. Ein großer, hübscher, schlanker SS-Mann hat einer etwa 27 Jahre alten Frau deren Zwillinge aus den Armen gerissen, jedes an die Wand geschmissen und dadurch getötet. Einem der beiden Kinder ist dabei das Köpfchen buchstäblich zerschmettert worden. Auch das andere Kind wurde dabei schwer verletzt. Die schreiende junge Mutter hat er mit einem Fußtritt in Richtung der ausgesiedelten Juden gestoßen.«

Nicht alle Nazis hielten sich an die Befehle. Es gab auch sehr seltene Ausnahmen: SS-Männer widersetzten sich den Anordnungen und halfen Juden zu überleben. Abram B. hatte bis zum deutschen Einmarsch in Polen ein Fotogeschäft in der Zeromskiego-Straße betrieben, das von den Nazis beschlagnahmt wurde. B. musste für die SS in seinem eigenen Atelier weiterarbeiten und bekam als Gehilfen einen SS-Mann aus Wien namens Josef Steiner. B. bezeugt:[75]

»Um 12 Uhr nachts begann die Aussiedlung aus der Walowa, um 1 Uhr kam Steiner mit einem jüdischen Ordnungsmann und holte mich mit Frau und Kind durch einen Nebenausgang aus dem Getto, auf unserer Seite war es noch ganz ruhig. Auf dem Weg zum Atelier mussten wir am Haupteingang des Gettos vorbei, dort standen die Offiziere und traten zur Seite, als wir kamen. Einer rief Steiner an: Kamerad, stehen bleiben! Steiner sagte: Das ist ein Sonderbefehl des Hauptsturmführers Feucht! Etwa 2 Wochen später zeigte Steiner mir eine schriftliche Genehmigung des Feucht, die trug aber ein späteres Datum als die Aussiedlung; er sagte, dass er se jetzt erst bekommen und viel riskiert habe.«

Richard S., Jahrgang 1899, war einer der wenigen SS-Männer, die sich den Vernehmern gegenüber relativ offen äußerten. Er beschreibt die Selektion aus Sicht der Täter:[76]

»Die erste Zeit habe ich in der Befehlsstelle gesessen. Als dann draußen so eine narrische Schießerei war, bin ich rausgegangen und wollte diese Schießerei unterbinden. [...] Etwa 30–40 Meter von der Befehlsstelle entfernt befand sich die Stelle, wo die Juden sortiert wurden. Die mit Arbeitskarten kamen nach rechts und die ohne Arbeitskarten mussten nach links treten. Die Aussortierung war folgendermaßen eingeteilt: In der Mitte der Straße standen 3 oder 4 Beamte von der Dienststelle der Sicherheitspolizei. Ich kann heute keine Namen der dort eingesetzten Beamten mehr angeben. Die Juden mussten dann einzeln zu diesen Beamten gehen und ihre Arbeitskarte vorweisen. Ich weiß, dass die kontrollierenden Beamten verschiedentlich nach eigenem Ermessen die Arbeitskarten zerrissen haben und die Juden zu der Seite schickten, die zum Abtransport gebracht wurden. Andererseits haben sie auch Juden, die keine Arbeitskarten hatten, zu der Seite geschickt, die im Ghetto verblieben. Ich habe mich dann selbst an dieser Auswahl beteiligt.« S. berichtet anschließend ausführlich, wie sehr er sich für die Juden eingesetzt habe und dass es ihm gelungen sei, einzelne Menschen zu retten. Er erklärt, er sei auf Wunsch des jüdischen Arztes und Mitgliedes des Judenrats Dr. F. sogar zum Bahnhof gefahren, um dessen Familie aus einem der Güterwaggons des wartenden Zuges herauszuholen. Er habe, von Wagen zu Wagen gehend, den Namen von Frau F. gerufen, bis ihm Vorgesetzte es untersagt hätten. Mit dieser Aussage konfrontiert, erklärt der überlebende jüdische Arzt F. jedoch, S. sei in Wahrheit auf Befehl eines SS-Vorgesetzten mit ihm zum Bahnhof gefahren und habe dort nichts weiter unternommen.

Die meisten ehemaligen SS-Angehörigen reagierten bei den Vernehmungen wie der 1908 in Tirol geborene Franz Anker, 1942 SS-Hauptscharführer und Mitarbeiter des SD in Radom, ein langjähriger Nationalsozialist: NSDAP und SA-Mitglied seit 1932, beteiligt am gescheiterten Nazi-Putsch in Österreich 1934, danach nach Deutschland geflüchtet und von Beruf Kriminalbeamter.[77] Wir werden ihm später noch einmal begegnen. Anker erklärt gegenüber den Ermittlern:[78]

»Mit Judenangelegenheiten hatten wir in unserer Registratur nichts zu tun. An die Bezeichnung der Referate erinnere ich mich nicht. An Namen von Kameraden erinnere ich mich auch nicht mehr. Was mit den festgenommenen Polen geschah, kann ich nicht mehr angeben. [...] An irgendwelchen Besprechungen habe ich nicht teilgenommen.« [...] Frage: »Herr Anker, was wissen Sie über die Judenaussiedlungen im Juli/August 1942 in Radom? Sie müssten doch einiges darüber wissen, weil Sie im Vorzimmer des Kommandeurs saßen?« Antwort: »Ich kann ehrlich sagen, dass ich nichts erfahren habe!« [...] Frage: »Was wissen Sie über den Verbleib der ausgesiedelten Juden? Wussten Sie, dass diese Juden in Vernichtungslager gekommen sind und dass es im Ghetto Radom zu erheblichen Erschießungen von jüdischen Männern, Frauen und Kindern gekommen ist?« Antwort: »Ich weiß nichts! Wenn es auch unglaubwürdig erscheint, dass ich in meiner Eigenschaft als Vorzimmerbeamter des Kommandeurs der Sicherheitspolizei Radom von den soeben durchgesprochenen Ereignissen in Radom nichts erfahren habe, so bleibe ich doch bei meinen Angaben.« Frage: »Die bisherigen Ermittlungen haben ergeben, dass von jeder Dienststelle bzw. jedem Referat Beamte zu diesen Aktionen in Radom abgestellt wurden. Was können Sie hierzu angeben?« Antwort: »Dazu kann ich keine Stellungnahme beziehen. Ich weiß nichts!«

Der jüdische Augenzeuge Henry Z., Jahrgang 1926, musste miterleben, was nach Beendigung der Selektion im westlichen Ghettogebiet im Penc-Garten geschah:[79]

»Bei der Aussiedlungsaktion Mitte August 1942 wurden sowohl meine Eltern wie auch zwei jüngere Brüder und eine Schwester abtransportiert; ich habe sie nie wieder gesehen. Während der ganzen Zeit fielen Schüsse, und überall lagen Erschossene. Während der Aussiedlungsaktion wurde ich selbst, zusammen mit ungefähr 150 anderen Personen, ausgesucht. Wir mussten zunächst in einer Lederfabrik warten, die sich in der Nähe des Platzes befand, auf dem die Aussiedlung stattfand; der Name der Fabrik war ›Gelka‹. Später erhielten wir Schaufeln und mussten in dem nahe gelegenen Park, er hieß Penc-Garten, eine große Grube graben, die mehr als 2 Meter tief war. Nachdem wir mit dieser Arbeit fertig waren, wurden auf Pferdewagen ältere Leute, Krüppel, Kinder und auch Tote herangebracht. Insgesamt waren es mindestens mehrere hundert Personen. Auf sie alle wurde Maschinengewehrfeuer eröffnet. Wir mussten sie dann in zwei Reihen übereinander in dem Massengrab bestatten. Ich möchte noch hinzufügen, dass sich unter den herbeigeschafften Personen auch die Kranken des nahe gelegenen Hospitals befanden. Unter den Erschossenen waren mehrere mir bekannte Personen; ich erinnere mich besonders an einen Jungen, der sich nur auf einem kleinen Wagen fortbewegen konnte, weil er an den Folgen der Kinderlähmung litt. Er wurde noch auf seinem Wagen sitzend erschossen.«

Aron M., Jahrgang 1924, bestätigt diese Aussage:[80]
    Als ich auf dem Sammelplatz stand, haben Deutsche mich mit einer Gruppe anderer junger Juden auf einen bestimmten Platz gebracht und uns befohlen, Gruben auszuheben. Wir hoben große Gruben aus. Während unserer Arbeit haben SS-Leute, die uns bewachten, uns mit Gewehrkolben geschlagen. Bei meiner Arbeit sah ich, wie Wagen mit getöteten Juden gebracht wurden; unter ihnen befanden sich Frauen und Kinder. Es wurden auch lebende Juden herbeigeführt, die am Rande der Gruben getötet wurden. Während dieses Massenmordes standen wir unweit der Gruben, und ich sah die Exekutionen mit meinen eigenen Augen. Nachdem die Deutschen alle getötet, die sie lebendig hingebracht hatten – was fast einen ganzen Tag dauerte –, befahlen sie uns, die Toten zu entkleiden und in die Gruben zu werfen.«

Harry Z., geboren 1925 in Radom, gibt seine Erlebnisse in der Nacht vom 16. auf den 17. August 1942 zu Protokoll:[81]

»Von der Aussiedlung in Glinice hatten wir gehört und auch, dass aus unserem Getto Juden mit weggekommen waren. Dann wurden am Getto auf den Masten große Lampen angebracht. In einer Nacht kam dann der jüdische Ordnungsdienst und schrie: Alles raus zum Stare Miasto! Meine älteste Schwester war schon verheiratet und wohnte Spitalne 4, da war in dieser Nacht meine Mutter mit den Schwestern, mein älterer Bruder war auch nicht im Haus, ich war allein mit den beiden jüngsten Geschwistern. Als wir durch die Straße liefen, sahen wir gerade noch, wie eine taubstumme Frau erschossen wurde. Am Stare Miasto standen Tische; viele Menschen waren schon da in Kolonnen, es war ein großes Gedränge. Meine Geschwister wurden mir weggerissen, ich hatte meine Arbeitskarte und wurde zur Gelka geschickt. [...] 1 oder 2 Stunden stand ich in der Gelka, dann wurde ich herausgeholt zu einer Kolonne; wir mussten zum Pencgarten gehen und dort mehrere tiefe Gruben ausheben. Dann kamen Pferdewagen und wurden ausgeladen: Tote und lebende Menschen, die Lebenden wurden umgelegt, es waren Kranke, Alte und Verkrüppelte. Einer leitete alles, wir mussten einen Hügel aufschütten, von da aus dirigierte er wie ein Schauspieler. Mit 4 Mann mussten wir die Toten aufheben und damit zur Grube laufen, es ging alles wie am Fließband. Manche haben sich noch in der Grube bewegt.«

Unterdessen wurden die Menschen, die bei der Selektion als »nicht arbeitsfähig« eingestuft worden waren, zum Bahnhof getrieben. Die dortige Situation beschreibt der 1924 geborene Israel F. am Tag nach der Räumung des kleinen Ghettos, also am 5. August 1942:[82]

»Am nächsten Morgen wollten wir wissen, was vor sich ging. Zwei Polen und ich machten zusammen eine Fahrt mit dem Pferdewagen zur Bahnrampe. [...] Auf dem Weg zur Bahnrampe sah ich schon Blutlachen und Gepäckstücke und Pakete liegen. Auf der

Bahnrampe stand ein großer Güterwagen mit geschlossenen Türen. Außerdem lagen eine Reihe von Bündeln auf der Rampe, die ich zunächst für Kleider hielt. Es waren aber Tote. Manche von denen, die da lagen, waren wohl auch noch am Leben. Es befanden sich dort viele SS- und Polizeileute und Ukrainer, die offenbar betrunken waren. Sie schrien und sangen. Wir hielten selbstverständlich nicht an und fuhren weiter.«

Der Jüdische Ordnungsdienst wurde nach Beendigung der »Aktion Reinhardt« gezwungen, die Ermordeten von den Straßen des Ghettos zu beseitigen. Aus der Zeugenaussage von Isaak C.:[83]

»Wir, die Jüdische Ordnungspolizei, mussten im Ghetto bleiben. Von dort aus haben wir mehrere Schüsse aus Richtung des Transportes gehört. Später haben wir dann […] den Befehl erhalten, die Straßen vom Ghetto zum Bahnhof […] zu räumen. Ich vermag heute nicht mehr zu sagen, wieviele Leichen damals auf den Straßen lagen und von uns anschließend daran beerdigt wurden. Es war so, dass mehrere Wagen eingesetzt waren, ich meine Pferdewagen, die Leichen zum Friedhof brachten. Es können wohl einige hundert Leichen gewesen sein. Darunter befanden sich Männer, Frauen und Kinder. Die Leichen, die wir sahen, waren alle erschossen.«

Die meisten Zeugen haben mehr als dreißig Jahre nach dem Massenmord von Radom große Schwierigkeiten, sich namentlich an beteiligte deutsche SS-Männer zu erinnern. Viele kennen die Namen ihrer Peiniger nicht, manche haben sie auch vergessen. Andere sind sich bei der namentlichen Zuordnung der Täter nicht sicher. Wieder andere glauben bestimmte Personen zwar mit Sicherheit identifiziert zu haben, ihre Aussagen sind jedoch in anderen Punkten widersprüchlich, womit die ganze Zeugenaussage an Glaubwürdigkeit verliert. Die Richter unterscheiden streng zwischen dem, was die Überlebenden selbst gesehen und erlebt haben, und dem, was sie nur vom Hörensagen wissen. Die mutmaßlichen Täter selbst leugnen jede Beteiligung. So ist es zu erklären, dass nur die wenigsten Täter nach dem Krieg verurteilt werden. Hinzu kommt, dass die bundesdeutsche Nachkriegsjustiz anfangs wenig Interesse an einer Aufklärung der NS-Gewaltverbrechen zeigt. Viele der Täter am unteren Ende der Befehlskette werden in den 1950er Jahren wegen eines angeblichen Befehlsnotstands, der sie vor die Alternative gestellt haben soll, entweder zu töten oder selbst getötet zu werden, freigesprochen.

Das Kriegstagebuch des Rüstungskommandos Radom vom August 1942 vermeldet lapidar: »Mittwoch 5. 8. Räumung des Judenviertels Glinice, des sogenannten ›Kleinen Ghettos‹ von Radom. Dadurch vorübergehender Ausfall von einigen hundert Arbeitskräften der Gewehrfabrik Radom.« Die Räumung des großen Ghettos findet keine Erwähnung.[84]

Israel Sumer Korman besitzt eine der roten Arbeitskarten. Der Fünfzehnjährige hat sie für seine Schlosser-Ausbildung in der alten Gerberei erhalten. Er wird bei der Selektion im Ghetto in der Nacht vom 16. auf den 17. August 1942 von den SS-Männern der Gruppe der »Arbeitsfähigen« zugeteilt. Sein Vater Mordechai leistet ebenso wie Onkel Symcha Najman, dessen Familie zuletzt eine Wohnung mit den Kormans teilte, Zwangsarbeit in der Waffenfabrik. Auch sie dürfen vorläufig bleiben. Das Gleiche gilt für einen anderen Onkel des Jungen: Schlomo Salzberg ist zur Sklavenarbeit in einer Lederfabrik eingesetzt.

Hannah Korman hat keine Arbeitskarte. Sie, die sich so unermüdlich um eine Auswanderungsmöglichkeit für ihre Familie und andere Radomer Juden bemüht hat, muss sich unter Bewachung von SS, Polizei und ukrainischen »Hilfswilligen« auf den Weg zum Bahnhof machen – so wie mindestens zwanzigtausend weitere Menschen. Die Siebenundvierzigjährige wird auf die Seite derjenigen geschickt, die deportiert werden. »Gott wird helfen«, das sind ihre letzten Worte, als sie von ihrem Mann und dem Sohn getrennt wird. Die Menschen müssen den Weg rennend zurücklegen; wer das nicht schafft, wird ohne Gnade erschossen. Hannah Korman muss einen der Viehwaggons in dem langen Güterzug besteigen, in den so viele Menschen hineingepresst werden, dass sie sich stehend keinen Zentimeter mehr bewegen können – hundertzwanzig bis zweihundert Menschen in einem einzigen Waggon, bis zu fünftausend in einem Zug, ohne Essen, ohne Wasser, ohne Toiletten. Die winzigen Luftklappen des Wagens sind mit Stacheldraht gesichert, damit niemand entfliehen kann. Irgendwann am 17. August 1942 setzt sich der Zug quietschend in Bewegung und macht sich auf die Reise zu seinem Bestimmungsort, dem etwa einhundertfünfzig Kilometer entfernten Vernichtungslager Treblinka.

Auch viele andere Verwandte von Israel Sumer haben keine Arbeitskarten. Onkel und Tanten, die Großmutter, die vielen Nichten und Neffen, Cousinen und Cousins, auch die meisten seiner Freunde und Bekannten, die Rabbiner, seine Lehrer, die Frauen aus dem Kindergarten, die früheren jüdischen Hausangestellten der Kormans, die Bettler, die noch wenige Jahre zuvor in die Wohnung der Zeromskiego-Straße kamen, die Geschäftsleute, die einst nebenan den Laden für Herrenbekleidung betrieben, der jüdische Kneipier – sie alle müssen die Güterzüge besteigen, von denen keiner der Deportierten weiß, wohin sie fahren.

Ian Korman sagt: »Ich möchte nur über zwei Dinge berichten. Über das andere nicht. Man kann es nachlesen. Es ist genau so passiert, wie es geschrieben steht. Exakt und präzise so. Die eine Sache: Als wir die Wohnung verließen, lagen Tote auf der Straße und am Hauseingang. Das andere: Danach gab es keinen Platz mehr, wo man hingehen konnte.«

Israel Sumer ist bei seinem Vater und Onkel Symcha. Es gelingt ihnen, noch einmal ihre alte Wohnung zu betreten. Sie nehmen ein paar Dinge mit. Und sie finden die ermordete Mutter von Onkel Symcha: »Sie war sehr krank gewesen, schon viele Monate, vielleicht schon zwei Jahre lang. Die Mutter lag nicht mehr in ihrem Bett. Nicht nur das: Sie war angezogen. Sie hatte Schuhe an. Sie muss das alles selbst gemacht haben, bevor man sie getötet hat.«

Sie gehen zurück auf die Straße und werden in das jetzt extrem verkleinerte Ghetto getrieben, von den Deutschen »Restghetto« genannt und mit Stacheldraht umgeben. Sie gehören zu den etwa dreitausend Juden, die übrig geblieben sind von vielleicht zweiunddreißigtausend oder sogar fünfunddreißigtausend. Niemand weiß das so genau, denn viele Bewohner des Radomer Ghettos hatten dort ohne Aufenthaltserlaubnis gelebt.

Israel Sumer Korman weiß nicht, dass seine Mutter in den Tod deportiert wird. »Ich hatte keine Ahnung. Ich dachte, die Menschen werden irgendwo zur Arbeit geschickt. In Arbeitslager«, sagt er heute.

Wie hält ein Kind so etwas aus? Die Frage muss unbeantwortet bleiben, weil sie auch Ian Korman nicht beantworten kann. Es ziemt sich nicht, darüber zu spekulieren. Nur so viel kann Ian Korman heute rückblickend über die Täter von Radom sagen: »So wie die Deutschen sich verhielten, haben wir mit einigem gerechnet. Doch was an diesem Tag passierte, war noch schlimmer als das, was man sich vorgestellt hatte. Ich dachte, so sind diese Deutschen halt. Nazis bringen Menschen um. Als Kind habe ich die Deutschen nicht als normale Menschen angesehen. Es waren Nazis, eine ganz besondere Sorte Mensch. Ich dachte nicht an Rache, ich war zu jung. Wir saßen ganz einfach in der Falle. Denken Sie an eine Ratte, die in einer Kiste gefangen ist. Sie denkt auch nur daran wegzukommen, nicht an Rache. Ich war von meiner Mutter und meiner Großmutter getrennt, von allen getrennt. Es gab nur noch vier von uns: meinen Vater, meine zwei Onkel und mich.«

Kapitel V

Berlin, London, Radom: Horror und Hoffnung

DER VATER UND ONKEL SYMCHA durchqueren das »Restghetto« und bringen den Jungen in einem etwa zwanzigminütigen Fußmarsch, vorbei an den anderen mittellosen und verzweifelten Überlebenden der Ghetto-Räumung, zur Waffenfabrik, einem riesigen Gelände in der Nähe der Bahngleise, voller großer Hallen und anderer wuchtig gebauter Gebäude, streng bewacht und von hohen Zäunen umgeben: der Arbeitsplatz von Vater und Onkel. Letzterer lässt seine Beziehungen zum deutschen Personal spielen: Israel Sumer erhält, obwohl erst fünfzehn Jahre alt, das seltsam anmutende Privileg, Zwangsarbeit leisten zu dürfen. Ein Privileg ist es deshalb, weil nur die »nützlichen Juden«, die von den Deutschen in der Rüstungsindustrie eingesetzt werden, die Chance auf ein Weiterleben haben.

Der Onkel, der schon seit April zusammen mit Vater Mordechai in der Waffenfabrik arbeiten muss, hat ein Netzwerk der Bestechung geschaffen. Schon der Eintritt mit dem Jungen in das Fabrikgelände ist ungewöhnlich, denn Betriebsfremden ist das Betreten streng verboten. Möglicherweise argumentiert Onkel Symcha mit der Schlosserausbildung des Jungen. Ian Korman: »Der Onkel hatte irgendwo Geld verborgen und bestach damit ständig die Wachen. Er ging in der Fabrik ein und aus, als wäre es seine eigene.« Wie er das Geld versteckt hat, woher es kam, was bei den Bestechungen genau geschah, lässt sich nicht mehr rekonstruieren. Sicherlich hat der Onkel Goldmünzen in den Absätzen seiner Schuhe verborgen, so wie die Familie Korman. Aber das wird nicht das einzige Versteck gewesen sein. Möglicherweise verfügt er über andere geheime Quellen. Fest steht, dass ein großer Teil der Wachmannschaften in der Waffenfabrik bestechlich ist. Die »Volksdeutschen« und Österreicher, die dort als Wachmänner und in den leitenden Positionen tätig sind, lassen sich von den jüdischen Gefangenen Gold, Geld und Sachleistungen geben und verschaffen ihnen dafür kleine Erleichterungen. Vor allem aber werden diese Zwangsarbeiter, solange sie weiter gemolken werden können, vor den mannigfaltigen Misshandlungen bewahrt, die in der Fabrik an der Tagesordnung sind.

Symcha Najman verschafft seiner Verwandtschaft eine weitere Vergünstigung: Sie dürfen in dem Werk übernachten. Vater und Sohn schlafen fortan in einer der großen Werkhallen auf einem Tisch, mitten zwischen Fräsen und Drehbänken. Sie besitzen nichts mehr außer der Kleidung, die sie am Leibe tragen – und den Goldstücken in den Absätzen ihrer Schuhe.

Wie muss man sich das Leben als Sklavenarbeiter vorstellen? Kann man es sich überhaupt vorstellen? Ian Korman erinnert sich.

Frage: »Es gab kein Bett?«

Korman: »Nein.«

Frage: »Gab es eine Matratze?«

Korman: »Nichts dergleichen. Trotzdem war es besser, auf dem kalten Tisch zu schlafen, als ins Lager gehen zu müssen.«

Frage: »Es gab keine persönlichen Dinge?«

Korman: »Nein, nur sehr, sehr wenig.«

Frage: »Besaßen Sie Kleidung zum Wechseln?«

Korman: »Nein, nichts.«

Frage: »Was gab es zu essen?«

Korman: »Wir bekamen dasselbe Essen wie alle. Ziemlich schlechtes Essen. Ich war immer hungrig.«

Frage: »Hatten Sie irgendeine Vorstellung, was passieren würde? Wie Sie sich retten könnten?«

Korman: »Ich wusste nichts. Für mich war es das Ende. Ich glaube, dass jedermann die Sache als verzweifelt ansah. Jeder dachte nur daran, seine persönliche Situation zu verbessern. Nur ein bisschen. Niemand dachte daran, irgendetwas gegen die Nazis zu tun. Es ging nur noch darum, den Status quo zu erhalten und auf irgendeine Weise erträglicher zu gestalten. Aber niemand hatte mehr Hoffnung.«

Israel Sumer Korman geht fortan nicht mehr nach draußen, er sieht die Sonne nicht mehr auf- und untergehen, sondern bleibt Tag und Nacht in der Fabrik. Auch innerhalb des Werks drohen Gefahren. Juden in ihrer blau-weißen Häftlingskleidung werden aus nichtigem Anlass von den Wachmännern geschlagen und getötet. Doch draußen sind die Brutalitäten ungleich größer. Dort gibt es die »Volksdeutschen«, die die Juden auf dem Weg vom und zum Werk eskortieren und von denen es einigen offenbar Freude bereitet, sie dabei zu verprügeln und in den Schmutz zu treten. Draußen wüten in den barackenähnlichen Unterkünften Typhus und Fleckfieber. Draußen patrouillieren SS-Männer, die mit oder ohne Anlass von ihrer Waffe Gebrauch machen und Menschen erschießen.

Dennoch steigt in den Ghetto-Unterkünften die Zahl der Juden noch einmal an. Menschen, die kurz vor der Räumung des Ghettos unter Lebensgefahr aus Radom geflohen sind, kehren zurück, weil sie auf dem Land keine Existenzmöglichkeit gefunden haben und dort von den Nazis zu Tode gejagt werden. Manche haben ihre Kinder dabei. Nur einige wenige finden bei hilfreichen christlichen Polen einen sicheren Unterschlupf. Den Polen droht dafür die gleiche Strafe wie den versteckten Juden – die sofortige Erschießung.

Das große Ghetto von Radom steht leer. Juden müssen in den verlassenen Häusern die Möbel und den Hausrat der Ermordeten bergen und an die Deutschen abliefern. An den Ghettoeingängen lassen die Nazis große Schilder in deutscher und polnischer Sprache aufstellen: »Bekanntmachung. Das Betreten des bisherigen jüdischen Wohnviertels an der Wallstraße ist bis zur Beendigung der Aufräumungsarbeiten jedermann STRENGSTENS VERBOTEN.«[85] Der österreichische Personalchef der Waffenfabrik, Konrad Brettenklieber, besichtigt zusammen mit dem Leiter des

Rüstungskommandos Radom und dem Chef des Radomer Wohnungsamts das ehemalige Ghetto. Er gedenkt dort polnische Arbeiter des Werks unterzubringen, nimmt davon aber Abstand, weil die Wohnungen »derartig ausgeplündert, verwahrlost und beschädigt sind, dass ihre Instandsetzung selbst in einfachster Form für die Unterbringung von polnischen Arbeitern Kosten und Materialverbrauch verursachen würden, die dafür nicht gestellt werden können.«[86]

Neben dem sogenannten Restghetto errichten die Deutschen für die Arbeiter der Waffenfabrik ein eigenes Zwangsarbeitslager. Dort übernachten die Kollegen von Israel Sumer Korman, die nicht das Glück haben, im Werk bleiben zu dürfen. An der Szkolna-Straße, nicht weit von dem Rüstungswerk entfernt, entstehen Baracken für jeweils achtzig Personen. Doch in jeder der schmutzigen und verlausten Unterkünfte müssen bis zu dreihundert Menschen nächtigen. Frauen und Männer werden getrennt untergebracht. Das Arbeitslager mit seinen etwa eintausend Insassen ist von einem Stacheldrahtzaun umgeben und wird von ukrainischen »Hilfswilligen« bewacht. Das Verlassen des Lagers ist streng verboten. Wer von den Gefangenen erkrankt, dem droht die Erschießung.

Aus dem Urteil gegen die damaligen Werkschutzangehörigen der Waffenfabrik Jakob H., ergangen vom Bezirksgericht Rostock im September 1989:

»Im Zeitraum von Sommer 1942 bis Ende des Jahres 1943 hat der Angeklagte mit drei weiteren Werkschutzangehörigen des 1. Wachzuges auf freiem Feld an der in Richtung Warschau führenden Straße in Gegenwart eines Angehörigen der örtlichen Gestapodienststelle an der Ermordung von vier typhuskranken Insassen des Zwangsarbeitslagers in der Szkolna-Straße teilgenommen und eigenhändig ein Opfer durch einen Pistolenschuss in den Hinterkopf getötet. Die vier Opfer im Alter von ca. 30 Jahren waren an Typhus erkrankt und sehr abgemagert. Von einem Angehörigen der Gestapo wurden zunächst der Angeklagte und drei weitere An-

gehörige des Wachschutzes, die die Erschießung durchführen sollten, vom Wachgebäude der Waffenfabrik mit einem Lkw abgeholt.
Die Kranken mussten am Lager Szkolna-Straße zusteigen und sich
zu den Werkschutzleuten auf die Ladefläche des Lkw setzen. Der
Gestapo-Angehörige fuhr mit dem Lkw in Richtung Warschau.
Nach einigen Kilometern hielt er an, und der Gestapomann gab
dann den Befehl, die Juden zu erschießen. Die jüdischen Bürger
wurden aufgefordert, wegzulaufen. Aus kürzester Entfernung wurden sie auf dem freien Feld in der Nähe des Gebüsches von je einem Werkschutzangehörigen durch Pistolenschüsse getötet. Zu
dieser Handlung hat der Angeklagte durchgängig ein detailliertes
Geständnis abgelegt.«[87]

Dass im Herbst 1942 überhaupt noch Menschen leben, die als »Ar-
beitsjuden«, so die Nazi-Bezeichnung, in der Rüstungsindustrie
schuften müssen, ist Folge der Verknappung an Arbeitskräften im
Reich und in den besetzten Gebieten. Hunderttausende Polen
müssen inzwischen in Deutschland arbeiten und fehlen entsprechend der deutschen Industrie in Polen. Hinzu kommt, dass die
optimistischen Pläne Adolf Hitlers für einen raschen Sieg der
Wehrmacht über die Sowjetunion inzwischen Makulatur sind –
sein »Blitzkrieg« steckt fest. Die Rüstungsanstrengungen müssen
nochmals verstärkt werden. Deshalb entscheiden die Nazi-Spitzen, dass »arbeitsfähige« Juden im Generalgouvernement vorläufig am Leben bleiben dürfen.

Israel Sumer Korman ist einer von etwa tausend jüdischen
Zwangsarbeitern, unter denen sich auch viele Frauen befinden. Er
muss an einer großen Maschine stehen, die Einzelteile für Gewehre herstellt. Seine Ausbildung in der Schlosserei kommt ihm
jetzt zugute. Sein Vater arbeitet in der Materialausgabe. Insgesamt
sind über viertausend Menschen in der 1925 gegründeten Waffenfabrik tätig, die meisten sind christliche Polen. Hergestellt werden
Teile des Karabiners 98 k und Pistolen der früheren polnischen
Marke Vis, mit der die bei der Wehrmacht übliche Munition ver-

schossen werden kann. Das große Hauptgebäude der Fabrik verfügt über drei Stockwerke. Im Erdgeschoss ist der Werkzeugmaschinenbau untergebracht, ferner die Lehrlingsschule und eine Werkstätte. Im ersten Stock wird die Vis-Pistole montiert, weiterhin befinden sich dort die Abteilungen »Hülsen«, »Beschlag«, »mechanische Fertigung« und »Montage«. Korman erinnert sich: »Es gab größere und kleinere Hallen. Die Maschinen waren sehr groß, denn die Deutschen hatten die Fabrik vollständig modernisiert. Die Räume waren daher auch groß, aber sie waren voller Maschinen. Alles war sehr gut durchorganisiert. Die Arbeit war effizient, so dass die Produktion sehr gut lief.« Die Arbeitszeit beträgt zwölf Stunden täglich, es gibt eine Tag- und eine Nachtschicht. An freie Tage erinnert sich Korman nicht. Geschuftet wird im Akkord, wobei sich das Soll an den Arbeitsergebnissen der gelernten polnischen Beschäftigten vor dem Krieg orientiert. Für viele der geschwächten und nicht qualifizierten jüdischen Zwangsarbeiter ist das nicht zu schaffen. Sie müssen über ihre Arbeitsschicht hinaus an den Maschinen bleiben, bis ihr Soll erfüllt ist. Wer regelmäßig zu wenig produziert, wird von den Wachmännern namentlich notiert. Die Lagerkommandantur entscheidet anschließend, ob sie oder er einer der zahlreichen Selektionen zum Opfer fällt, bei denen die »arbeitsunfähigen« Juden ermordet werden.

Gegen Mittag darf die Arbeit kurz unterbrochen werden. Der Lärm der Maschinen verebbt. Nicht nur die Finger sind schmutzig und ölverschmiert, der ganze Mensch starrt vor Schmutz und stinkt, denn man hat sich seit Wochen nicht mehr richtig waschen können. Es gibt keine Duschen, und Seife ist eine Kostbarkeit. Die Juden bewegen sich in ihrer abgerissenen Kleidung langsam zwischen den Maschinen hindurch zur Essensausgabe. Gereicht wird eine dünne Suppe ohne Fleisch- oder Gemüseeinlage. Zum Frühstück gibt es Ersatzkaffee und eine Scheibe Brot. Das ist alles. Der Hunger ist allgegenwärtig. Korman sagt: »Das Essen kam in einer Büchse. Es war sehr schlecht, aber mein Vater und ich bekamen immer Extraportionen. Das verdankten wir meinem Onkel. Aber genug war es trotzdem nicht.« Wer nicht über Beziehungen verfügt und auch nichts mehr zum Bestechen der ukrainischen und »volksdeutschen« Wachmannschaften besitzt, geht nach der Mittagspause fast genauso hungrig wie zuvor zurück zu den lärmenden Maschinen. Schon im Ghetto herrschte ständig Mangel an Nahrung. Jetzt treten bei den Menschen die Rippen immer stärker hervor. Nur nicht schlappmachen, das ist das oberste Gebot, bloß nicht in Ohnmacht fallen! Weiterarbeiten, mechanisch immer dieselben Handgriffe machen, nur nicht auffallen bei den dunkelgrau uniformierten Wachen, die ständig in der Halle patrouillieren. Nicht krank werden! Wer auffällt, das wissen die Frauen und Männer an den großen Maschinen, wird aufgeschrieben. Wer aufgeschrieben wird, dem droht der Tod. Deshalb Durchhalten bis zum Ende der Schicht, danach von den Wachen begleitet zum Lager. Vielleicht schlagen sie mich heute nicht. Schlafen, nur schlafen. Und dann am nächsten Tag wieder zurück in die Fabrik, Waffen herstellen für die Deutschen, damit die den Krieg gewinnen. Es gibt keinen Ausweg, es gibt keine Hoffnung. Es geht nur noch ums tägliche Überleben.

Jeden Abend oder jeden Morgen, je nach Arbeitsschicht, klettert Israel Sumer Korman zu seinem Vater auf den harten Tisch zwischen den Maschinen, um zu versuchen zu schlafen. Jeden Morgen oder jeden Abend, je nach Arbeitsschicht, verlässt er den Tisch wieder, geht mit dem Vater in den Raum, wo Brot und Ersatzkaffee ausgegeben werden. Danach stellt er sich wieder an die Maschine.

Eine Bezahlung erhält Israel Sumer Korman selbstverständlich nicht, ebenso wenig wie alle anderen jüdischen Sklavenarbeiter. Konrad Brettenklieber, der Personalchef der Waffenfabrik, gibt nach dem Krieg in einer Zeugenvernehmung an, dass der Lohn von der Firma direkt an die SS abgeführt wurde. Er erklärt, sich nicht daran erinnern zu können, wie hoch dieser Lohn war.[88]

Die österreichische Firma Steyr-Daimler-Puch, die die Waffenfabrik betreibt, ist Teil der »Reichswerke Hermann Göring«. Die Radomer Fabrik kann dank der jüdischen Zwangsarbeiter ihre

Produktion im Lauf der Jahre 1942 und 1943 erheblich steigern. Monatlich verlassen etwa zwanzigtausend Stück Karabiner 98 k und neuntausend Vis-Pistolen das Werk. Die Waffen gehen an die deutsche Wehrmacht.

Im Sommer 1942 sind die Vorbereitungen für den zweiten Austausch zwischen den in Palästina internierten deutschen Templern und Juden mit palästinensischen Pässen schon weit gediehen. Als Termin einigen sich Großbritannien und Deutschland auf den 1. Oktober 1942. Hannah und Israel Sumer Korman sind bei Eduard Sethe registriert – zwei von Dutzenden Juden, die nun dem britischen Foreign Office als Austauschobjekte angeboten werden. Die Suche der SS nach palästinensischen Juden in den deutsch besetzten Gebieten wird unvermindert fortgesetzt. Am 26. Juni geht eine zweite Liste von Radomer Juden ein, »die vor dem Kriege in Palästina wohnhaft waren und an der Rückkehr dorthin verhindert wurden«.[89] Sie umfasst siebzehn Namen. Drei Tage zuvor war eine ähnliche Mitteilung der SS aus Krakau mit zwei aufgeführten Namen angekommen. Eine vermutlich kurz darauf entstandene Aufstellung von im besetzten Polen lebenden Juden aus Palästina kommt auf insgesamt dreiunddreißig Menschen, darunter Hannah und Israel Sumer Korman. Noch sind in den Augen des Auswärtigen Amts viel zu wenig Kandidaten gefunden worden. Schließlich will man mehrere hundert Deutsche aus Palästina »heimholen« und benötigt für diesen Menschenhandel eine entsprechende Anzahl Juden, die die Kriterien der britischen Regierung erfüllen.

Am 15. Juli geht die nächste Liste der SS ein, dieses Mal mit den Namen von neunzehn Juden aus Sosnowiec. Schon Monate vorher hat die SS mit dem Massenmord an den Juden des Generalgouvernements im Rahmen der »Aktion Reinhardt« begonnen. Doch davon findet sich in den Akten des Auswärtigen Amts kein Wort.

Der spanische Generalkonsul in Jerusalem hat inzwischen die deutschen Templer in den abgeriegelten Siedlungen Bethlehem,

Sarona bei Tel Aviv, Wilhelma bei Jaffa und Waldheim in Galiläa besucht und nachfragen lassen, wer zu einer Reise nach Deutschland bereit ist. Zunächst sind das acht Männer in nicht wehrfähigem Alter, 110 Frauen und 99 Kinder. Sethe lässt eine Zusammenstellung der Namen über die Schweizer Botschaft nach London schicken. Bei etwa 700 noch in Palästina lebenden Templern sind 217 bestätigte Ausreisewillige für das Auswärtige Amt eine enttäuschende Zahl. Noch immer weigern sich viele Frauen, an dem Austausch teilzunehmen – trotz des Drucks ihrer Ehemänner. Die NSDAP-Auslandsorganisation beklagt sich: »Ein in Deutschland befindlicher Palästinadeutscher teilte mit, dass er seinen in Palästina zurückgebliebenen Verwandten geschrieben habe, sie möchten sich auf die Austauschliste setzen lassen. Von dort habe er nun die Nachricht erhalten, dass gewisse Kreise sich gegen einen solchen Austausch stellen. […] Auch von anderer Seite gelangten Mitteilungen hierher, dass in Palästina von einzelnen Persönlichkeiten gegen einen Austausch oder Auslieferung nach Deutschland Propaganda gemacht wird, wobei es sich leider gerade auch um Persönlichkeiten handelt, die eine gewisse autoritäre Stellung einnehmen.«[90]

Die SS versucht die aufkeimenden Zweifel unter den Palästina-Deutschen einzudämmen. Schon Mitte 1941 hatte SS-Gruppenführer Karl Wolff aus dem Stab von Heinrich Himmler dem NSDAP-Chef für Palästina, Cornelius Schwarz, mitgeteilt, dass man bei der »Umsiedlungsfrage« die »Eigenarten und Belange Ihrer Landesgruppe durchaus entsprechend berücksichtigen« werde. Welche Region dafür in Frage käme, könne aber erst nach Kriegsende entschieden werden, »wenn feststeht, welche Gebiete dem Reiche zum Ansatz deutscher Menschen zur Verfügung stehen werden«, wie es in dem Schreiben heißt.[91] Doch manche Nazi-Führer wollen nicht so lange warten, zumal jetzt, im Sommer 1942, ein geeignetes Gebiet zur Verfügung zu stehen scheint: die mit mildem Klima gesegnete ukrainische Halbinsel Krim am Schwarzen Meer, die von der Wehrmacht im Sommer des Vorjahrs erobert wurde. Die Region soll nach den Vorstellungen der Staatsführung nicht etwa eins von vielen besetzten Gebieten werden, sondern ein integraler Teil des Deutschen Reiches. Dazu sehen die größenwahnsinnigen Pläne der Nazis vor, dass die Krim künftig von Deutschen bewohnt werden soll. Zum designierten Generalkommissar für die Krim wird der Wiener NSDAP-Gauleiter Alfred Frauenfeld ernannt, der sich sofort daranmacht, »Volksdeutsche« für sein Territorium zu suchen. Neben den deutschsprachigen Südtirolern verfällt er dabei ausgerechnet auf die deutschen Templer aus Palästina. Die Südkrim käme »klimatisch am nächsten an ihre frühere Heimat«, wirbt Frauenfeld in einem Schreiben im Juli 1942 an Heinrich Himmler.[92] Der erklärt sich zwar »grundsätzlich einverstanden«, bittet aber bei der Umsetzung des Plans um etwas Geduld. Über den Chef der NSDAP-Auslandsorganisation, Wilhelm Bohle, erfährt schließlich Cornelius Schwarz von diesem »Ansiedlungsplan Aluschta« genannten Vorhaben. Der Leiter der NSDAP-Landesgruppe Palästina stimmt begeistert zu, warnt aber vor einem »großen Unglück«, sollte sich die »Aussiedlung« seiner Leute aus Palästina verzögern. Himmler sieht sich daraufhin gezwungen, Bohle zu versichern, dass er dem Plan zustimmt, dieser für das laufende Jahr aber noch nicht realisiert werden könne. Ende 1942, wir greifen der Geschichte voraus, ist die Ansiedlung der Templer an der Krim endgültig beschlossene Sache: »Ich bin damit einverstanden, wenn die Volksgruppe in Zukunft in der Krim angesiedelt wird«, schreibt Heinrich Himmler im Januar 1943 an den Chef der Sicherheitspolizei und des SD.[93] Die gerade einmal tausend in Palästina lebenden deutschen Sektenmitglieder erlangen damit eine ihrer Anzahl völlig unangemessene Bedeutung – sie sollen als »hochqualifizierte Obstzüchter und Kolonisatoren« fungieren und sind damit ungeheuer wichtig geworden.[94] Sie werden Teil der »Lebensraumpolitik« Adolf Hitlers, derzufolge »Volksdeutsche« den osteuropäischen Raum besiedeln sollten. Es gibt Hinweise darauf, dass Himmler das künftige Schicksal der Templer sogar mit Adolf Hitler persönlich besprochen hat.[95]

Ab Sommer 1942 erhält Eduard Sethe im Auswärtigen Amt immer häufiger Briefe von der Schweizer Gesandtschaft, die unerwartet Probleme nach sich ziehen. Es beginnt noch relativ harmlos: Die Botschaft übermittelt die Bitte der Briten, einen palästinensischen Juden namens Amnon Czerny, der am vorherigen Austausch nicht hatte teilnehmen können, doch bitte für den kommenden vorzusehen. »Die Gesandtschaft wäre dem Auswärtigen Amt für Auskunftserteilung in dieser Angelegenheit sehr zu Dank verpflichtet«, heißt es.[96] Immer mehr solcher Schreiben treffen bei Eduard Sethe ein. Großbritannien bittet darin um den Austausch ganz bestimmter Juden. Einige von ihnen waren schon im Schriftwechsel für den ersten Austausch erwähnt, manche wurden damals gar von den Deutschen selbst angeboten. Andere Namen sind dem Auswärtigen Amt dagegen neu. Was in Berlin nicht bekannt ist: Diese Namensnennungen sind das Ergebnis der Recherchen der Jewish Agency in Jerusalem und von Chaim Barlas im Istanbuler Büro der Vertretung der Juden in Palästina. Sie suchen nach Juden, die seit Kriegsbeginn in Deutschland und den besetzten Gebieten festsitzen.

Zurückweisen lassen sich die Begehren aus deutscher Sicht nicht, wenn man nicht den gesamten Austausch in Frage stellen will. Zunächst scheint es dem Auswärtigen Amt auch nicht, als ob sich daraus größere Schwierigkeiten ergeben könnten. Sethe schickt die in Listen zusammengefassten Namen an das SS-Reichssicherheitshauptamt mit der Bitte um Klärung des Aufenthaltsorts der jeweiligen Personen. Die erste entsprechende Anfrage Sethes vom 29. September umfasst dreiundvierzig Personen. »Da im Zuge dieses Austausches annähernd 300 Deutsche aus Palästina in die Heimat zurückkehren werden […], soll dem Wunsch der britischen Regierung auf Berücksichtigung der aufgeführten Personen bei dem Austausch nach Möglichkeit entsprochen werden«, schreibt Sethe dazu.[97] Also macht sich die SS auf die Suche nach Haja Bankowski, wohnhaft in Warschau, Ellen und Michel Barkay, in Paris lebend, Rocha Epsteinas aus Kaunas und nach vielen anderen jüdischen Frauen und ihren Kindern.

Einer der Gesuchten heißt Oded Amarant und ist sieben Jahre alt. »Oded Amarant, geboren 1935 in Tel Aviv, der sich zurzeit bei Isak Bartfeld, Lemberg, Zrodlanagasse 2a W6 befindet, möchte gerne ausgetauscht werden. Er besitzt die palästinensische Staatsangehörigkeit und ist auch palästinensischerseits bereits zugelassen worden«, lautet eine Aktennotiz im Auswärtigen Amt.[98]

Inzwischen hat die Presse Wind von dem geplanten Austausch bekommen. Der *Manchester Guardian* berichtet am 1. September, es sei geplant, zweihundertachtzig in Palästina internierte deutsche Frauen und Kinder gegen die gleiche Zahl jüdischer Frauen und Kinder auszutauschen. Die Nazis sehen sich dazu gezwungen, diese Meldung über ihre Auslandsnachrichtenagentur »Transocean« zu bestätigen. Die Suche nach palästinensischen Juden ist immer noch nicht beendet. Der 1. Oktober als Austauschtermin lässt sich deshalb nicht länger halten. Nun wird der 1. November ins Auge gefasst.

Im Londoner Foreign Office werden unterdessen die Namen der von den Deutschen für den Austausch vorgesehenen Juden akribisch geprüft. Ebenfalls wird untersucht, ob die von Berlin begehrten deutschen Personen in Palästina überhaupt den vereinbarten Kriterien entsprechen. Dabei erleben die Nazis eine unangenehme Überraschung: Mehrere Frauen ziehen ihre Anträge auf Überstellung in die deutsche Heimat, die sie noch nie gesehen haben, wieder zurück. Viele der Juden werden von London und Jerusalem nicht akzeptiert. Noch immer hat Großbritannien keinerlei Interesse, Juden aus den Klauen der Nazis zu retten. Es geht ihnen um einen Austausch zwischen Zivilisten deutscher und palästinensischer Staatsangehörigkeit, zweifelhafte Kandidatinnen werden unbarmherzig aussortiert – in den Tod. Nur die wenigsten Juden werden vom Foreign Office und den Mandatsbehörden in Jerusalem als Palästinenser anerkannt. Ein einzelner Brief vom 22. September besiegelt vorläufig das Schicksal von einundzwanzig Menschen – sie werden nicht zugelassen. Die Ablehnung trifft auch die vier Angehörigen der Familie Simche aus Wien, die schon vom ersten Austausch ausgeschlossen wurden und nun von den Deutschen erneut vorgeschlagen worden sind. Ihre Zurückweisung trifft am 24. September im Berliner Auswärtigen Amt ein. Ob Chawa, Beila, Lea und Esther Simche zu diesem Zeitpunkt überhaupt noch am Leben sind, ist höchst zweifelhaft. Schon im Mai haben die Nazis die vier Frauen aus Wien nach Izbica im Bezirk Lublin deportiert. Wahrscheinlich sind sie im September im Rahmen der »Aktion Reinhardt« ermordet worden. Doch davon wissen die britischen Diplomaten weder in London noch in Bern, und auch Philippe Aubert de la Rüe von der Schweizerischen Gesandtschaft hat keine Ahnung.

Angesichts der britischen Praxis bei der Auswahl der Auszutauschenden gehen die Chancen einer Rettung von Israel Sumer Korman gegen null. Der Junge arbeitet im Oktober 1942 weiter in der Radomer Waffenfabrik. Er hat andere Sorgen, als sich um diese Palästina-Sache zu kümmern, die die Mutter schon vor Monaten angeschoben hatte und von der er nie wieder etwas gehört hat. Die Mutter ist im August deportiert worden. Ob sie noch lebt? Korman sagt: »Ich war instinktiv sicher, dass sie nicht mehr am Leben war. Wenn man bei einer Selektion die Alten, die Frauen und die Kinder auf die eine Seite bringt – das kann nichts Gutes bedeuten. Kleine Kinder können nicht in Lagern arbeiten.« Zwei Juden aus Radom sei die Flucht aus dem Deportationszug nach Treblinka geglückt, so geht das Gerücht, das sich rasch unter den Zwangsarbeitern verbreitet. Es sei ihnen gelungen, die Bodenbretter des Waggons zu entfernen und aus dem fahrenden Zug abzuspringen. Sie hätten andere Menschen getroffen, die ansatzweise von dem berichtet hatten, was in Treblinka geschehe, und dass kein Jude jemals wieder herausgekommen sei. Auf dem Land konnten die Geflüchteten nicht überleben, deshalb schlagen sie sich zurück nach Radom durch und schmuggeln sich in das »Restghetto« ein. Ihre Erlebnisse werden im Flüsterton weitergegeben. Korman kann sich daran erinnern: »Nach ein paar Wochen fanden wir heraus, dass die Deportierten umgebracht worden waren. Wir kannten die Details nicht. Wir wussten nichts von Gaskammern.«

Bei seiner Arbeit in der Waffenfabrik muss sich Israel Sumer vor den Wachmannschaften in Acht nehmen. Die Männer schlagen bei den geringsten Vergehen auf die jüdischen Zwangsarbeiter ein. In normalen Zeiten hätten die Wächter niemals eine derartige Macht erlangen können, die meisten von ihnen können kaum lesen und schreiben. Zwar ist der Junge durch die Beziehungen seines Onkels einigermaßen vor den Übergriffen dieser »hilfswilligen« Ukrainer und »Volksdeutschen« geschützt. Doch er kann niemals ganz sicher sein, dass die Männer nicht doch zuschlagen. Er muss immer konzentriert arbeiten und darf auf keinen Fall ein Maschinenteil oder ein Werkzeug beschädigen, denn für ein solches Vergehen wird man ausgepeitscht. Israel Sumer kennt die Schreie der Juden, die diese Strafen über sich ergehen lassen müssen.

In dem Werk patrouillieren vierzig Mann Wachschutz. Sie tragen eine Art Uniform ähnlich der von SS-Leuten und eine Armbinde mit dem Hakenkreuz. Zwei Wachzüge à zwanzig Mann wechseln sich in Zwölf-Stunden-Schichten ab.

Der wichtigste Mann im Bestechungssystem von Israel Sumers Onkel Symcha Najman in der Fabrik heißt Otto Perkounig. Der Österreicher ist kein Wachmann, sondern etwas viel Wichtigeres, nämlich Werkmeister, und damit einer von den etwa dreißig österreichischen Fachkräften, die im Radomer Zweigwerk von Steyr-Daimler-Puch tätig sind. Schon ab Ende 1941 ist der SS-Sturmmann von seinem Arbeitgeber »unabkömmlich« für die Wehrmacht gestellt und arbeitet seitdem in der Waffenfabrik. Im August 1942 hat der Zweiundvierzigjährige in Radom zum zweiten Mal geheiratet, im September bekommt seine Frau Elfriede ein Kind. Sie arbeitet ebenfalls in der Waffenfabrik, und beide wohnen auch auf dem Werksgelände – eine seltsam anmutende häusliche Idylle inmitten von hungernden Sklavenarbeitern. Über Mangel an Geld und Waren kann sich Perkounig nicht beklagen. Der große Mann mit schmalem Gesicht und dunkelbraunem Haar aus dem österreichischen Steyr nimmt, was er kriegen kann, bestraft brutal, wenn es ihm nützlich erscheint, foltert, wenn es ihm Spaß macht, und herrscht über die jüdischen Zwangsarbeiter wie ein Gott. »Mir ist von ihm bekannt, dass er ein grausamer Sadist war. Er schlug uns bei der Arbeit und quälte uns«, gibt der Überlebende Aron W. in einer Zeugenaussage vierundzwanzig Jahre später an.[99] »Perkounig wollte vor allem Geld. Dass er getötet hat, habe ich nicht gesehen«, berichtet ein anderer.[100] »Mir gegenüber benahm er sich nicht schlecht, denn ich gab ihm laufend etwas, um ihn zu bestechen, so z. B. einen Ledermantel, Zigaretten und noch andere Dinge. Gegenüber anderen Gefangenen war er grausam. Er schlug und misshandelte sie, insbesondere die Frauen«, gibt Hirsz L. zu Protokoll.[101] »Er schlug die Häftlinge bei der Arbeit und dachte sich alle möglichen Quälereien aus. Er demütigte die Häftlinge auf jede erdenkliche Weise. Ich selbst habe auch seinen Sadismus erfahren; für ein geringes Arbeitsvergehen wollte er mich zwingen, eine riesige Menge Brötchen zu verzehren. Nur dank dem Einschreiten eines Mithäftlings, der sich mit Perkounig gut stand (er gab ihm Schmiergelder) konnte ich dem Erstickungstod entgehen«, erinnert sich Rena M.[102] »Eine deutsche Frau, welche eine Sekretärin in dem Büro der Fabrik gewesen sein muss, hat mir den Kopf festgehalten und Perkounig und ein anderer SS-Mann, Leiter der Pistolenabteilung, haben mich am Kopf mit einem Metallkabel geschlagen«, sagt André J.[103] Perkounig selbst gibt nach dem Krieg an: »Um die Disziplin im Werk aufrechtzuerhalten und Sabotageakte zu verhindern, musste streng durchgegriffen werden.« Und weiter: »Ich weise mit Entschiedenheit die Beschuldigung zurück, dass ich jüdische Häftlinge oder andere ehemalige Werksangehörige mit einer Peitsche oder überhaupt geschlagen habe. Richtig ist, dass ich in zwei Fällen jüdische Arbeiter durch Schläge ins Gesicht misshandelt habe.«[104]

Korman erinnert sich an eine furchtbare Begegnung mit Otto Perkounig: »Ich arbeitete in einer Abteilung, wo Karabinerteile hergestellt wurden. Wir benutzten Schieblehren, um festzustellen, ob die Bohrlöcher das richtige Maß hatten. Aber ich hatte meine Lehre irgendwo verloren, also borgte ich mir eine von meinem Nachbarn, einem jüdischen Jungen, der etwas älter war als ich. Er gab mir die Schieblehre, aber während ich sie benutzte, brach das Gerät auseinander. Nun bekam der Junge Angst, denn für so etwas wurde man schwer geschlagen und beinahe umgebracht. Ich sagte ihm, dass ich das Gerät zerbrochen hätte, also würde ich es auch melden. Ein polnischer Vorarbeiter brachte mich hinauf und sagte den Leuten im Büro: ›Dieser Junge hat eine Schieblehre zerbrochen.‹ Er ließ mich dort stehen. Zwei Leute saßen in dem Büro an einem runden Tisch, einer von ihnen war Perkounig. ›Was hast du gemacht?‹, fragte er mich. ›Ich habe das Messgerät zerbrochen‹, gab ich zu. Perkounig sagte: ›Du weißt, was deine Strafe dafür ist?‹ ›Oh ja, ich werde mit der Peitsche geschlagen.‹ Perkounig nahm die Peitsche und schlug damit auf den Tisch. Es gab ein sehr lautes Geräusch. Perkounig sagte: ›Wirst du noch einmal ein Gerät zerbrechen?‹ ›Nein, nie wieder. Ich werde mich anstrengen, das nie wieder zu tun.‹ ›Zeige mir, wie sehr du dich anstrengen wirst!‹ Ich hob den runden Tisch an, um ihm zu zeigen, wie sehr ich mich anstrengen würde. ›Stärker!‹ verlangte er. Und dann sagte er: ›In Ordnung, du kannst gehen.‹« Die Bestechungen von Onkel Symcha haben Israel Sumer vor der Peitsche bewahrt. Nach diesem Vorfall amüsiert sich Otto Perkounig noch lange über den zutiefst verängstigten Jungen.

Israel Sumer wird in die Abteilung für Pistolenfertigung versetzt. Dort stehen keine großen Maschinen. Zusammen mit vielen anderen jüdischen Zwangsarbeitern arbeitet er an einem Tisch in einem großen Saal. »Meine Arbeit bestand darin, ein Stück Metall in den Griff der Pistole einzuführen.« Er schläft weiter zusammen mit seinem Vater auf dem großen Tisch zwischen den Maschinen. Er hungert nach wie vor jeden Tag, trotz der Extraportionen Wassersuppe.

Die Mehrheit der Arbeiter in der Waffenfabrik sind christliche Polen. Ihren jüdischen Kollegen zu helfen ist ihnen streng verboten. Wer es wagt, einem Juden ein Stück Brot zuzustecken, dem drohen 25 Schläge und vier Wochen Arrest. Die polnischen Arbeiter können sich ihre Arbeit zwar auch nicht aussuchen, denn für sie besteht Arbeitspflicht. Aber immerhin erhalten sie einen geringen Lohn, und sie dürfen in einer Werksiedlung nahe der Fabrik wohnen. Doch unter ihnen wächst der Widerstand gegen das Nazi-Regime. Sie wollen mit ihrer Arbeit nicht zum Sieg der Wehrmacht beitragen. Sabotage ist in der Waffenfabrik an der Tagesordnung. Die hochgesteckten Produktionsziele können deshalb nie ganz erfüllt werden. Im Herbst 1942 entschließen sich die Deutschen daher zu drastischen Gegenmaßnahmen: »Wegen Teilnahme an der Widerstandsbewegung werden vor der Gewehrfabrik Radom 10 Polen, meistens Arbeiter des Betriebes, durch Erhängen hingerichtet und als warnendes Beispiel über Tag dort hängen gelassen«, heißt es im Kriegstagebuch des Rüstungskommandos Radom unter dem Datum des 15. Oktober.[105] Israel Sumer Korman sieht die Männer dort an einem langen Galgen hängen. Der Junge hat sich an die täglichen Gewalttätigkeiten in der Waffenfabrik gewöhnt, soweit man sich an die Schläge der Täter und die Schreie der Opfer überhaupt gewöhnen kann. Aber das? Zehn tote Männer hängen an einem Galgen vor den Werksgebäuden. Israel Sumer Korman kannte sie nicht persönlich. Doch er erschrickt zutiefst.

In Polen und in anderen deutsch besetzten Gebieten nimmt der Massenmord an den Juden unvermindert seinen Fortgang. Hunderttausende aus dem Warschauer Ghetto müssen die Güterzüge nach Treblinka besteigen. Die überfüllten Züge mit Juden aus Deutschland, Belgien, den Niederlanden, Luxemburg und Frankreich erreichen regelmäßig die Vernichtungslager im Osten. Die Juden aus Norwegen, dem tschechischen »Reichsprotektorat Böhmen und Mähren« und der Slowakei werden ebenfalls deportiert und ermordet. In der Sowjetunion erschießen SS, deutsche Polizei und einheimische »Hilfswillige« die Menschen in großer Zahl.

Von den mit Deutschland verbündeten Staaten verweigern nur Dänemark, Ungarn, Bulgarien und Italien die Kooperation bei der Judenvernichtung.

In Jerusalem bombardiert die Jewish Agency unterdessen den britischen Hochkommissar mit Eingaben. Harold MacMichael soll seine engstirnige Interpretation, wer von den in Europa festsitzenden Juden als palästinensischer Staatsbürger gilt, endlich aufgeben. Die Agency will mit Hilfe des Austauschs mehr Menschen retten. Zwar kennen auch die führenden Juden in Palästina noch keine Einzelheiten von dem, was in Europa vor sich geht. Aber schon die wenigen Informationen sind alarmierend genug, um alles zu unternehmen, was menschenmöglich ist. Über Chaim Barlas vom Istanbuler Büro kommen in Jerusalem laufend neue Berichte herein.

Doch MacMichael stellt sich stur. Nur Frauen mit einem palästinensischen Pass und solche, die zwar nicht selbst die entsprechende Nationalität besitzen, deren Ehemänner aber Palästinenser sind, haben die Chance auf eine Einreisegenehmigung. Am 9. Juli 1942 meldet Jerusalem nach London, dass aus diesen beiden Kategorien bisher lediglich fünfzig Personen zugelassen worden sind. Selbst britische Flüchtlinge, die außerhalb von Palästina im Nahen Osten ihren Wohnsitz haben, will MacMichael zur Verärgerung von Außenminister Anthony Eden in seinem Land nicht akzeptieren. Einzig für Frau und Kind eines in palästinensischen Diensten befindlichen Arztes will er eine Ausnahme machen. Im Londoner Foreign Office scheint man dagegen bereit zu sein, die Regeln flexibler zu handhaben und im Zweifelsfall auch solche Menschen zuzulassen, deren Staatsangehörigkeit nicht vollständig geklärt ist. Doch letztlich liegt die Zuständigkeit in Jerusalem. Die Jewish Agency, das Hochkommissariat und das Foreign Office rangeln sich um Einzelfälle. Erneut kommt Eva Okmiansky aus Magdeburg ins Spiel, die sich beim ersten Austausch geweigert hatte, ohne ihren Sohn Michael nach Palästina auszureisen. Ginge es nach dem Foreign Office, dann würde das Vereinigte Königreich

Menschlichkeit zeigen. Aber: »Es ist nicht klar, ob die palästinensische Regierung ihre Ansicht bezüglich der Akzeptanz von Frau Eva Okmiansky und ihrem in Deutschland geborenen Sohn geändert hat«, heißt es in einem internen Schreiben des britischen Außenministeriums vom 23. Juli. Immerhin nimmt man in London mit Genugtuung zur Kenntnis, dass der Hochkommissar in Jerusalem der Familie Simche endlich eine Einreisegenehmigung zu erteilen gedenkt – zu einem Zeitpunkt, als diese längst deportiert ist.[106] Bis die positive Nachricht über die Simches schließlich Berlin erreicht, ist es Oktober geworden.

Ende August 1942 ändert die Regierung in Jerusalem endlich erstmals ihren Kurs – zunächst allerdings nur minimal. Unklar bleibt, ob das dem Druck der Jewish Agency zu verdanken ist. Jedenfalls geht am 29. August ein geheimes Telegramm aus Jerusalem ab, in dem Harold MacMichael den Kreis der jüdischen Frauen, die eine Einreiseerlaubnis erhalten können, erstmals geringfügig erweitert. Zusätzlich will er jetzt zulassen: »(c) Frauen und ihre minderjährigen Kinder, die vor Kriegsbeginn mit einem ausländischen Reisepass ins Ausland gereist sind und die seitdem die palästinensische Staatsangehörigkeit dadurch erhalten haben, dass ihre Namen in die Einbürgerungszertifikate ihrer Ehemänner (Väter) in Palästina aufgenommen worden sind; (d) Frauen und ihre minderjährigen Kinder, die vor Kriegsbeginn [von Palästina aus, K.H.] ins Ausland gereist sind und die Ausländer geblieben sind, weil ihre Namen nicht in die Einbürgerungszertifikate ihrer Ehemänner (Väter) aufgenommen worden sind«.[107]

Am selben Tag taucht zum ersten Mal der Name Israel Sumer Korman in der britischen Korrespondenz auf. In einem Telegramm der britischen Botschaft in Bern an das Außenministerium in London ist er zusammen mit seiner Mutter Hannah unter der »Kategorie vier, Personen, die ihren Wohnsitz in oder enge Beziehungen mit Palästina haben« aufgeführt. Doch das hat nicht allzu viel zu sagen, denn seine Registrierung bedeutet noch lange nicht, dass er von der britischen Seite auch als Austauschkandidat akzeptiert ist. In Wahrheit hat Israel Sumer keine Chance. Allein-reisende Kinder kommen in dem Schreiben des Jerusalemer Hochkommissars überhaupt nicht vor. Und die von den Nazis er-mordete Mutter hatte keinen in Palästina lebenden Ehemann. Ihr Witwer Mordechai schuftet stattdessen in der Radomer Waffen-fabrik.

Die Jewish Agency erhöht den Druck. Chaim Barlas sammelt Informationen aus Osteuropa und verschickt Listen um Listen mit den Namen von Juden, die mit Palästina in Beziehung stehen, nach Jerusalem. Von dort gehen sie weiter nach London. Die Vertretung der Juden in Palästina verlangt von den Briten, auch Frauen und Kinder von in Erez Israel lebenden Juden zuzulassen, die noch nie im Land gewesen sind. Ihre Ehemänner und Väter müssten nicht unbedingt die palästinensische Staatsbürgerschaft besitzen. Zu-dem solle denjenigen Frauen und Kindern die Einreise genehmigt werden, die dort lediglich einen permanenten Wohnsitz haben. Erst jetzt endlich reagiert die Regierung in Jerusalem überra-schend positiv. Hochkommissar MacMichael empfiehlt, in vierzig zusätzlichen Fällen eine Einreisegenehmigung zu erteilen. Doch nun ist es das Außenministerium in London, das Einspruch erhebt und zunächst nur sechs solcher Fälle zulassen will.[108]

In Berlin wird sich Eduard Sethe vom Auswärtigen Amt über das Verhalten der Briten gewundert haben. Erst verweigern diese Dutzenden von Juden die Teilnahme am Austausch. Jetzt erteilen sie die Genehmigungen teilweise doch. Was soll dieses Theater? Warum wird etwa der Austausch von Malka Kacenelenbogen und ihrem Sohn Isaak aus Warschau noch am 24. September abge-lehnt, am 12. Oktober aber dann plötzlich doch genehmigt? Sethe kennt die Hintergründe nicht, doch ihm kann diese Entwicklung nur recht sein, denn die Suche der SS nach palästinensischen Ju-den in den besetzten Gebieten gestaltet sich zäh. Es steht zu be-fürchten, dass Deutschland nicht mehr als hundertfünfzig palästi-nensische Juden zur Verfügung stellen kann. Sethe gibt die Namen der potentiellen jüdischen Austauschkandidatinnen an das

SS-Reichssicherheitshauptamt weiter, das den jeweiligen Aufenthaltsort feststellen soll.

Parallel dazu überprüft die Sicherheitspolizei, ob die Ausreise ein Risiko für Deutschland darstellen könnte. »Es wird um möglichst umgehende Mitteilung gebeten, ob gegen die Ausreise des von der Schweizerischen Gesandtschaft in Berlin [...] benannten palästinensischen Staatsangehörigen Oded Amarant [...] Bedenken bestehen«, lautet eine der vielen Anfragen des Auswärtigen Amts an die SS.[109] In aller Regel erhebt sie keine Einwände. Doch es gibt Ausnahmen: »Gegen den Austausch der Cypria Grynberg [...] bestehen hier Bedenken, da angenommen wird, dass die Genannte die mehrfach gegen Polen und Juden durchgeführten Sühnemaßnahmen zu einer deutschfeindlichen Propaganda benutzt«, meldet Rudolf Kröning von der SS an Sethe.[110] Offenbar hat Cypria Grynberg in Polen eine der Deportationen miterlebt und soll deshalb nicht in britische Hände fallen. Andererseits winken die Nazis eine ganze Reihe anderer jüdischer Frauen durch, obwohl diese Überlebende von Ghetto-Räumungsaktionen sind. Eine Logik ist im Verhalten der SS nicht zu erkennen. Die Namen von Hannah und Israel Sumer Korman jedenfalls tauchen in dieser Korrespondenz nicht auf.

Unterdessen wachsen die Schwierigkeiten bei der Suche nach denjenigen Juden, die von britischer Seite als Teilnehmer des Austauschs gewünscht werden. Ständig muss das Reichssicherheitshauptamt dem Auswärtigen Amt melden, dass man diese nicht finden kann. »Chaja Tambor, geborene Schwarzberg, und Debora Tambor sind in Stryj weder polizeilich gemeldet noch wohnhaft.« »Dora Neumann, geborene Pikholz, und Esther Neumann sind in Tarnopol nicht wohnhaft. Ihr Aufenthalt war nicht zu ermitteln.« Und immer wieder taucht der Name des siebenjährigen Oded Amarant auf: »Nach den getroffenen Feststellungen ist der palästinensische Staatsangehörige Oded Amarant in Lemberg weder ausländerpolizeilich erfasst noch polizeilich gemeldet. Sein gegenwärtiger Aufenthalt konnte auch nicht ermittelt werden«, schreibt Rudolf Kröning.[111]

Dass die Nazis viele der Juden nicht mehr finden können, liegt daran, dass sie nicht mehr leben. Entweder wurden sie schon während der Ghetto-Räumungen in Polen ermordet oder in eines der Vernichtungslager deportiert oder bei einer der vielen antijüdischen Aktionen im gesamten deutschen Machtbereich erschossen. Zwar besteht von Berlin aus die Order, Juden mit westlicher, insbesondere US-amerikanischer und englischer Staatsangehörigkeit von den Deportationen auszunehmen. Damit wären theoretisch auch palästinensische Staatsangehörige geschützt. Doch bei der »Aktion Reinhardt« im Generalgouvernement halten sich die örtlichen SS-Stellen meist nicht an diese Regel. In Warschau fordern die Nazis alle Juden mit westlicher Staatsangehörigkeit vor den großen Deportationen auf, das Ghetto zu verlassen. Kaum jemand unter den Betroffenen kommt dem nach, aus Angst vor einem neuen Trick der Deutschen. Seit die Todeszüge nach Treblinka Warschau verlassen, wird kein Unterschied zwischen Juden polnischer oder anderer Herkunft mehr gemacht. Bei den Deportationen polnischer Juden machen sich die Täter auch nicht die Mühe, die Namen der Opfer zu notieren. Wer in den Vernichtungslagern ins Gas geschickt wird, trägt keinen Namen, ja nicht einmal mehr eine Nummer. Und selbst wenn, wie es bei den deutschen Juden der Fall ist, Name und Anschrift in lange Listen eingetragen werden, bevor man diese Menschen in den Osten transportiert, so erreichen diese Informationen doch niemals rechtzeitig Rudolf Kröning. So kommt es, dass einerseits einige wenige SS-Männer im Auftrag des Auswärtigen Amts und ihres eigenen Chefs Heinrich Himmler nach ganz bestimmten Juden suchen, um sie gegen angeblich »rassisch wertvolle« deutsche Templer einzutauschen, während andererseits das Gros der SS ebenfalls auf Befehl von Heinrich Himmler damit beschäftigt ist, alle Juden einschließlich der Gesuchten umzubringen.

Da ist der fünfundsechzigjährige Jakob Bermann aus der polnischen Stadt Kielce südlich von Radom. Die SS attestiert bei der Überprüfung des Mannes keine Sicherheitsbedenken für einen

Austausch. Doch Bermann wird Palästina niemals erreichen. Er stirbt 1942 in Treblinka.

Rut Cukier aus Radom ist neun Jahre alt, als sie von Großbritannien auf die Liste der Auszutauschenden gesetzt wird. Sie wird nicht ausgetauscht werden. Auch Rut Cukier wird in Treblinka ermordet.

Mali Kramer, sieben Jahre alt, kommt aus Lemberg, damals im Generalgouvernement und heute in der Ukraine gelegen. Laut einem Schreiben der SS vom 19. Oktober 1942 ist sie »unbekannt verzogen« und nicht auffindbar. Ihr Vater lässt das Mädchen im Jahre 1957 in die Liste der Ermordeten bei der israelischen Holocaust-Gedenkstätte Yad Vashem eintragen.

Vera Lehmann ist zweiunddreißig Jahre alt, wohnt in der Bayerischen Straße 33 in Berlin und ist zum Austausch vorgesehen, weil Ehemann und Eltern in Haifa bzw. Tel Aviv leben. Sie wird am 26. Juni 1942 von Berlin in den Osten deportiert und stirbt im selben Jahr.

Und da ist Hannah Korman, die Mutter von Israel Sumer. Ihr Name findet sich weiter in den britischen und deutschen Listen für den Austausch, obwohl die Nazis sie doch längst nach Treblinka in den Tod deportiert haben. Doch das weiß Eduard Sethe vom Auswärtigen Amt nicht, und die SS macht sich bei einmal mit Wohnort registrierten Austauschkandidatinnen nicht die Arbeit zu kontrollieren, ob es diese Menschen ein paar Monate später überhaupt noch gibt.

Unterdessen setzen die Eltern des kleinen Oded Amarant in Tel Aviv Himmel und Hölle in Bewegung, um ihr einziges Kind wieder in die Arme schließen zu können. Sie laufen von Behörde zu Behörde und versuchen die Regierung in Jerusalem auf das Schicksal des Jungen aufmerksam zu machen. Familie Amarant befand sich im Sommer 1939 auf Besuch bei Verwandten in Lemberg. Der damals vierjährige Oded verpasste die gemeinsame Rückreise nach Palästina, weil er an einer Blinddarmentzündung erkrankte. Lemberg wurde zunächst von den Sowjets besetzt.

Nach dem Einmarsch der Deutschen im Jahre 1941 lebte Oded im jüdischen Ghetto von Lemberg. Tagsüber wurde er von seiner Tante in der Fabrik versteckt, wo sie selbst Zwangsarbeit leisten musste. Viele machten das so mit ihren Kindern, weil man nie wusste, was zu Hause im Ghetto passiert, wenn man selbst bei der Arbeit war. Oded überstand, versteckt unter einem Tisch mit weit überhängender grüner Decke, eine Razzia, bei der die Nazis alle Kinder festnahmen. Sein Onkel nahm anschließend Kontakt zu Andrei Scheptytsky, dem Metropoliten der ukrainisch-katholischen Kirche und Erzbischof von Lemberg, auf. Es gelang Scheptytsky, den Jungen in einem ukrainischen Kloster mit angeschlossenem Waisenhaus unterzubringen. Während die SS 1942 im Auftrag des Auswärtigen Amts vergeblich nach dem Jungen sucht, um ihn dem Austausch nach Palästina anzuschließen, lebt Oded Amarant getarnt als christlicher Junge in dem Waisenhaus in der tiefsten Provinz. Er lernt Ukrainisch und übt christliche Gebete und Riten so lange, bis er sie auswendig kann, um seine Tarnung nicht zu gefährden. In dem abgelegenen Waisenhaus wohnen noch zwei andere versteckte Juden. Nicht einmal ihre Spielkameraden dürfen von ihrer wahren Religionszugehörigkeit erfahren.[112] Odeds Eltern wissen nichts von seiner vorläufigen Rettung, der Kontakt ist schon lange abgerissen. Sie beten inständig dafür, dass ihr Sohn auf irgendeine Weise nach Hause kommt.

Auch Lusek und Mosche in Tel Aviv, die Brüder von Israel Sumer Korman, hoffen weiter darauf, dass es für Vater, Mutter und den kleinen Bruder eine Rettung gibt. Schon seit Monaten haben sie nichts mehr aus Radom gehört. Alle Briefe bleiben unbeantwortet, oder sie werden gleich von der britischen Zensur gestoppt und zurückgeschickt. Lusek und Mosche wissen nichts von der Räumung des Ghettos. Sie haben keine Ahnung, dass ihre Mutter deportiert worden ist und Vater Mordechai und ihr Bruder Israel Sumer in der Waffenfabrik Zwangsarbeit leisten müssen. In den hebräischen

Zeitungen finden sich nur bruchstückhafte Informationen über die Lage in Polen. Sie sind besorgniserregend. Lusek und Mosche bangen um ihre Angehörigen.

Die Juden Palästinas sind von ihrer Vertretung, der Jewish Agency, dazu aufgerufen, sich bei der britischen Armee einzuschreiben und gegen Hitler zu kämpfen. Zehntausende melden sich, darunter auch Lusek Korman. Er kommt zu einer Kompanie nach Ägypten. Das deutsche Afrika-Korps steht seit Juni 1942 nur noch einhundert Kilometer von Kairo entfernt und droht die ägyptische Hauptstadt, den Suezkanal und Palästina einzunehmen. Ein SS-Einsatzkommando in Athen erhält den Auftrag, in Zusammenarbeit mit arabischen Kollaborateuren die Juden Palästinas zu liquidieren, sobald das Land unter deutscher Besatzung steht – nach dem Vorbild der Einsatzgruppen in der Sowjetunion, die dort inzwischen nahezu eine Million Juden umgebracht haben.[113]

Im Berliner Auswärtigen Amt nimmt Eduard Sethe die sich häufenden Meldungen der SS über angeblich nicht auffindbare Juden für den Austausch mit Verärgerung zur Kenntnis. Ob er selbst die wahren Hintergründe kennt und über die systematische Vernichtung der Juden unterrichtet ist, wissen wir nicht, wenn es auch stark zu vermuten ist. Denn im Auswärtigen Amt ist diese »geheime Reichssache« mit Sicherheit kein großes Geheimnis mehr. Schließlich arbeiten die Diplomaten an dem Massenmord aktiv mit: Ein eigenes Judenreferat kümmert sich um die außenpolitischen Implikationen des Holocaust. Unterstaatssekretär und SA-Oberführer Martin Luther von der Abteilung Deutschland ist einer der Teilnehmer an der berüchtigten Wannsee-Konferenz vom 20. Januar 1942, bei der die organisatorischen Maßnahmen zum Massenmord besprochen werden. Historiker gehen heute davon aus, dass man im Auswärtigen Amt durchaus Bescheid wusste – möglicherweise mit Ausnahme der Rechtsabteilung.

Im Londoner Foreign Office erwartet man von den Deutschen dringlich eine endgültige Liste aller Juden, die von Berlin für den

Austausch zur Verfügung gestellt werden. Diese Liste kommt und kommt nicht. Mitte Oktober erreicht Sethe ein Schreiben der britischen Botschaft in Bern: Man sehe sich außerstande, ein endgültiges Datum für den Austausch festzulegen, solange das Auswärtige Amt nicht in der Lage sei, die Zahl der palästinensischen Juden und ihre Namen zu nennen, heißt es darin. Jetzt brennt Sethe die Angelegenheit unter den Nägeln. Der ganze Austausch droht zu scheitern, weil die SS nicht dazu fähig ist, die angekündigten Austauschkandidatinnen und ihre Kinder aufzutreiben. Es fehlen insbesondere die Frauen aus der polnischen Hauptstadt Warschau.

Eduard Sethe umgeht die SS und richtet ein Telegramm direkt an den Vertreter des Auswärtigen Amts bei der Regierung des Generalgouvernements in Krakau: »Englische Regierung hat unter anderem auch Einbeziehung in Warschau befindlicher palästinensischer Staatsangehöriger verlangt. [...] Gesamter Austausch, der bereits in allen Einzelheiten vorbereitet ist und 300 Reichsdeutschen aus Palästina Heimkehr ermöglichen soll, hängt von rechtzeitiger Einbeziehung palästinensischer Staatsangehöriger aus Warschau wegen geringer Zahl der aus Deutschland ausreisenden palästinensischen Staatsangehörigen ab. [...] Bitte mit allen Mitteln Überprüfung der in Warschau befindlichen palästinensischen Staatsangehörigen sicherstellen.«[114]

Am 22. Oktober geht die Antwort per Telex ein. Darin wird ein Schreiben der Warschauer SS-Dienststellen an das Reichssicherheitshauptamt in Berlin zitiert, das dem Auswärtigen Amt in Berlin offenbar wohlweislich vorenthalten worden ist. Darin steht: »Die mit Bericht an das Reichssicherheitshauptamt vom 2. 6. 1942 angegebene Zahl der zum Austausch geeigneten Juden aus Warschau stammt aus einer vor Jahresfrist erfolgten Erfassung. Hierbei handelte es sich ausschließlich um ehemalige polnische Staatsangehörige, die zu ihren in Palästina lebenden Verwandten gelangen wollten. Nach der im hiesigen Ghetto erfolgten Umsiedlungsaktion sind die jetzt durchgeführten Ermittlungen nach den in den angeführten Erlassen genannten Personen erfolglos geblieben. Sie sind weder polizeilich gemeldet noch sonstwie registriert. Auch alle weiteren mit Nachdruck betriebenen Fahndungsmaßnahmen blieben ohne Erfolg.«[115]

In den Tausenden Papieren des Auswärtigen Amts, die sich über die Austauschaktion von 1942 erhalten haben, taucht hier zum allerersten Mal der Tarnbegriff der Nazis für die Ghetoräumungen und den Massenmord »Umsiedlungsaktion« auf. In den Schriftwechseln mit Eduard Sethe hat SS-Obersturmführer Rudolf Kröning dieses Wort peinlich vermieden, um die Geheimhaltung zu wahren. Die Wahrheit ist: Bis zum September sind täglich bis zu sechstausend Warschauer Juden mit Zügen in das Vernichtungslager Treblinka gebracht worden, dann wird bis zum Januar 1943 eine Transportsperre verhängt, weil Militärzüge für die Ostfront Vorrang haben. Im Herbst 1942 ist das Ghetto schon so weit entvölkert, dass es von den Nazis deutlich verkleinert wird. Etwa zweihundertvierzigtausend Warschauer Juden sind tot.

Wenn er es nicht vorher schon gewusst hat – spätestens jetzt wird Eduard Sethe klar sein, was im besetzten Polen vor sich geht. Der Geheimrat ist gewiss kein Provinzler und wohl auch kein simpel gestrickter deutschtümelnder Beamter. Dagegen spricht schon seine Karriere im Auswärtigen Amt, die ihn in den zwanziger Jahren in Konsulate von San Francisco bis nach Rotterdam geführt hat. Doch gegen den Judenmord sind von Sethe keine Proteste überliefert. Er schreibt keine Eingabe, er versucht nicht einmal, den Lauf der Dinge zu beeinflussen. Sethe funktioniert ganz im Sinne der nationalsozialistischen Machthaber und seiner Vorgesetzten im Auswärtigen Amt – als effizienter Bürokrat im Dienste von Massenmördern, der sich selbst die Hände nicht schmutzig macht. Er bemüht sich, die Wahrheit gegenüber seinen Verhandlungspartnern zu verschleiern. Sethe lässt eine Liste für das Foreign Office aufsetzen und übermittelt sie via Schweizer Botschaft nach London. Die Liste enthält Namen von Jüdinnen und ihren Kindern, von denen Sethe nicht weiß, ob sie noch am

Leben sind. Er hofft offenbar ganz einfach, dass sich bis zum Termin des Austauschs noch einige Menschen finden lassen, damit die ganze Aktion nicht in letzter Minute platzt. Und er bedenkt wohl schon jetzt, wie er sich gegenüber Philippe Aubert de la Rüe von der Schweizer Gesandtschaft aus der Affäre ziehen kann.

In London wird aus dem Schreiben eine »endgültige Liste« erstellt. Sie umfasst die Namen von einhundertdreiundneunzig Personen. Die britische Regierung hat sich schließlich doch dazu bereit erklärt, den Kreis der auszutauschenden Juden zu erweitern. In den Akten findet sich zwar kein entsprechender Grundsatzbeschluss. Allein die aufgeführten Juden sind Beweis dafür, dass in Großbritannien die Menschlichkeit über die Bürokratie gesiegt hat. Auch Juden, die lediglich einen Wohnsitz in Palästina besitzen, nicht aber die dortige Staatsbürgerschaft, können jetzt endlich gerettet werden. Und viele der aufgeführten Personen sind niemals zuvor in ihrem Leben in Palästina gewesen. Die palästinensische Regierung in Jerusalem stimmt nun auch zu, dass eine Reihe nichtjüdischer britischer Staatsangehöriger aus den Kolonien und dem Commonwealth dem Austausch angeschlossen werden.

Am 23. Oktober trifft ein codiertes Telegramm von Hochkommissar Harold MacMichael aus Jerusalem im Kolonialministerium in London ein. Darin heißt es unter der Überschrift »Palästinensisch-deutscher Austausch«: »Die unten aufgeführten Personen von der Liste Ihrer Depesche sind als frühere Einwohner Palästinas qualifiziert.« Es folgen vier Namen. An dritter Stelle sind aufgeführt: »Korman und Kind«.[116]

Tatsächlich sind Israel Sumers Chancen weiterhin gering, weil seine Einreisegenehmigung an die seiner ermordeten Mutter geknüpft ist. Der Junge besitzt also keinen eigenen Rechtstitel zur Einwanderung.

Der Austausch steht nur noch wenige Wochen bevor, da stellt ein Telegramm alle Pläne mit einem Mal in Frage. Hochkommissar MacMichael meldet aus Jerusalem nach London eine »Komplikation, die den gesamten Austausch betreffen könnte«.[117] Er berichtet, dass die verbündeten Amerikaner seit kurzem in Sichtweite der Templersiedlungen Wilhelma, Waldheim und Bethlehem Luftwaffeneinrichtungen installiert haben. »Informationen über die Personalstärke, die Flugzeugtypen, Einsatzaktivitäten, Luftverteidigungssysteme usw., die die Internierten durch die Nähe zu diesen militärischen Einrichtungen gesammelt haben, wären von bedeutendem Wert für den Feind«, warnt MacMichael.[118] Das militärische Hauptquartier für den Nahen Osten sei eingeschaltet worden und habe ernsthafte Bedenken geäußert. Sämtliche Wege, auf denen diese Informationen den Feind erreichen könnten, müssten unbedingt blockiert werden, schreibt er.

Militärische Geheimnisse wie ein Flughafen haben gegenüber einem profanen Austausch von unbedeutenden Zivilisten selbstverständlich Vorrang. Im September 1942, als das Schreiben in London eintrifft, steht die deutsche Wehrmacht immer noch in Ägypten. Großbritannien bereitet für den kommenden Monat einen umfassenden Gegenangriff auf Rommels Afrikakorps vor. Von diesen Plänen darf unter keinen Umständen vorher etwas bekannt werden. In London schrillen die Alarmglocken. Es dauert Wochen, bis eine endgültige Klärung erfolgt. Erst im Oktober gibt das Büro von Premierminister Winston Churchill nach Rücksprache mit dem Nahost-Hauptquartier Entwarnung. Der Austausch könne durchgeführt werden, heißt es darin, vorausgesetzt, dass die davon voraussichtlich betroffenen deutschen Internierten sofort aus ihren Siedlungen in das Lager Athlit gebracht würden, lautet die Anweisung. So geschieht es.

Den Templer-Frauen und ihren Kindern wird plötzlich und über Nacht befohlen, sich für die Reise nach Deutschland fertigzumachen. Nach Leibesvisitationen und Prüfungen des Inhalts der Handtaschen folgt die Abreise. Sie dürfen Reiseproviant für vierundzwanzig Stunden mitnehmen. Die Frauen singen begeistert das Deutschlandlied, als sie eines Oktobermorgens um sieben Uhr früh mit englischen Lastwagen und Omnibussen ihre Siedlungen verlassen. Doch es geht nicht nach Deutschland. Die Reise ist schon nach einigen Dutzend Kilometern in Athlit, einem Dorf am Mittelmeer südlich von Haifa, beendet. Das außerhalb des Orts gelegene und mit Stacheldraht gesicherte Camp besteht aus Holzbaracken und Armeezelten. Es diente den Engländern bis vor kurzem als Internierungslager für die illegal eingereisten Juden, die gefangen genommen wurden. Noch glauben die deutschen Frauen an ein Zwischenspiel bis zur Abreise nach Deutschland, das nur ein paar Tage dauern wird. Tatsächlich aber bleiben sie wochenlang in Athlit interniert. Einen Grund dafür erfahren sie nie. Dass mit ihrer überstürzten Abreise und Internierung der gesamte Austausch gerettet wird, wissen sie nicht, und natürlich wird auch das Auswärtige Amt in Berlin nicht über die militärisch begründete Maßnahme informiert.[119]

Dem Auswärtigen Amt und den britischen Dienststellen in London und Jerusalem bleibt es nur noch, die praktische Durchführung des Austauschs zu organisieren. Das ist gar nicht so einfach. Im Mittelmeer tobt der Seekrieg zwischen den Alliierten und den Deutschen und ihren Verbündeten. Deutsche Unterseeboote torpedieren britische Versorger, britische Kriegsschiffe gehen gegen deutsche Einheiten vor. Ein Transport zur See wäre deshalb gefährlich und müsste durch genaue Absprachen abgesichert werden. Noch riskanter wäre freilich ein Lufttransport, zumal weder auf deutscher noch auf britischer Seite Flugzeuge existieren, die eine so große Zahl an Passagieren aufnehmen könnten. Man einigt sich daher darauf, den Austausch wie den vorhergehenden durchzuführen: mit der Eisenbahn. Jede Partei übernimmt die Transportkosten für ihren Zug. Die Austauschpersonen sollen in Istanbul übergeben werden. Dann soll der jeweilige Zug mit den nun ausgetauschten Personen wieder zurückfahren. Schon im September hat Eduard Sethe die deutsche Botschaft in Ankara angewiesen, die türkische Regierung um Vermittlung zu bitten. Die neutrale Türkei erklärt sich nach anfänglichen Schwierigkeiten dazu bereit.

Der direkte Reisezugverkehr zwischen dem Deutschen Reich

und der Türkei ist im dritten Kriegsjahr eingestellt. Bis 1939 fuhr der legendäre Luxuszug »Simplon-Orient-Express« in der Rekordzeit von rund sechzig Stunden zwischen Paris und Istanbul, mit direkten Anschlüssen von Berlin. Die Fahrgäste wurden in mondänen Schlafwagenabteilen mit handgefertigten Intarsien an den hölzernen Innenwänden befördert, der Speisewagen der Compagnie Internationale des Wagons Lits bot erstklassige Verpflegung vom Hummer bis zum Kaviar, und die Kellner kredenzten dazu die besten französischen und deutschen Weine. Im Istanbuler Bahnhof Sirkeci angekommen, stieg man in ein Automobil um und steuerte das extra für die Reisenden erbaute Fünf-Sterne-Hotel Pera Palas im europäischen Stadtteil Galata an, wo es sogar schon Zimmerbäder gab. Vom Hotel war es nicht weit bis zur Haupteinkaufsstraße mit ihren von Armeniern und Griechen betriebenen Fachgeschäften, die vom türkischen Geschmeide bis zu europäischen Luxusartikeln alles anboten, was der Orient-Reisende sich wünschte. Mutigere mochte es über das Goldene Horn in die Altstadt ziehen, wo im Großen Basar mit seinen überdachten Gängen fein geknüpfte Teppiche und Goldschmuck auf wohlhabende Käufer warteten.

Luxus ist im Jahre 1942 nicht mehr gefragt. Die Wagen des Orient-Express sind von den Deutschen beschlagnahmt worden. Es gibt fast nur noch Schnellzüge für Fronturlauber von und nach Serbien, die zwischen der Region und Deutschland verkehren. Eine einzige Schlafwagenverbindung besteht noch zwischen Berlin und der bulgarischen Hauptstadt Sofia. Im Hotel Pera Palas übernachten keine europäischen Vergnügungsreisenden mehr, die im exotischen Orient nach neuen Eindrücken suchen. Hier residiert Chaim Barlas vom Istanbuler Büro der Jewish Agency und versucht Juden zu retten.

Eduard Sethe bestellt beim Reichsverkehrsministerium einen Sonderzug ab Wien mit zwei Schlafwagen zweiter Klasse, einem Liegewagen dritter Klasse und acht Sitzwagen. Die Mitropa soll zwei Speisewagen zur Verfügung stellen. Zugleich fragt Sethe bei der deutschen Botschaft in Ankara an, ob die türkische Regierung diesem Zug eine Durchfahrt bis nach Istanbul genehmigt.

Zuständig für den Verkehr von Sonderzügen bei der Reichsbahn ist das Referat 21 des Reichsverkehrsministeriums (»Massenbeförderungen«) und dort dessen Sachbearbeiter 211 für »Reisesonderzüge«, Amtsrat Otto Stange. Der hat in diesen Tagen viel zu tun: Regelmäßig gehen die Aufträge von SS-Hauptsturmführer Franz Novak bei Stange ein. Der Transportbeauftragte von Adolf Eichmanns Judenreferat bestellt Züge für die »Evakuierung« der deutschen Juden in die Vernichtungslager des Ostens. Zwar bestehen diese schon bald nicht mehr aus Personen-, sondern aus Viehwaggons, sie gelten aber dennoch als Sonderzüge. Stange informiert die zuständige Generalbetriebsleitung Ost der Reichsbahn, die für die Bereitstellung der Waggons zuständig ist, und klärt auf Fahrplankonferenzen die Umlaufpläne der Züge. Die Reichsbahndirektionen stellen die Wagen zusammen und besorgen die Fahrpläne. »Da«, so lautet das Kürzel der Todeszüge für die deutschen Juden, möglicherweise steht es für »Davidzug« oder »deutsche Aussiedler«. »Pj« werden die Deportationszüge für polnische Juden genannt. Stange erledigt seine Aufgabe gewissenhaft gewissenlos und zur vollsten Zufriedenheit der SS – so wie die Deutsche Reichsbahn insgesamt bereitwillig ihren Beitrag zur Ermordung des europäischen Judentums leistet. Stange schickt die ausgearbeiteten Fahrpläne an Eichmanns »Judenreferat«. Dort werden sie von Novak an die zuständigen Staatspolizeileitstellen weitergegeben, die dafür sorgen, dass die Juden zu den angegebenen Zeiten an den Bahnhöfen auf ihre Deportation warten.

Wenn fehlende Transportkapazitäten, überbelegte Strecken und die vielen Züge an die Fronten doch einmal dazu führen, dass die Todesfahrten unterbrochen werden müssen, ist die Bahn darum bemüht, es den Herren des Reichs so recht zu machen wie möglich. Zugleich überschwänglich und zynisch bedankt sich Karl Wolff, persönlicher Adjutant von Heinrich Himmler, im Sommer 1942 bei Albert Ganzenmüller, dem erst wenige Monate zuvor eingesetzten Staatssekretär im Reichsverkehrsministerium, für die Wiederaufnahme der Todesfahrten: »Mit besonderer Freude habe ich von Ihrer Mitteilung Kenntnis genommen, dass nun schon seit vierzehn Tagen täglich ein Zug mit je 5000 Angehörigen des auserwählten Volkes nach Treblinka fährt und wir doch auf diese Weise in die Lage versetzt sind, diese Bevölkerungsbewegung in einem beschleunigten Tempo durchzuführen.«[120] Das Unternehmen Deutsche Reichsbahn funktioniert ganz im Sinne der braunen Machthaber.

An Otto Stange geht auch die Anfrage des Auswärtigen Amts für den Sonderzug nach Istanbul.[121] Er wird diesen etwas ungewöhnlichen Auftrag ebenso routiniert ausführen wie die Bereitstellung der Deportationszüge. Näheres ist einem Telegramm zu entnehmen: Demzufolge wird die Generalbetriebsleitung Süd mit Sitz in München mit der Durchführung der Austausch-Sonderfahrt beauftragt, die Wagenstellung regelt die Generalbetriebsleitung Ost in Berlin. Die Kosten werden dem Auswärtigen Amt, Rechtsabteilung, in Rechnung gestellt.[122]

In London und Jerusalem sind die Briten ihrerseits darum bemüht, den Transport von Palästina bis Istanbul und zurück zu organisieren. Eine direkte Eisenbahnverbindung nach Europa gibt es nicht. Australische, neuseeländische und südafrikanische Eisenbahnbautrupps sind 1942 damit beschäftigt, das letzte fehlende Verbindungsstück zwischen dem libanesischen Beirut und der alten Kreuzfahrerstadt Akko im Norden Palästinas zu errichten. Doch der Bau ist schwierig, die Trasse muss teilweise aus den Felsen gesprengt, und mehrere Tunnel müssen gebohrt werden. Die Bahn wird dringend benötigt, denn noch quält sich ein Großteil des militärischen Nachschubs für Palästina über eine eingleisige Schmalspurbahn, die die Hafenstadt Haifa über hunderteinundsechzig Kilometer mit der Kleinstadt Deraa in Syrien verbindet. Die Bahn führt bis zu hundertsiebenundachtzig Meter unterhalb des Meeresspiegels am Toten Meer entlang und anschließend über viele Brücken durch die enge Yarmukschlucht hinauf. Von dort kann man über die Gleise der Hedschas-Bahn Damaskus erreichen. Anfang des zwanzigsten Jahrhunderts ist diese Bahn von dem in türkischen Diensten stehenden deutschen Ingenieur Heinrich August Meißner-Pascha zum Transport muslimischer Pilger nach Medina und Mekka erbaut worden. Im Ersten Weltkrieg geriet sie ins Visier von Lawrence von Arabien. Der berühmte britische Spion bekämpfte mit seinen arabischen Guerilla-Einheiten die damals über Palästina herrschenden Türken. Mehrfach zerrissen Sprengladungen dieser Truppe den Schienenstrang der Hedschas-Bahn, ein geplanter Angriff an einer der hohen Brücken auf der Zweiglinie nach Haifa gelang Lawrence allerdings nicht.

Normalerweise dauert allein die kurvenreiche Fahrt von Haifa nach Damaskus zehn Stunden. Von Damaskus führt eine weitere Schmalspurbahn in den Libanon, und von dort geht es in Richtung Aleppo in Nordsyrien. Hier besteht endlich Anschluss an die Bagdad-Bahn, einst ein Lieblingsprojekt von Kaiser Wilhelm II. Seit 1918 ist diese Strecke nach Istanbul durchgängig befahrbar, von 1930 an verbinden die blauen Wagen des Taurus-Express Aleppo mit dem Istanbuler Bahnhof Haydarpascha – mit direktem Anschluss über den Bosporus nach Europa.

Für europäische Luxusreisende, die vor dem Krieg Palästina und Ägypten ansteuern wollten, um dort den Kreuzweg von Jesus Christus in der Altstadt Jerusalems oder die Pyramiden von Gizeh zu besichtigen, war solch eine Tortur natürlich unzumutbar. Deshalb gründete die Gesellschaft Compagnie Internationale des Wagons Lits einen Omnibusservice zwischen dem libanesischen Tripolis, dem damaligen Endpunkt des Schienenstrangs, und Haifa, wo die Gleise für den zweimal wöchentlich verkehrenden Schlafwagenzug nach Ägypten wieder begannen. So schrumpfte die Reisezeit zwischen London und Kairo auf sagenhafte sieben Tage – ein Rekord im Schienenverkehr.

Diese Art der Vergnügungsreise ist 1942 nur noch eine Erinnerung. Für den Austauschzug bleibt der Regierung in Jerusalem nur der Weg über Damaskus mit der langsamen Schmalspurbahn.

Nicht einmal Schlafwagen lassen sich für den Zug beschaffen. Und auch eine halbwegs komfortable Beförderung aus dem Libanon nach Aleppo scheitert an den Kriegsverhältnissen, wo jeder Waggon für den Transport von Soldaten benötigt wird. »Das Militär kann ab Rayak einen Sonderzug, bestehend aus einem Wagen 1. und 2. Klasse und fünf Wagen 3. Klasse zur Verfügung stellen«, meldet Jerusalem nach London.[123] Wenigstens für die lange Weiterreise durch die Türkei nach Istanbul bietet die Türkische Staatsbahn einen anständigen Zug an. Fünf Wagen erster und zweiter Klasse, dazu vier Schlafwagen für rund achtzig Personen und zwei Speisewagen soll der Express haben.

Parallel zu den Transportvorbereitungen einigen sich die Regierungen in Berlin und London auf die letzten noch fehlenden Bedingungen. Misstrauen regiert zwischen den Kriegsgegnern. Beide Seiten fürchten, von der jeweils anderen noch in letzter Minute übervorteilt zu werden. Deshalb wird vereinbart, dass die beiden Züge aus Deutschland und Palästina möglichst zum gleichen Zeitpunkt das neutrale türkische Territorium erreichen sollen und dieses auch gleichzeitig wieder verlassen. So will man verhindern, dass am Ende nur die eigene Partei ihre Austausch-Personen liefert, man selbst aber leer ausgeht. Deutschland erwartet dreihunderteins Palästina-Deutsche, Großbritannien bereitet sich auf die Ankunft von hundertdreiundneunzig Menschen vor.

Jeder erwachsene Auszutauschende, so wird vereinbart, darf vierzig Kilogramm Gepäck mit sich führen, für Kinder gilt eine Grenze von dreißig Kilo. Das Auswärtige Amt verspricht bei der Mitnahme von Schmuckgegenständen, Familienpapieren und Fotos großzügig zu verfahren. Das Reichswirtschaftsministerium erteilt die Genehmigung »zur Ausführung der beweglichen Habe der im Rahmen des deutsch-palästinensischen Austauschs ausreisenden palästinensischen und britischen Staatsangehörigen«.[124] Der Reichsminister der Finanzen verspricht, für den Austausch-Zug »alle zollrechtlich zulässigen Erleichterungen zu gewähren«.[125] Zu hektischen Aktivitäten führt bei Eduard Sethe die Nachricht aus

London, dass jeder deutschen Templer-Frau und ihren Kindern für die Fahrt zehn britische Pfund ausgehändigt werden, wenn die deutsche Seite gleichermaßen verfährt. Dazu benötigt man in Berlin eine spezielle Devisenerwerbsgenehmigung, denn die Nazis sind an ausländischer Währung äußerst klamm. Sethe telefoniert deshalb mit dem Wirtschaftsministerium, das die notwendige Erlaubnis erteilt und das Geld zur Verfügung stellt. Inzwischen meldet die deutsche Botschaft in Ankara, dass sich die türkische Regierung mit dem Durchlauf des deutschen Sonderzugs bis nach Istanbul einverstanden erklärt hat. Eduard Sethe telegraphiert mit den deutschen Botschaften in Budapest, Zagreb und Sofia, damit diese die notwendigen Visa für die Reisenden ausstellen. Ungarn, Kroatien und Bulgarien sind von Deutschland abhängige Satellitenstaaten, so dass hierbei keine Schwierigkeiten entstehen. Der Geheimrat bittet beim deutschen Militärbefehlshaber in Belgrad um militärischen Schutz für den Austausch-Zug. Nicht auszudenken, was passieren würde, wenn serbische Partisanen den Express mitsamt seiner wertvollen menschlichen Fracht angreifen sollten. Sethes Vorgesetzter Erich Albrecht holt bei Reichsaußenminister Joachim von Ribbentrop die endgültige Genehmigung zur Durchführung des Austauschs ein. Auch SS-Chef Heinrich Himmler stimmt zu.

Eduard Sethe klärt mit den deutschen Behörden unterdessen, dass die Austausch-Personen während der Eisenbahnfahrt Frühstück, Mittag- und Abendessen im Speisewagen auch ohne die sonst obligatorische Abgabe von Lebensmittelkarten erhalten sollen, und vergisst dabei nicht zu erwähnen, dass die Verpflegung der deutschen »Heimkehrer« »in selbstverständlich großzügigerem Maßstabe« als bei den Juden erfolgen werde.[126] Selbst am Eintopfkessel wird der Antisemitismus nicht vergessen.

Das Auswärtige Amt hat nach den guten Erfahrungen beim ersten Austausch beschlossen, dass auch dieses Mal Wien als Sammelpunkt dient. Die Juden sollen aus allen Teilen des vom Deutschen Reich kontrollierten Gebiets in den »Reichsgau Groß-Wien«

kommen. Für größere Gruppen plant Sethe die Anfahrt als Gruppenreise unter Aufsicht von SS oder Polizei. Einzelne Personen können individuell anreisen, versehen mit einem Dokument, das alle Behörden über den höheren Zweck der Fahrt aufklärt und dafür sorgen soll, dass die Juden nicht etwa von eifrigen Bahnpolizisten oder SS-Streifen festgenommen werden. »Die Jüdin Szajndla, Sura Glinienski, geb. Rechnic, geb. 15. 2. 1910 in Bendsburg, wohnhaft gewesen in Bendsburg, Alte Hauptstraße 14, befindet sich auf der Reise nach Wien, wo sie einem deutsch-palästinensischen Austauschtransport angeschlossen wird«, so beginnt eine dieser Bescheinigungen, ausgestellt von der Staatspolizei Sosnowiec im besetzten Polen. Und weiter: »Die deutschen Behörden werden gebeten, der Inhaberin dieser Bescheinigung auf ihrer Reise nach Wien keinerlei Schwierigkeiten zu bereiten.«[127] Die Jüdinnen werden verpflichtet, sich nach ihrer Ankunft sofort bei der Polizei zu melden. Alle Teilnehmer müssen spätestens bis zum 28. Oktober in Wien eingetroffen sein. Der Sonderzug nach Istanbul soll schon am nächsten Tag abfahren. Für die Übernachtung in Wien wird ein Obdachlosenheim bestimmt.

Einige der Austausch-Teilnehmerinnen, so viel ist dem Auswärtigen Amt klar, besitzen keinerlei Papiere mehr. Ohne einen Pass in den Nahen Osten zu reisen wäre selbst in Friedenszeiten unmöglich. Eduard Sethe muss deshalb für alle Personen ein »Sammelpassersatz« genanntes Dokument besorgen. Die Papiere, in denen nach Staatsangehörigkeit getrennt sämtliche Frauen, Kinder und die wenigen Männer aufgeführt sind, die nach Palästina reisen sollen, werden schließlich auf Anweisung des Reichsführers-SS Heinrich Himmler von der Ausländerbehörde der Berliner Polizei ausgestellt. Die deutschen Listen umfassen 125 palästinensische Juden, 26 Südafrikaner, zehn Australier, acht Briten und eine Kanadierin, zusammen 170 Frauen, Kinder und wenige Männer – und nicht 193, wie die Nazis der britischen Seite zugesichert hatten. Ob diese Menschen überhaupt noch alle am Leben sind, weiß man in Berlin auch nicht – man hofft es ganz einfach. Oded Amarant ist nicht auf der Liste verzeichnet. Die Nazis haben den Siebenjährigen, der sich in einem ukrainischen Kloster versteckt, nicht aufspüren können. »Sichtvermerk für 125 Teilnehmer zur einmaligen Ausreise aus dem Reichsgebiet über jede amtlich zugelassene deutsche Grenzübergangsstelle. Zielland Türkei«, steht auf dem Dokument für die jüdisch-palästinensischen Staatsangehörigen, das am 24. Oktober 1942 ausgestellt wird, versehen mit zwei unleserlichen Unterschriften und gleich drei Stempeln mit dem Hakenkreuz.[128] An sechzigster Stelle der Personenliste ist Hannah Symcha Korman aus Radom aufgeführt, an einundsechzigster folgt ihr Sohn Israel Sumer Korman, obwohl der noch nie in Palästina gewesen ist, geschweige denn die Staatsangehörigkeit des Landes besitzt.

Mit Datum vom 26. Oktober 1942 stellt »der Kommandeur der Sicherheitspolizei u. des SD. im Distrikt Radom« eine Bescheinigung aus. Das Papier hat folgenden Wortlaut: »SS-Hauptscharführer Franz Anker hat den Auftrag, nachstehend verzeichnete Personen, die in den deutsch-palästinensischen Austausch einbezogen werden sollen, nach Wien zu begleiten. Alle Dienststellen und Behörden werden ersucht, SS-Hauptscharführer Franz Anker ungehindert reisen zu lassen und in der Ausführung seines Auftrags zu unterstützen.«[129]

Aus Juden sind in dem Schreiben en passant ganz neutrale »Personen« geworden. Auf einmal sind sie keine »rassisch Minderwertigen« mehr, sondern ein wertvolles Handelsgut und entsprechend sorgfältig zu behandeln.

Unter 15.) ist in der Bescheinigung für Anker aufgeführt: »Korman, Izrael-Sumer, geb. 17. 6. 1927 in Radom«. Seine ermordete Mutter ist darauf nicht verzeichnet.

Die Chancen des Fünfzehnjährigen auf Rettung sind gewaltig gestiegen.

Kapitel VI

Reise nach Wien

NACH ZWEI MONATEN in der Radomer Waffenfabrik ist Israel Sumer Korman ein routinierter Sklavenarbeiter geworden. Für die zwölfstündige Frühschicht steht er morgens – im Herbst noch vor Sonnenaufgang – von dem als Nachtlager dienenden Tisch auf, isst einen trockenen Kanten Brot zum Frühstück und läuft hinüber zu seinem Arbeitsplatz – Pistolen montieren. Wenn er Spätschicht hat, ist es bereits dunkel, wenn er mit der Arbeit anfängt. Jeden Tag dasselbe, ohne Hoffnung auf Veränderung. Und doch ist es in Wirklichkeit keine Routine, denn immer muss er auf der Hut vor den Wachleuten sein, muss genauestens darauf achten, dass er keines seiner Werkzeuge beschädigt und ein stets einwandfreies Arbeitsergebnis abliefert – sonst drohen Schläge mit der Peitsche und noch Schlimmeres, was sich der Fünfzehnjährige gar nicht vorstellen mag. Israel Sumer weiß nicht, wie es weitergehen wird, ob es überhaupt weitergehen wird. Er weiß nur, dass er durchhalten muss.

Eines Morgens, wohl am 25. Oktober 1942, sitzt er wie jeden Tag an seinem Tisch und führt ein kleines Stück Metall nach dem anderen in die Griffe der Vis-Pistolen ein. Immer wieder derselbe Handgriff. Da taucht plötzlich sein Vater auf. Das ist höchst ungewöhnlich, denn Mordechai Korman hat bei seinem Sohn nichts zu suchen, sondern muss an der Materialausgabe arbeiten. Doch es kommt noch seltsamer: Der Vater erzählt ihm, dass er Radom bald verlassen dürfe, um nach Palästina zu reisen. Nach Palästina? In das Land, von dem die Mutter immer geschwärmt hat und von dem er schon so viele herrliche Bilder gesehen hat? Nach Tel Aviv, der Stadt am Meer, wo die älteren Brüder Lusek und Mosche wohnen?

Es ist wie ein Traum, völlig unerklärlich, rätselhaft. Ein Wunder. Und das soll wahr sein? Der Junge ist völlig durcheinander.

Man führt ihn aus der Fabrikhalle hinaus ins Freie. Einer der »volksdeutschen« Wachmänner kommt und fragt ihn, warum er denn hier stehe und weshalb er nicht an seinem Arbeitsplatz sei. Israel Sumer sagt ihm, dass er nach Palästina reisen soll. Der Wachmann bringt ihn zum Haupttor. Dort wartet er lange, bis sein Onkel auftaucht. Symcha Najman bringt Israel Sumer zu einem alten Haus, wo der Junge noch nie zuvor gewesen ist. Sein Vater trifft ein, und auch der zweite Onkel Schlomo Salzberg gesellt sich irgendwann zu ihnen. Ian Korman erinnert sich: »In dieser Nacht blieb ich im Ghetto. Meine Verwandten veranstalteten so etwas wie eine Abschiedsfeier. Wir wünschten uns gegenseitig Glück, es gab Kuchen und, so nehme ich an, auch ein wenig alkoholische Getränke. Ich trank davon natürlich nichts, weil ich noch so jung war. Onkel Salzberg bat um die Goldstücke in den Absätzen meiner Schuhe: ›Die brauchst du jetzt nicht mehr.‹ Er versprach, sich um meinen Vater zu kümmern. Ich war glücklich, als der Onkel die Goldstücke an sich nahm. Ich nahm das Geld aus den Schuhen und bekam dafür ein silbernes Zigarettenetui.«

Korman erinnert sich an diesen Tag so exakt, als sei es gestern gewesen. Er wird in seinen Gedanken wieder zu dem Jungen aus Radom, der seit Monaten Pistolen montieren muss. Doch der Tag liegt mehr als fünfundsechzig Jahre zurück. Radom, die Nazis und die Waffenfabrik sind weit weg – oder doch nicht? Der über achtzig Jahre alte Mann steht von seinem Stuhl auf, verlässt den Raum und kehrt nach kurzer Zeit zurück an den Tisch. In der Hand hält er das bewusste Zigarettenetui mit einer goldenen Gravur auf dem Deckel. Er hat es all die Jahrzehnte lang gehütet.

Am nächsten Morgen kommen Männer des Jüdischen Ordnungsdienstes und holen Israel Sumer aus dem kleinen Ghetto ab. Sie bringen ihn zu einem hölzernen Sanitätswagen, vor den ein Pferd gespannt ist. Auch andere Juden steigen ein, Frauen mit ihren Kindern, bis sie zusammen etwa zehn Menschen sind. Ein deutscher SS-Mann setzt sich dazu. Es geht, vorbei am alten beschlagnahmten Geschäft und der Wohnung der Familie Korman, zum Hauptquartier der Gestapo in die Zeromskiego-Straße.

Korman berichtet: »Wir gingen hinein und mussten uns dort in einer Reihe an der Wand aufstellen. Ein Gestapo-Mann hinter einem Schreibtisch las Namen vor. Wer aufgerufen worden war, ging entweder auf die andere Seite oder in einen anderen Raum – das weiß ich nicht mehr sicher. Als der Mann mit dem Aufrufen fertig war, war nur noch ich übrig. Er fragte mich: ›Wer bist du?‹ Ich sagte: ›Ich bin Israel Sumer Korman.‹ Er blickte auf die Liste: ›Ich habe hier eine Hannah Korman. Wo ist sie?‹ Ich antwortete: ›Ich weiß nicht, wo sie ist.‹ Und da sagte er: ›Wenn du schon hier bist, dann kommst du auch mit.‹ Das war es. Das war der entscheidende Satz: ›Wenn du schon hier bist, dann kommst du auch mit.‹ Ich ging zu der Gruppe.«

Die Gestapo findet in Radom nur noch einen Bruchteil derjenigen Juden, die für den Austausch vorgesehen sind. Die Liste, mit der SS-Hauptscharführer Franz Anker auf den Weg nach Wien geschickt wird, umfasst nur noch diese Menschen – nicht aber die Ermordeten wie Hannah Korman.

Ian Korman berichtet weiter: »Es kamen noch mehr Gestapo-Männer. Als wir das Gestapo-Gebäude verließen, sagte einer der Männer zu uns: ›Nehmt doch diese Scheiße herunter!‹ Er deutete auf unsere Armbinden mit dem Judenstern. Wir nahmen die Armbinden ab und warfen sie weg. Das war gut. Die Männer sagten, es ginge jetzt zum Bahnhof. Wir gingen tatsächlich zum Bahnhof und liefen dabei auf dem Bürgersteig, was Juden streng verboten war. Der Gestapo-Mann war sehr freundlich. Er war natürlich gezwungen, freundlich zu sein. Wir bekamen im Bahnhof etwas zu trinken, während wir auf den Zug warteten. Plötzlich behandelte man uns wie Gäste. Zum allerersten Mal.«

Der vierunddreißigjährige SS-Hauptscharführer Franz Anker ist ein gutaussehender Mann mit dunklem Haar. Anker hat den

Auftrag, die Juden nach Wien zu begleiten, und besorgt in einem Personenzug zwei geschlossene Abteile für die nun so wertvollen Menschen. Vorher kauft er für die Reisenden noch ein gebratenes Huhn. Korman: »Ich wusste nicht, ob das Huhn koscher war, aber wir haben auch nicht danach gefragt. Wir aßen und redeten und fuhren. Das war ein ganz normaler Zug, mit einer Menge Polen in den Waggons, nur nicht in unseren Abteilen. Es ging in Richtung Krakau.«

Israel Sumer Korman kennt die anderen Juden, die in Radom mit ihm in den Zug eingestiegen sind, nicht näher. Er sitzt auf einer der hölzernen Bänke des Abteils, schaut sich um und spricht mit den Mitreisenden. Da ist Sara-Hinda Margules, fünfundvierzig Jahre alt. Sie hat ihre zwölf und fünfzehn Jahre alten Söhne Israel und David bei sich. Auch die neununddreißigjährige Goda Graucher reist zusammen mit ihren Kindern Szaja (achtzehn) und dem zehnjährigen Nathan. Doch Nathan ist gar nicht Nathan, sondern heißt in Wahrheit Elijahu Gottlieb. Der dreizehnjährige Sohn von Goda Graucher ist im August von den Nazis ermordet worden. An seiner Stelle hat sich Elijahu gemeldet, der sich am Tag der Ghetto-Räumung durch ein Loch in der Mauer gerettet hatte und nun von Frau Graucher als ihr eigener Sohn ausgegeben wird.[130] Weil die Kinder über keinerlei Papiere verfügen, glauben die Nazis dessen Legende, und der Junge wird für den Austausch akzeptiert. Israel Sumer reist als einziger Minderjähriger ganz allein. Die Erwachsenen unterhalten sich darüber, dass es ein großes Glück ist, nach Palästina reisen zu dürfen. Niemand hegt Zweifel, vermutet etwa, dass es sich bei der Geschichte um eine Falle der Nazis handeln könnte. Korman: »In Radom haben das manche Leute geglaubt. Nicht wir, nicht mein Vater, sonst hätte er mich niemals gehen lassen. Aber als wir den Judenstern abnehmen durften, als wir in den Zug kamen, als die Deutschen uns plötzlich wie menschliche Wesen behandelten, als sich eben die ganze Haltung geändert hatte, da haben wir gespürt, dass es wahr sein muss.«

Das Wetter draußen ist schön, ein angenehmer Herbsttag. Noch sind die beiden Abteile fast leer, und jeder kann sich einen Fensterplatz aussuchen, doch es wird bald voller. An vielen Stationen, wo der Personenzug anhält, beugt sich SS-Hauptscharführer Franz Anker weit aus dem Fenster und ruft laut »Nach Palästina! Nach Palästina!« So steigt unterwegs zusammen mit fünf anderen Personen Jakob Kurtz zu, Mitglied des Judenrats von Piotrkow. Er ist neunundvierzig Jahre alt und dürfte als wehrfähiger Mann nach den strengen Regeln eigentlich gar nicht an dem Austausch teilnehmen. In Kielce wieder das Gleiche: »Nach Palästina! Nach Palästina!« Hier kommen Rywka und Tseri Zussmann zusammen mit dem erst vierjährigen Aron dazu. Dann besteigt Dworja Brodbeker zusammen mit ihrem siebenjährigen Sohn Chaim das Abteil. In Krakau haben sie einige Stunden lang Aufenthalt. Franz Anker besorgt Wasser für die Gruppe. »Für uns Juden war das eine außergewöhnliche Gnade. Ein Gestapo-Mann bemühte sich, für Juden Trinkwasser zu besorgen«, erinnert sich Jakob Kurtz.[131] Zuletzt sitzen vierundzwanzig Juden in den Zugabteilen. Nur zwei Männer sind unter ihnen. Allen hat man gesagt, sie sollen ihr Kainsmal, den Judenstern, ablegen. Sie müssen in Krakau nicht umsteigen. Ihr Waggon wird am Abend an den regulär verkehrenden Schnellzug D 318 angehängt, der die Reisenden direkt nach Wien bringen wird. Die Fahrt geht weiter, es wird Nacht. Um 21.57 Uhr hält der Express kurz an einer Station an, deren Name später traurige Berühmtheit erlangen wird – Auschwitz. Die Reisenden werden es kaum bemerkt haben. Die Gespräche erlahmen, jeder will nach den ungeheuren Aufregungen des Tages nur noch Schlaf. Sie nicken auf den harten Bänken ein, schlafen im Sitzen. Von Franz Anker wissen sie, dass die Fahrt nach Wien geht. Die meisten von ihnen sind noch nie dort gewesen. Auch Israel Sumer kennt Wien nicht. Es ist überhaupt seine erste Reise ins Ausland.

Am nächsten Morgen um 6.13 Uhr erreicht der Zug laut Fahrplan seine Endstation, den Wiener Ostbahnhof. Ein Omnibus bringt die jüdische Gruppe in das Obdachlosenheim in der Gänsbachergasse 3 im III. Bezirk, weit außerhalb der Innenstadt. Der mehrstöckige braune und hässliche Bau bar jeder architektonischen Raffinesse steht in einer unwirtlichen Gegend nahe der Bahngleise. Das Gebäude steht vollständig leer. Die Obdachlosen, die in Nazi-Deutschland als »Arbeitsscheue« zur Zwangsarbeit verpflichtet werden, hat man fortgebracht, irgendwohin. Im ersten Stock des Hauses ist ein großer Luftschutzraum eingerichtet. Hier und in drei weiteren Sälen werden die Juden untergebracht. Für einen normalen deutschen »Arier« wäre es eine Zumutung, ausgerechnet in einem Obdachlosenasyl übernachten zu müssen. Für die seit Jahren drangsalierten, von Hunger geschwächten und dem Tode entronnenen Juden ist es ein unfassbares Glück. Korman berichtet: »Es gab getrennte Abteilungen für Männer und Frauen. Jeder hatte sein eigenes Bett in großen Räumen. Wir schliefen tatsächlich in Einzelbetten! Es war wunderbar. Das Bettzeug war großartig und schneeweiß. Die Betten waren sauber. Das Zimmer war sauber und hübsch angestrichen.« Dreimal am Tag gibt es eine Mahlzeit: Frühstück, Mittag- und Abendessen. Zum Mittag wird Eintopf aus der Gulaschkanone ausgeschenkt. Der schmal gewordene Israel Sumer, der monatelang nur wässrige Suppe und trockenes Brot zu sich genommen hat, isst alles auf, was er bekommen kann, und bleibt dennoch hungrig.

Korman: »Später kam ein Mann vom Schweizer Konsulat. Ich wurde fotografiert. Er schrieb etwas auf einen Ausweis, klebte das Foto ein und stempelte es. Dann kamen einige Deutsche und gaben jedem von uns zehn britische Pfund.«

Von überallher im Deutschen Reich und den besetzten Gebieten kommen die für den Austausch vorgesehenen Juden und die Untertanen der britischen Krone nach Wien. Manche erreichen die Stadt unter Polizeibegleitung in Gruppen, wie die Frauen aus Berlin und Paris. Auch die Insassen des Zivilinternierungslagers in Schloss Liebenau am Bodensee, größtenteils britische Frauen, werden von den Deutschen in einer Gruppe nach Wien gebracht.

Andere fahren allein. Sie kommen aus Polen, Belgien, Frankreich, den Niederlanden und aus Deutschland. Alle wurden von der Reise nach Palästina mehr oder weniger überrascht. Die neunundfünfzigjährige Berlinerin Blanka Alparowitz zum Beispiel hatte Monate zuvor durch die Schweizer Gesandtschaft erfahren, dass vielleicht eine Möglichkeit zur Ausreise bestünde, weil ihr Sohn in Erez Israel lebt. Danach hörte sie nie wieder etwas von der Angelegenheit. Eines Abends bekam sie Besuch von einem Polizisten, der ihr befahl, sich am folgenden Morgen beim Fremdenamt zu melden. Bangen Herzens begab sie sich dorthin, um zu erfahren, dass sie an der Reise nach Palästina teilnehmen könne. Schon am folgenden Abend um 18.18 Uhr fuhr sie vom Berliner Bahnhof Zoologischer Garten mit dem Schnellzug nach Wien.[132] Jakob Kurtz, der zusammen mit Israel Sumer Korman aus dem besetzten Polen Wien erreicht, erfuhr gar erst eine Stunde vor Abfahrt von seinem großen Glück. Davon, dass sie Teil eines Austauschs zwischen Deutschen und Briten sind, haben die Menschen keine Ahnung. Die meisten glauben, dass die beharrlichen Bemühungen ihrer Verwandten in Palästina zu ihrer Auswanderungsmöglichkeit geführt haben.

Eigentlich sollten die Frauen, Kinder und wenigen Männer höchstens ein paar Tage in Wien verbringen, bis der Zug am 29. Oktober abgeht, damit der Austausch in Istanbul pünktlich am 4. November über die Bühne gehen kann. Doch es kommt wieder etwas dazwischen. Die Türkische Staatsbahn teilt den Briten kurzfristig mit, dass sie aufgrund von Feiertagen nicht in der Lage sei, wie geplant am 2. November einen Sonderzug für die deutschen Templer ab der syrischen Stadt Aleppo nach Istanbul bereitzustellen. Da die Türken einen solchen Zug außerdem nur montags von Aleppo nach Istanbul und mittwochs von Istanbul-Haydarpascha zurück nach Syrien fahren lassen können, bleibt nichts anderes übrig, als den Austausch nochmals um eine ganze Woche zu verschieben.[133] Die britische Botschaft in Ankara weist in einem Telegramm nach Jerusalem darauf hin, dass der Austausch nun endgültig am 11. und 12. November in Istanbul stattfinden werde.

Das Auswärtige Amt in Berlin erfährt die banale Ursache für diese Verzögerung nicht. Es plant die Abfahrt des Austauschzuges nach Istanbul nun für den 7. November oder später. Bis dahin werden die Passagiere im Obdachlosenheim untergebracht.

In Wien sind die örtliche Schutzpolizei und die Gestapo mit dem weiteren Prozedere betraut. Sie haben es mit den Wünschen und Befehlen von gleich vier Seiten zu tun. Da ist zum einen der Schweizer Gesandtschaftsattaché Philippe Aubert de la Rüe, der sich inzwischen in der Stadt befindet. Zweitens stellt das Auswärtige Amt schwierig zu erfüllende Forderungen. Von dort reist ein Mitarbeiter Eduard Sethes, der Legationssekretär Dr. Johann Gottfried Ivo Theiss, nach Wien, ferner für die federführende Berliner Polizei der Polizeirat Wilhelm Merkel. Drittens verlangt SS-Chef Heinrich Himmler laufend unterrichtet zu werden. Und viertens sind es einige der Auszutauschenden selbst, die Schwierigkeiten bereiten. Unter den nichtjüdischen Frauen sind nämlich etliche, die ihre britische Nationalität durch Heirat erworben haben, aber ursprünglich Deutsche sind. Sie gelten den Nazis als »Volksdeutsche«. Da ist zum Beispiel Edith Emery, geborene Wellpacher mit ihren dreizehn und zwei Jahre alten Kindern. Die Dreiunddreißigjährige ist in Österreich geboren, hat einen Australier geheiratet und lebte zuletzt in Paris. Palästina ist nicht ihr Ziel, sondern nur die erste Reiseetappe: Emery will nach Hobart, in die Hauptstadt der australischen Insel Tasmanien. Sie empfindet es ebenso wie andere Nichtjuden als unter ihrer Würde, die Zeit bis zur Abreise in einem Obdachlosenheim verbringen zu müssen. Philippe Aubert de la Rüe stellt sich hinter die Forderung dieser Frauen nach einem Umzug in ein Hotel. Doch die Wiener Polizei lehnt ab: »Dem Wunsch der Schutzmacht, den besser situierten Transportteilnehmern die Unterbringung in Hotels zu gestatten, kann mit Rücksicht auf den Raummangel in den Beherbergungsstätten und der erschwerten Kontrolle nicht stattgegeben werden«, heißt es in einem Schreiben des Wiener Polizeipräsidenten an die Gestapo.[134] Immerhin macht man bei Edith Emery eine Ausnahme: Sie darf zusammen mit ihren beiden Kindern vorläufig zu ihrer in Wien lebenden Mutter ziehen. Andere deutsche Frauen machen in letzter Minute einen Rückzieher und wollen nun doch in Deutschland bleiben. Emilie Riedl aus dem österreichischen Groß Gerungs gehört zu ihnen. Sie sollte ursprünglich über Palästina nach Durban in Südafrika ausreisen. Jetzt wird die Fünfzigjährige von der Liste gestrichen – und darf prompt in ein Hotel umziehen.

Luxusprobleme solcher Art gibt es bei den Juden nicht. Sie sind froh, mit dem Leben davongekommen zu sein, und besitzen zum großen Teil nichts mehr außer ihrer Kleidung und den zehn britischen Pfund, die sie nach ihrer Ankunft in Wien erhalten haben. Viele von ihnen tragen nur noch Lumpen und sind entsetzlich unterernährt. Aus einem Schreiben der Wiener Polizei an das örtliche Hauptwirtschaftsamt geht hervor, in welchem Zustand sich die jüdischen Austausch-Teilnehmer befinden. Darin wird die Bitte von Aubert de la Rüe weitergegeben, drei jüdische Kinder mit Kleidung auszustatten. Sie sind ganz offenbar barfuß von Polen nach Wien gekommen. »Jehuda Fefer und Nili Sussmann benötigen Straßenschuhe, Chaim Brodek außer Straßenschuhen auch einen Mantel, ein Hemd und eine Unterhose«, heißt es.[135]

Das Auswärtige Amt in Berlin hat Anweisungen nach Wien gegeben, die Auszutauschenden gut zu behandeln, aber streng zu überwachen. Sie dürften das Obdachlosenheim nur gruppenweise und in Polizeibegleitung verlassen, so die Forderung aus Berlin. Die Reisenden dürften Briefe aufgeben, doch die abgehende Post müsse frankiert und unverschlossen abgegeben werden, damit sie anschließend von einem Zensor untersucht werden kann. Der Portier des Obdachlosenheims wird daraufhin angewiesen, die Briefe entgegenzunehmen. Die Verpflegung der Menschen habe »mit jener der hiesigen Zivilbevölkerung gleichgestellt [zu] sein«, lautet eine weitere Anordnung – was die Wiener Polizei mit dem Ausschenken von Eintopf löst. Doch die erste Forderung scheitert an den Verhältnissen: »Was die Frage des Ausgangs betrifft, kann dem

Wunsch des Auswärtigen Amts [...] wegen Personalmangels nicht Rechnung getragen werden. Die fortlaufende Standkontrolle dürfte aber schon dadurch gewährleistet sein, dass die Transportteilnehmer mangels Besitzes von Lebensmittelkarten zu den Hauptmahlzeiten immer wieder in das Obdachlosenheim zurückkehren müssen«, schreibt das Büro des Wiener Polizeipräsidenten.[136] Wenn die Menschen schon unbeobachtet durch Wien streifen dürfen, dann sollen sie wenigstens kein Aufsehen erregen oder Nazi-Dienststellen zu unerwünschten Schlussfolgerungen verleiten: »Das Tragen des Judensterns einzelner Austausch-Personen (Staatenlose oder ehemalige Reichsangehörige) wird sich nicht empfehlen, um unnötiges Aufsehen zu vermeiden«, so ein Aktenvermerk des Wiener Ausländeramts.[137] Den »Judenstern« gibt es in der Terminologie dieses Schreibens zwar noch, nicht aber Juden. Die Austausch-Kandidaten sind zu neutralen Staatenlosen und ehemaligen Reichsangehörigen mutiert.

So kommt es, dass sich Israel Sumer Korman ebenso wie die anderen Austausch-Juden zum ersten Mal seit Jahren völlig frei bewegen können. Und davon machen sie natürlich sofort Gebrauch. Korman erinnert sich: »Es gibt ein jüdisches Sprichwort: Es ist sehr schwer, sich an das Schlechte zu gewöhnen. Doch an die guten Dinge gewöhnst du dich sehr rasch. Wir waren frei, ganz einfach frei. Wir dachten nicht groß über die Gründe dafür nach. Wir waren jung.« Israel Sumer streift zusammen mit drei anderen etwa gleichaltrigen jüdischen Jungen aus dem Obdachlosenasyl durch die große Stadt. Zwei von ihnen, David und seinen jüngeren Bruder Israel, hat er schon im Zug aus Radom kennengelernt. Der andere, Joschua, kommt aus den Niederlanden. Sie stromern durch die Straßen und benutzen sogar die Straßenbahn, was Juden sonst streng verboten ist. Ian Korman: »Wir besaßen diese Schweizer Ausweise, damit ließ man uns auf die Straße hinaus. Das war sicher. Wir mussten am Abend um elf Uhr wieder zurück sein, aber den ganzen Tag über konnten wir uns draußen aufhalten. Wir kauften Pellkartoffeln auf der Straße. Wir gingen in Restaurants. Damals bekam man in Lokalen das Essen nur gegen Lebensmittelkarten. Die besaßen wir nicht, weil wir ja im Obdachlosenheim verpflegt wurden. Da gab es eigentlich genug zu essen – aber uns reichte es nie. Mit fünfzehn hast du immer Hunger. Die Restaurants boten immer ein paar markenfreie Gerichte an – rote Rüben, Kartoffeln, Rettiche, Dinge, die auf keiner Karte standen. Draußen stand das an Tafeln angeschlagen. Wir gingen in ein Restaurant, aßen einen Teller Kartoffeln oder was immer und bezahlten dafür. Der Kellner schaute etwas seltsam. Am nächsten Tag kamen wir wieder und bestellten Gemüse. Aber als wir am dritten Tag nochmals auftauchten, warf uns der Kellner hinaus.«

Er berichtet weiter: »Einmal sahen wir eine Metzgerei. Wir gingen hinein, weil die Wurst so gut roch. Wir konnten aber wegen der fehlenden Lebensmittelkarten nichts kaufen. Die Verkäuferin sprach uns Kinder, die nicht in der Schule waren, an und fragte: ›Was macht ihr hier?‹ Wir antworteten: ›Wir warten in Wien. Wir gehen nach Palästina.‹ Da sagte sie: ›Oh, Palästina. Vielleicht nehmt ihr mich mit.‹«

Wien im dritten Kriegsjahr ist keine fröhliche Stadt. Die meisten Männer sind im Krieg. Zwangsarbeiter aus dem Ausland, »Fremdarbeiter« genannt, sollen die fehlenden Arbeitskräfte in der heimischen Produktion ersetzen. Auch viele Frauen arbeiten in kriegswichtigen Betrieben.

»Nachts war alles verdunkelt. Ich fand es sehr interessant, dass an fast jeder Ecke eine Weinstube war. Alle mit dieser Schrift in Fraktur über dem Eingang«, erzählt Ian Korman. Auf den Straßen begegnen den Jungen verletzte und beinamputierte Wehrmachtsangehörige. »Wir sahen deutsche Soldaten in Rollstühlen. Das gab uns ein Gefühl der Genugtuung. Es sind keine Übermenschen, verstanden wir. Sie sind nicht unverwundbar, auch wenn sie die Menschen auf offener Straße umbringen. Auch sie werden von Kugeln getroffen.« Einmal sehen die vier einige Wiener Juden. »Wir sagten uns: Lasst uns hingehen und mit ihnen sprechen. Wir gingen in ihre Richtung. Aber sobald sie uns kommen sahen, rannten sie fort. Sie wussten ja nicht, wer wir waren.« 1934, acht Jahre zuvor, lebten in Wien nach einer Volkszählung 176034 Menschen jüdischen Glaubens. Dann kamen Adolf Eichmann und Alois Brunner, Letzterer ein SS-Mann, der sich damit brüstete, Wien besonders schnell »judenfrei« gemacht zu haben. Im Oktober 1942, als Israel Sumer Korman auf seine Weiterreise wartet, wohnen in der Stadt noch achttausendsechshundert drangsalierte und verängstigte Juden. Von ihnen leben sechstausendsechshundert in »Mischehen« mit Christen, was ihnen noch einen gewissen Schutz gewährt.[138]

»Wir waren glücklich und hatten auch kein Heimweh«, erinnert sich Korman an die Tage in Wien. Aber am Abend im schneeweiß bezogenen Bett des Obdachlosenheims kommt die Vergangenheit zurück. Der Fünfzehnjährige kann nicht einschlafen, denkt an Radom zurück, an die Ghetto-Räumung, die furchtbare Waffenfabrik, an den Vater und an die verschwundene Mutter: »Ich besaß ein Bild von meiner Mutter. Immer wenn ich alleine war, sah ich mir dieses Bild an und musste weinen.«

Die Austauschkandidaten warten nun schon seit Tagen auf ihre Weiterfahrt und wundern sich, warum es nicht weitergeht. Schließlich erfahren sie, dass der Transport noch nicht vollständig sei und man auf weitere Passagiere warten müsse.

Eduard Sethe ist alarmiert. Bis zum 28. Oktober sind erst dreiundsechzig Austauschteilnehmer in Wien eingetroffen. Dabei hätte es ursprünglich schon am nächsten Tag losgehen sollen. Da ist die Gruppe zwar auf hundertfünf Personen angewachsen, doch das sind immer noch viel zu wenig. Auch die SS scheint nun nervös zu werden und fürchtet um die »Heimkehr« der angeblich so wertvollen deutschen Templer. SS-Obersturmführer Rudolf Kröning lässt sich von nun an täglich über die Zahl der eingetroffenen Juden informieren. Sethe wird gewusst haben, dass viele von denen, die die Briten zur Einreise nach Palästina angefordert hatten, nicht mehr am Leben sind. Tatsächlich sind diese Menschen auf der

Ende Oktober fertiggestellten Liste der hundertfünfundzwanzig jüdischen Teilnehmer gar nicht mehr verzeichnet. Doch nun zeigt sich, dass auch viele der Juden, deren Adressen die Nazis im Frühjahr und Frühsommer 1942 geklärt hatten und die deshalb auf der endgültigen Austauschliste aufgeführt sind, nicht auftauchen.

Dreiundfünfzig Juden waren allein im Distrikt Radom in zwei Listen von der SS erfasst worden. Ihre Namen waren von Sethe an die Schutzmachtabteilung der Schweizer Gesandtschaft in Berlin weitergereicht worden. Von dort erreichten sie die britische Botschaft im Schweizerischen Bern, kamen im Foreign Office in London an, wurden an die palästinensische Regierung in Jerusalem weitergeleitet, geprüft und schließlich größtenteils zugelassen. Doch im Zug von Radom nach Wien saßen außer Israel Sumer nur dreiundzwanzig weitere Personen. Zunächst mag Eduard Sethe gehofft haben, dass einige noch nach Wien nachkommen würden. Doch niemand kommt nach. Die fehlenden neunundzwanzig Menschen sind tot, ermordet wie Hannah Korman. Und das sind längst nicht alle fehlenden jüdischen Teilnehmer für den geplanten Austausch.

Jetzt haben Sethe und seine Vorgesetzten ein Problem. Schon vorher war ihnen klar, dass sie die bei den Verhandlungen mit Großbritannien vereinbarte gleiche Kopfzahl nicht einhalten werden. Immerhin scheinen die Briten akzeptiert zu haben, dass das Deutsche Reich nur hundertdreiundneunzig Menschen liefern wird, während das Vereinigte Königreich die Überstellung von dreihunderteins deutschen Templern aus Palästina zugesichert hat. Die Zahl hundertdreiundneunzig ist inzwischen von deutscher Seite nach unten korrigiert worden, zuerst, kurz vor Beginn der Anreisen nach Wien, auf hundertsiebzig, nun auf hundertachtundsechzig. Sollten aber nur die gut hundert Menschen nach Palästina transferiert werden können, die bisher in Wien angekommen sind, dann wäre das im Vergleich zu den so dringend erwarteten deutschen Templern gerade mal ein gutes Drittel. Selbst wenn der Austausch trotz dieser dürftigen Zahl noch glatt über die Bühne ginge, stünde zu befürchten, dass die britische Seite an einer möglichen weiteren Aktion kaum noch Interesse hätte.

Zugleich beginnt der Schweizer Gesandtschaftsattaché unangenehme Fragen zu stellen. Er hat von britischer Seite eine Liste mit den Namen von Jüdinnen und ihren Kindern erhalten, die für den Austausch angefordert waren, nun aber nicht teilnehmen. De la Rüe verlangt, dass weitere Nachforschungen nach den nicht ermittelten Jüdinnen aus Warschau und Radom angestellt werden. Das Auswärtige Amt versichert sofort, man werde weiter nach diesen Personen suchen – wohlwissend, dass diese Menschen nicht mehr auffindbar sind. Mit dieser Lüge hofft man, Schweizer und Briten erst einmal ruhiggestellt zu haben, wie aus einem Schreiben von Sethes Vorgesetztem Erich Albrecht an Reichsaußenminister Joachim von Ribbentrop hervorgeht: »Mit Rücksicht auf diesen Sachverhalt wird angenommen, dass das Fehlen der erwähnten Jüdinnen aus dem Generalgouvernement nicht zu Schwierigkeiten bei der Durchführung des Austausches führen wird.«[139]

Das Foreign Office in London arbeitet noch Ende Oktober mit völlig veralteten Zahlen. Eine von der Schweizer Regierung übermittelte Liste nennt die Namen von hundertvierundsechzig palästinensischen und britischen Staatsbürgern – offenbar handelt es sich um eine Zusammenstellung von Personen, von denen Eduard Sethe im Auswärtigen Amt lediglich gehofft hatte, dass sie an dem Austausch teilnehmen würden. Eine zweite Liste umfasst fünfundsiebzig »Palästinenser, die von den deutschen Behörden nicht gefunden worden sind und die daher an dem Austausch nicht teilnehmen werden«.[140]

Doch schon wenige Tage später sieht man auch in London klarer. Am 4. November heißt es, bis zum Vortag seien nur einhundertzwölf Austauschteilnehmer in Wien eingetroffen. Die Zahl stammt wohl vom Schweizer Konsulat in Wien, das London über die laufende Entwicklung unterrichtet hat. Wieder werden die Nazis mit unangenehmen Fragen konfrontiert. Um diese geringe Zahl den Schweizer Vermittlern gegenüber zu erklären, greifen die

Deutschen zu einer zweiten Lüge: Sie behaupten, vierundzwanzig der fehlenden Menschen habe man nicht finden können. Einunddreißig weitere Personen hätten sich geweigert, an dem Transport teilzunehmen. In Wahrheit sind aber nur zwölf »Volksdeutsche« wie Emilie Riedl zurückgetreten. Die Juden aber, die die Reise nach Palästina nun angeblich verweigern, sind gar nicht in Wien eingetroffen.

Aubert de la Rüe besteht schließlich darauf, dass die Deutschen mehr Menschen an dem Austausch teilnehmen lassen. Weitere Juden mit palästinensischen Wurzeln stehen den Nazis aber nicht zur Verfügung. In letzter Minute werden dem Transport deshalb einige nichtjüdische Briten angeschlossen, die in Schloss Liebenau am Bodensee quasi auf Vorrat interniert sind. So kommt schließlich die Zahl von hundertsiebenunddreißig Menschen zustande, die in Wien auf die Abreise in die Freiheit warten. Etwas über siebzig von ihnen gelten den Nazis als palästinensische Juden.

Der »Sammelpass der Teilnehmer des palästinensischen Austauschtransportes« von Ende Oktober enthält die Namen von hundertfünfundzwanzig Juden auf insgesamt sieben Seiten. Aufgeführt sind Namen und Vornamen, Geburtsdaten und Geburtsort sowie, wenn vorhanden, Angaben zu den Reisedokumenten. Den Nazis fehlt offenbar die Zeit, einen neuen Sammelpass auszustellen. Vielleicht wollen sich die zuständigen Bürokraten diese Mühe auch nicht machen. Man streicht einfach durch, was nicht mehr aktuell ist. Ganze Familien und Mütter mit ihren Kindern, deren Angehörige in Palästina auf ihre Rettung hoffen, verschwinden so – für immer. Ermordet worden waren sie teilweise schon Monate zuvor. Zum Beispiel: Fuksbrunner, Sura-Pesa, geborene Gottlieb, geboren am 24. Juni 1897 in Radom – gestrichen. Fuksbrunner, Chaja, geboren am 30. Juni 1924 in Radom – gestrichen. Fuksbrunner, Menucha, geboren am 22. September 1931 in Radom – ebenfalls gestrichen. Die Mutter und ihre beiden Kinder starben 1942 im Vernichtungslager Treblinka. Ickowicz, Estera Judyta, geboren am 4. Februar 1936 in Piotrkow – gestrichen. Auch dieses

Kind starb im Holocaust. Makower, Renana, geboren am 3. August 1933 in Radom – gestrichen. Makower, Pesach, geboren am 2. Februar 1938 in Radom – gestrichen. Beide Kinder wurden im August bei der »Aktion Reinhardt« nach Treblinka deportiert. Und Korman, Hannah-Symcha, geborene Potaznik, geboren am 12. September 1894 in Radom, mit Pass Serie 1 Nr. 690895 aus Warschau, die Mutter von Israel Sumer – auch sie ist gestrichen. Ihre Ermordung manifestiert sich in zwei einfachen kurzen Markierungen.

In den wenigsten Fällen konnten überlebende Verwandte der israelischen Holocaust-Gedenkstätte Yad Vashem mitteilen, dass und wo ihre Familienmitglieder getötet worden waren. Der Verbleib vieler von der Liste gestrichener Juden ist unbekannt, weil es niemanden mehr gibt, der ihn hätte mitteilen können.

Israel Sumer Korman steht auf der Liste. Doch die Regierung in Jerusalem erwartet ihn in Begleitung seiner Mutter.

Kapitel VII

Der Austausch[141]

Freitag, der 6. November 1942: Im palästinensischen Internierungslager Athlit an der Mittelmeerküste: Endlich, nach über einem Monat der zermürbenden Wartezeit hinter Stacheldraht, beginnt für die deutschen Templer-Frauen und ihre Kinder mitten in der Nacht die Reise nach Deutschland. Zwei Stunden nach Mitternacht geht es zunächst mit Omnibussen in die Nähe der jüdischen Siedlung Affula im nördlichen Landesteil Galiläa, ganz in der Nähe von Nazareth gelegen, wo sie um vier Uhr morgens eintreffen. Hier besteigen die dreihunderteins Menschen in der darauffolgenden Nacht zum 7. November einen Sonderzug der Palestine Railways, bestehend vornehmlich aus hölzernen Wagen der dritten Klasse, in Richtung Deraa in Syrien. Die Frauen beklagen sich über fehlende Toiletten. Im Zug befinden sich britische Soldaten, jüdische Polizisten und der Regierungsarzt Dr. Thompson mit seiner Tochter. Von Deraa, wo der Zug am nächsten Morgen zwei Stunden Aufenthalt hat, geht es auf der Strecke der Hedschas-Bahn bei nur geringer Geschwindigkeit über hundertdreiundzwanzig Kilometer in die syrische Hauptstadt Damaskus weiter. Von hier ab bis in die Türkei wird aus Gründen der militärischen Geheimhaltung nur noch nachts gefahren.

In Wien unterdessen warten die jüdischen und britischen Austausch-Teilnehmer immer nervöser auf ihre Abreise. Die Verzögerung hat einen einfachen Grund: Beide Züge sollen möglichst gleichzeitig in Istanbul eintreffen, sie können aber nicht gleichzeitig abfahren, weil die Reise aus dem Nahen Osten nach Istanbul länger dauert als die Fahrt von Wien an den Bosporus. Im Londoner Foreign Office sieht man diese Abweichung vom ursprünglichen Plan nicht als Problem an, weil beide Gruppen nach dem erfolgten Austausch die neutrale Türkei nahezu gleichzeitig wieder verlassen sollen. Doch da täuschen sich die britischen Diplomaten. Denn das Auswärtige Amt weiß die frühere Ankunft der Templer-Frauen auf türkischem Hoheitsgebiet auszunutzen und plant für den Fall, dass weniger Deutsche im Austausch-Zug sitzen als erwartet, den eigenen Zug noch vor der türkischen Grenze zu stoppen. Am 5. November, einen Tag vor Abfahrt der Palästina-Deutschen, schickt Eduard Sethe ein Telegramm an die deutsche Botschaft in Ankara: »Falls die am 9. 11. die syrisch-türkische Grenze überschreitende Palästinadeutsche-Gruppe nicht die vereinbarte Zahl von etwa 300 Reichsdeutschen umfasst, bitte, wenn möglich, umgehend Deutsche Gesandtschaft Sofia zu verständigen, damit Zug mit Palästinagruppe aus Deutschland vor Überschreiten türkischer Grenze rechtzeitig angehalten werden kann.«[142] Dass man selbst die versprochene Anzahl mit nur hundertsiebenunddreißig Menschen weit verfehlt, spielt bei diesen Überlegungen offenbar keine Rolle.

Samstag, der 7. November 1942: Seit dem Mittag steht der Zug mit den deutschen Templern im Damaszener Vorortbahnhof Cadem. Die Frauen und Kinder bekommen in Zelten der britischen Armee etwas zu essen und dürfen sich waschen. Soldaten bewachen die Reisenden. In Wien macht sich derweil Israel Sumer mit seinen Freunden wieder einmal auf den Weg in die Stadt, um Essbares aufzutreiben. Am Abend kehren sie in das Obdachlosenheim zurück und erfahren, dass es am nächsten Tag endlich nach Palästina losgehen soll. Die wenigen Menschen, die Gepäck besitzen, beginnen zu packen. Israel Sumer hat nichts als einen kleinen Rucksack.

Um 19.00 Uhr des gleichen Tages setzt sich der Zug mit den Deutschen in Damaskus wieder in Bewegung und erklimmt die steilen Libanon-Berge. Gegen ein Uhr nachts ist nach 81 Kilometern der libanesische Kreuzungsbahnhof Rayak im Gebirge erreicht. Hier müssen die Fahrgäste in einen anderen Zug in Richtung Homs umsteigen, das wieder auf syrischem Gebiet liegt.

Sonntag, der 8. November 1942: Der Zug mit den Templern ist um 9.00 Uhr morgens in der Stadt Homs eingetroffen und bleibt den ganzen Tag lang dort stehen. Der englische Regierungsarzt Dr. Thompson kümmert sich um die erkrankten Passagiere. Besonders die Kinder leiden an Magenschmerzen und Durchfall. Soldaten teilen englische Militärverpflegung aus. »Über die Kost kann man nicht klagen«, notiert eine der Templer-Frauen.[143] Erst nach Einbruch der Dunkelheit geht es um 18.00 Uhr weiter in Richtung Aleppo in Nordsyrien.

In Wien werden die letzten Vorbereitungen für die Fahrt getroffen. Zwei Zollbeamte untersuchen am Vormittag zusammen mit zwei Gestapo-Männern das Gepäck. Auf Wunsch Großbritanniens impft ein Polizeiarzt die Reisenden gegen Pocken. Am Nachmittag macht sich die Austausch-Gruppe, bestehend aus einhundertsiebenunddreißig Personen, auf den Weg. Korman: »Wir Kinder bekamen keine direkten Befehle, die gingen nur an die Erwachsenen. Die anderen Kinder hatten ihre Mütter und manchmal auch den Vater dabei. Ich hatte niemanden. Geh' einfach hinter den Erwachsenen her, sagte ich mir.« Es ist inzwischen dunkel geworden. Ein Lastwagen übernimmt den Transport des Gepäcks. Drei Autos bringen die Älteren, die Kränklichen und die Frauen mit Kleinkindern zum Bahnhof. Die anderen laufen den einen Kilometer bis zum Bahnhof. Sie folgen einer langen, breiten Straße, auf der linken Seite liegen die sich verzweigenden Gleise des Wiener Südbahnhofs. Dort wartet schon die deutsche Begleitung: Der Berliner Polizeirat Wilhelm Merkel und Dr. Johann Gottlieb Ivo Theiss vom Auswärtigen Amt tragen beide den Titel Transportführer. Zudem besteigt ein Beamter des SS-Reichssicherheitshauptamts den Zug. Drei Krankenschwestern vom Deutschen Roten Kreuz sind extra aus München angereist und sollen sich um das körperliche Wohl der wertvollen menschlichen Fracht kümmern, zwei Wiener Schutzpolizisten müssen sie bewachen, weisungsgemäß ausgestattet mit Koppel mit Pistole, aber ohne Seitengewehr. Außer diesen Personen gibt es noch die Besatzung der Schlaf- und

Speisewagen, die von der Mitropa gestellt wird und längst an Bord ist. Der Bahnsteig ist für den normalen Publikumsverkehr abgesperrt. Die Austausch-Teilnehmer steigen ein.

Der Schnellzug ist lang, dreizehn Waggons erster und zweiter Klasse, darunter je zwei bordeauxrote Schlaf- und Speisewagen der Mitropa und ein Liegewagen dritter Klasse, stehen am Bahnsteig. Es ist ein seltener Anblick für die Wiener, die an den anderen Bahnsteigen des Bahnhofs auf andere Züge warten und sich wundern. Denn der Speisewagenbetrieb ist seit dem 1. Juni 1942 im ganzen Deutschen Reich eingestellt. Die wenigen noch eingesetzten Schlafwagen dürfen »nur für dringende kriegswichtige Reisen« genutzt werden. Viele Zugverbindungen sind ganz gestrichen – der Krieg geht vor. Überhaupt, so der dringende Appell der Reichsbahn, möge das Publikum doch auf Bahnreisen verzichten. »Die Deutsche Reichsbahn wendet sich an die Öffentlichkeit mit der dringenden Bitte, in der jetzigen Zeit jede überflüssige Reise zu unterlassen. ›Hilft Deine Reise siegen?‹ Diese Frage legt der Frontsoldat jedem Reisenden vor. Und nur wer diese Frage guten Herzens bejahen kann, darf jetzt eine Reise verantworten.«[144] Der Luxuszug, der jetzt zur Abfahrt bereitsteht, ist ein einziges Paradox – er fährt auf höchsten Befehl und bietet Menschen, die fast alles verloren haben und deren Ermordung nur noch eine Frage der Zeit war, neue Hoffnung auf Leben.

Beim Einsteigen entstehen Schwierigkeiten. Die bestellten Gepäckträger sind nicht erschienen. Einige der britischen Frauen haben großes Gepäck dabei, das sich nicht in den Netzen über den Sitzplätzen unterbringen lässt. Es gibt aber keinen Gepäckwagen. Ein Kinderwagen passt nicht durch die Einstiegstür. Es ist kühl in den Waggons, denn die Lokomotive hat nicht genügend Dampf, um die lange Wagenschlange vollständig zu heizen. In vielen der älteren Schnellzugwaggons ist die Beleuchtung defekt. Die Reisenden tasten sich durch die Dunkelheit der Gänge und suchen nach freien Plätzen. Nicht alle finden in den Schlaf- und Liegewagen ein Bett. Doch an Plätzen in den Sitzwagen besteht kein Mangel. Israel

Sumer findet ein leeres Abteil zweiter Klasse und macht es sich bequem. Eine Fahrkarte hat er ebensowenig wie seine Mitreisenden. Sie sind Gäste des Auswärtigen Amts und der Deutschen Reichsbahn.

Um 21.50 Uhr werden krachend die Türen zugeschlagen. Der Aufsichtsbeamte am Bahnsteig pfeift. Weißer Dampf dringt aus dem Schornstein der Lokomotive. Der Zug setzt sich langsam in Bewegung. Eine Stunde später hält er kurz am Bahnhof Wiener Neustadt. Danach geht es auf einer Nebenstrecke über die deutsch-ungarische Grenze in Richtung Sopron, das kurz vor Mitternacht erreicht ist. Hier muss die Lokomotive gewechselt werden, daher wird länger gehalten. Israel Sumer und die meisten anderen Reisenden sind längst eingeschlafen.

Am nächsten Morgen geht im Auswärtigen Amt ein Telegramm ein. Abgesandt wurde es kurz vor der Abfahrt in Wien: »Sonderzug abfährt mit 137 Personen davon 73 Palästinenser und Staatenlose, 64 übrige britische Staatsangehörige, 12 Personen zurückgetreten, 3 Personen von Engländern, eine Person von uns nicht zugelassen, in Wien nicht eingetroffen, außerdem 46 Personen, davon 5 Palästinenser, die auf endgültiger Liste standen. Brief folgt. Theiss.«[145]

Montag, der 9. November 1942: Der Zug mit den Templern ist morgens um 4.00 Uhr in Aleppo eingetroffen. Dort steigt die Gruppe in einen türkischen Schnellzug um. Die begleitenden englischen Soldaten sind dabei nicht eben freundlich: »Treibt sie wie die Rinder«, hätten die Militärs gerufen, als sie die Frauen zum Umsteigen aufforderten, erinnert sich eine der Deutschen.[146] Um 8.00 Uhr morgens verlässt der neue, viel komfortablere Zug die Stadt in nördlicher Richtung. Am Abend erreichen die blauen Wagen des Toros-Express – benannt nach dem türkischen Taurus-Gebirge – endlich die syrisch-türkische Grenzstation Meidan-Ekbes. Hier endet das Einflussgebiet der Alliierten. Die englischen Soldaten und Dr. Thompson mit seiner Tochter steigen aus. »Deutsche Gruppe überquert türkisch-syrische Grenze um 16.30 Uhr«, meldet die palästinensische Mandatsregierung nach London.[147] Um 18.45 Uhr kommt der Zug in der türkischen Grenzstation Islahiye an. Die Templer werden von drei deutschen Diplomaten empfangen. Sie telegraphieren der Botschaft in Ankara, dass tatsächlich alle erwarteten dreihunderteins deutschen Passagiere aus Palästina an Bord sind. Damit ist für die deutsche Seite endgültig geklärt, dass sie auch ihren Zug in die Türkei einfahren lassen. Die deutschen Templer fahren indessen weiter auf den Gleisen der Bagdad-Bahn in Richtung Westen. Die Diplomaten von der deutschen Botschaft in Ankara verteilen Pullover und Strümpfe für die Kinder. »Die Heimat heißt Euch herzlich willkommen«, steht auf jedem der Päckchen.[148] Die Templer-Frauen sind über diesen Empfang gerührt.

Als Israel Sumer an diesem Morgen aufwacht, rollt der Zug mit den jüdischen und britischen Reisenden durch die flache ungarische Puszta. Morgens um halb neun erreicht er die Stadt Pécs im Süden des Landes. Anschließend geht es über die Grenze in das mit Deutschland verbündete Kroatien und schließlich in das deutsch besetzte Serbien. Israel Sumer betritt einen der roten Mitropa-Speisewagen, geht über den Teppichboden zu einem der Tische und erhält dort ein kostenloses Frühstück, serviert auf feinem weißen Porzellan von einem Zugkellner in blütenweißer Weste. Das Tafelbesteck ist versilbert. Er sieht sich um. Kann es wirklich sein, dass er, der zwei Wochen zuvor noch an der Werkbank der Radomer Waffenfabrik saß, auf dem Weg nach Palästina ist? Kann es sein, dass er jetzt auf einer ledernen Sitzbank an einem gedeckten Tisch sitzt, sein Frühstück genießt und dabei beobachtet, wie die Landschaft am Fenster vorbeizieht? Es kann. Hinterher trifft sich Israel Sumer mit seinen Freunden David, Israel und Joschua, den Jungen, die mit ihm schon in Wien durch die Stadt gestreift waren.

Zum Mittagessen gibt es Eintopf. Die Kellner des Speisewagens servieren später Kaffee, Kuchen und Bier, als gäbe es keine Versorgungsengpässe und keinen Krieg. Nur ein wenig kühl ist es in den

Waggons. Nach Einbruch der Dunkelheit erreicht der Schnellzug Belgrad, die Hauptstadt Serbiens und Sitz der deutschen Militärregierung. An beiden Seiten der Wagen stellen sich Wehrmachtsoldaten auf, einer neben dem anderen. Sie sollen den Zug vor Angriffen der Partisanen schützen. Auch an allen anderen serbischen Bahnhöfen wird er streng bewacht. Die Reisenden fahren jetzt auf der Strecke des nicht mehr verkehrenden Orient-Express.

Es ist eine seltsame Gesellschaft, die sich da auf dem Weg nach Palästina befindet. Viele der Juden kommen aus Polen und den Niederlanden, manche aus Frankreich oder Deutschland, einige aus Belgien. Einige sprechen nur Jiddisch und etwas Deutsch, andere Französisch und Englisch. Die polnischen Juden haben die Ghetto-Räumungen und die Massenmorde überlebt. Viele sind von den Ereignissen traumatisiert. Die deutschen Juden waren in Judenhäusern konzentriert, wo viele Familien auf engstem Raum zusammenleben mussten. Einige wenige waren in Lagern eingesperrt. Sie wurden ebenso wie ihre französischen, holländischen und belgischen Glaubensgenossen zur Zwangsarbeit verpflichtet. Alle litten sie unter Mangelernährung, denn frische Lebensmittel wie Obst gab es für ihre mit einem großen »J« abgestempelten Lebensmittelkarten nicht. Und alle haben sie nahe und nächste Angehörige verloren, die in die Deportationszüge in den Osten steigen mussten, oder sie haben gar selbst wie Israel Sumer gesehen, wie man die Menschen auf der Straße erschoss. Jetzt sitzen sie alle – unvorstellbar – in einem Luxuszug.

Die meisten der nichtjüdischen Passagiere saßen jahrelang in dem Zivilinterniertenlager für Frauen auf Schloss Liebenau gefangen. Die Deutschen nutzen das Lager, um dort mögliche Austausch-Kandidatinnen zu sammeln; im September 1942 sind dort 307 britische und 59 US-amerikanische Staatsbürgerinnen und ihre Kinder interniert. Im Gegensatz zu ihren jüdischen Mitreisenden lebten sie dort in geradezu traumhaften Verhältnissen. Natürlich waren die Frauen Gefangene. Doch sie bekamen regelmäßig Besuch vom Internationalen Roten Kreuz, das sich für die menschliche Behandlung der Internierten einsetzte. Der Empfang und das Absenden von Briefen waren erlaubt. Zwar gab es für die Insassen kaum Privatsphäre – sie nächtigten zum Teil in einem großen Saal mit achtzig Betten. Aber es existierten Waschmöglichkeiten, wenn auch wegen Kohlemangels nur alle vierzehn Tage ein heißes Bad gestattet war. In einem als geheim klassifizierten britischen Bericht heißt es außerdem: »Das Essen ist weiterhin sehr gut und alle Internierten sind recht zufrieden damit. [...] Die Gesundheitsstandards sind in diesem Lager sehr gut. [...] Der Zustand der Kleidung kann nicht als zu schlecht betrachtet werden. [...] Die Internierten haben alle Möglichkeiten für Sport und Spiel drinnen wie draußen. Derzeit sind Volleyball und Tischtennis die beliebtesten Erholungsarten. [...] Die vielen Gärten standen voller Blumen, die dem Ort eine hübsche Atmosphäre verliehen.«[149]

Dienstag, der 10. November 1942: Der Express mit den Templern erreicht nachts um ein Uhr die türkische Großstadt Adana. Dort werden sie vom deutschen Generalkonsul und seiner Gattin begrüßt. Danach geht es durch das Taurus-Gebirge. Der Zug wird langsamer. Am Morgen blättern die Frauen in den deutschen Zeitungen, die ihnen einer der Botschaftsangehörigen mitgebracht hat. Es gibt ein Frühstück im Speisewagen.

Der Schnellzug aus Wien verlässt mitten in der Nacht Serbien und trifft auf bulgarischem Boden ein. Die mitreisenden Schutzpolizisten dürfen nun nicht mehr in Uniform auftreten und ziehen ihre Zivilkleidung an. Morgens gegen halb elf erreicht der Express die Hauptstadt Sofia. Hier besteht wieder einmal fast eine ganze Stunde Aufenthalt. Israel Sumer nimmt wie die anderen Reisenden zum zweiten Mal ein Frühstück im roten Speisewagen ein. »Das Essen im Zug war sehr gut«, erinnert er sich. Keiner kümmert sich um den alleinreisenden Jungen. Korman: »Ich kann mich an keinen Erwachsenen erinnern, der sich auch nur eine Minute mit mir unterhalten hat. Jeder war mit sich selbst beschäftigt.« Fast alle sind in Hochstimmung – schon am nächsten Tag sollen sie Istanbul erreichen und endlich frei sein. Die bevorstehende Befreiung ist das große Thema aller Gespräche. Endlich fort von den verhassten Deutschen. Viele haben Palästina noch nie gesehen, aber das ist jetzt unwichtig.

Die zweifellos Prominenteste unter den Mitreisenden heißt Mary Booth. Selbst die Londoner Tageszeitung *Times* und das amerikanische *Time Magazine* haben schon über ihr Schicksal in deutscher Haft geschrieben.[150] Die siebenundfünfzigjährige Britin ist erst in letzter Minute zu den Auszutauschenden gestoßen. Sie nimmt einen der Plätze ein, die für jene polnischen Juden bestimmt waren, die niemals in Wien ankamen. Mary Booth ist eine Enkelin des Gründers der Heilsarmee William Booth und war zuletzt im Rang eines Colonels Leiterin dieser Hilfsorganisation für die Armen und Schwachen in Belgien. Nach dem Einmarsch der Wehrmacht in Belgien 1940 wurde sie von den Deutschen inhaftiert, und weil die gläubige Frau kurz vor der Haft ganz bestimmte Psalmen in ihrer Bibel unterstrichen hatte, verdächtigte man sie, dort geheime Nachrichten verborgen zu haben. Die Gestapo beschuldigte sie der Spionage und verhörte sie stundenlang. Der Vorwurf wurde dann aber fallengelassen, und nach einer Odyssee durch verschiedene Lager kam die strenge, auch in der Haft stets korrekt in Heilsarmee-Uniform gekleidete Frau Booth zusammen mit ihrer Sekretärin Eva Smith nach Liebenau. Jetzt sind beide unterwegs ins Heilige Land.[151]

Leib Zelig Hendel musste am längsten von allen auf die Reise in die Freiheit warten. Der mit siebenundsechzig Jahren zugleich älteste jüdische Teilnehmer des Austauschs sollte eigentlich schon ein Jahr vorher nach Palästina ausreisen. Doch statt nach Tel Aviv kam der in Polen geborene Hendel im Dezember 1941 ins Wiener Polizeigefängnis. Uniformierte hatten ihn versehentlich auf dem Bahnhof festgenommen. Ein Schreiben, das er bei sich trug und das ihn als Teilnehmer des damaligen Austauschtransports auswies, wurde von einem Wärter erst zur Kenntnis genommen, als der Zug schon abgefahren war. Der Wärter bekam einen scharfen Verweis, und Hendel musste weitere elf Monate in dem abgelegenen Kriegsgefangenenlager Tost in Oberschlesien unter tausendzweihundert Mithäftlingen verbringen, bevor er nun endlich reisen darf. Hendel ist orthodoxer Jude, er trägt einen Bart und den traditionellen Kaftan.[152]

Auch Eva Okmiansky sollte ursprünglich mit dem ersten Austausch nach Palästina reisen. Doch die Briten verweigerten ihrem Sohn Michael aus erster Ehe die Einreise, weil er als Deutscher galt. Da wollte auch die einunddreißigjährige Magdeburgerin nicht mehr fahren. Jetzt endlich hat die Regierung in Jerusalem dank des Drucks der Juden in Palästina Gnade walten lassen: Der Siebenjährige ist mit der überglücklichen Mutter an Bord des Austausch-Zuges und auf dem Weg zu ihrem Mann in Palästina.

Voller Freude ist auch Salomon Landau, der einzige tschechische Jude an Bord des Zuges. Der neununddreißigjährige Goldarbeiter kommt aus dem Kriegsgefangenenlager Kreuzburg in Oberschlesien und wurde dem Austausch auf besonderen Wunsch Großbritanniens angeschlossen – den Grund dafür kennen wir nicht. Doch Salomon Landau musste seine gleichaltrige Ehefrau Elisabeth in der Tschechoslowakei zurücklassen. Erst im Wiener Obdachlosenheim erfuhr er, dass sie in den nächsten Monaten nachgetauscht werden kann. Die Deutschen erlaubten Elisabeth Landau sogar, ein Telegramm an ihren Mann in Wien zu senden. Sie schreibt: »Salo Liebster Erhalte Ausweise Naechste Woche Wartest Du Erbitte Antwort = Elli.«[153] Warten konnte Salomon Landau zwar nicht, doch er reist mit der Hoffnung nach Palästina, dort bald seine Frau wiedersehen zu können.

Mindla Rosental kam erst dank der Bemühungen von Amerikanern und der Jewish Agency in Jerusalem in den Austausch. Großbritannien wollte die dreiundzwanzigjährige Frau ursprünglich nicht als Palästinenserin anerkennen. Die Bürokraten hatten festgestellt, dass ihr Mann Menachem diese Staatsangehörigkeit zwar besitzt, der Name der Ehefrau aber nicht wie üblich in seinem Pass eingetragen ist. Die USA wiesen das britische Foreign Office schon

1941 darauf hin, dass Mindla Rosental noch im Oktober 1939 aus Warschau nach Berlin gekommen war und dort zunächst in einem Polizeigefängnis inhaftiert wurde. Man habe die mittellose Frau während der Haft mit zehn Reichsmark im Monat und nach ihrer Freilassung mit hundertfünfzig Reichsmark unterstützt. Die Deutschen würden sie als Palästinenserin behandeln, ihr Mann sei in einem Gefangenenlager inhaftiert und könne sie nicht unterstützen. Die Jewish Agency setzte Mindla Rosental auf eine Liste von in Deutschland festgesetzten palästinensischen Juden. Erst jetzt akzeptierten die britischen Behörden Frau Rosental für den Austausch.[154]

Anna Best, Florence Mackenzie und Doria Sharp sind alle drei Mitglieder der christlichen Heilsarmee und in der Kinderbetreuung engagiert. Im November 1940 waren sie mit der neuseeländischen »Port Wellington« von Südafrika nach Australien unterwegs, als ihr Dampfer auf hoher See von dem deutschen Hilfskreuzer »Pinguin« torpediert wurde und sank. Die Schiffbrüchigen wurden zwar von der deutschen Marine gerettet, kamen aber nach ihrer Ankunft in Europa ins deutsche Lager Liebenau.[155]

Im Austauschzug befindet sich auch Jankiel Rozental: Doch anders als die übrigen Reisenden kann er sich nicht darüber freuen, dass er den Nazis entronnen ist. Rozental lebte in den dreißiger Jahren mit seiner Frau, dem Sohn und der Tochter in der Hafenstadt Haifa in Erez Israel. 1939 starb die Ehefrau. Der Witwer reiste kurz danach mit den Kindern in seine frühere Heimat ins polnische Piotrkow. Dort ging er eine neue Beziehung ein und heiratete 1940, als die Deutschen die Stadt schon besetzt hatten. Er versuchte alles, um das Land mit seiner Familie verlassen zu können, doch es gelang Rozental nicht. Er musste schwere Zwangsarbeit leisten. Erst mit dem Austausch schien die Rettung für sie alle nahe. Doch nur vier Tage vor der Abreise nach Wien kamen die Nazis und verschleppten eine große Menschenmenge aus dem jüdischen Ghetto in wartende Güterzüge. Unter diesen Deportierten waren auch seine fünfunddreißigjährige Ehefrau Ita und die

Kinder Josef (zehn) und Chawa (sieben). Nur er selbst durfte als Zwangsarbeiter bleiben. Die Deutschen sagten ihm, er solle seine Familie vergessen, denn er würde sie niemals wiedersehen. Jetzt sitzt der sechsunddreißigjährige Jankiel Rozental ganz alleine im Schnellzug nach Istanbul.[156]

Am Abend des 10. November erreicht der Express nach einer Strecke von über tausend Kilometern die bulgarische Grenzstation Svilengrad. Die Reise wird kurz unterbrochen, dann geht es weiter nach Kapikule in der Türkei. Damit haben die Austauschteilnehmer endlich die Grenze des deutschen Machtbereichs überschritten und befinden sich auf neutralem Boden – noch nicht ganz in Freiheit, aber doch in relativer Sicherheit. Bis nach Istanbul sind es jetzt nur noch gut dreihundert Kilometer. Türkische Polizeibeamte besteigen den Schnellzug. Für die Reisenden beginnt schon die dritte Nacht an Bord. Israel Sumer zieht sich wieder einmal auf seinen Sitz zweiter Klasse zurück.

Der Toros-Express mit den Templer-Frauen hat inzwischen die anatolische Hochebene erklommen und kann seine Fahrt endlich wieder beschleunigen. Istanbul rückt näher.

Mittwoch, der 11. November 1942: Israel Sumer sitzt wieder beim Frühstück im Speisewagen. Der Zug bleibt schon morgens um neun Uhr auf einem Istanbuler Vorortbahnhof stehen. Dort, so die Vereinbarung mit der britischen Seite, soll er zunächst warten, bis die deutschen Templer in Istanbul eingetroffen sind. Polizeirat Wilhelm Merkel und Dr. Theiss vom Auswärtigen Amt machen sich mit einem Taxi auf den Weg in die Stadt, um dort die Deutschen zu empfangen. Die anderen warten. Dreiundachtzig Erwachsenen und Jugendlichen an Bord wird ein letztes Mal das Mittagessen in den beiden Speisewagen serviert. Erst nachmittags um kurz vor vier Uhr geht es weiter. Um 16.32 Uhr, bei Einbruch der Dunkelheit, fährt der Zug in den Bahnhof Istanbul-Sirkeci nahe des Sultanspalastes ein, ehemals Endstation des Orient-Express und Gleisende. Dahinter glänzt der Bosporus, die Meerenge zwischen Europa und Asien, im Schein von vielen tausend Lichtern. Ian Korman sagt: »Alles war hell erleuchtet. Ganz Europa war wegen der Bombenangriffe dunkel gewesen. Aber Istanbul – glänzende Lichter überall!«

Etwa zur gleichen Zeit hat der Toros-Express den Bahnhof Haydarpascha auf der asiatischen Seite der Stadt erreicht. Die deutschen Frauen und Kinder steigen aus.

Von dem Austausch selbst bekommen Israel Sumer und die anderen Reisenden überhaupt nichts mit: »Ich sah keine Soldaten. Aber wahrscheinlich waren da überall türkische, deutsche und englische Geheimagenten.« Die beiden deutschen Polizisten bleiben im Zug und warten auf die Ankunft der deutschen Templer aus Palästina. Während des außergewöhnlichen Ereignisses gehen die Mitarbeiter der Mitropa ihren vergleichsweise banalen Tätigkeiten nach: Sie bunkern frischen Proviant für die Rückfahrt, darunter fünfundzwanzig Büchsen Erdbeermarmelade und acht Flaschen Cognac. Den Templer-Frauen soll es an nichts fehlen. Der Chef der Speisewagen macht derweil routiniert seine Abrechnung. 247 Frühstücksportionen à eine Reichsmark, 256-mal Mittagessen zu 1,80 und 179 Abendmahlzeiten zum Preis von 1,80 plus zehn Prozent Bedienungszuschlag summieren sich zusammen mit Bier, Kaffee und weiteren Positionen auf genau 1339,97 Reichsmark, die dem Auswärtigen Amt in Rechnung gestellt werden.[157]

Im Bahnhof Sirkeci warten Beamte vom deutschen Konsulat, türkische Polizisten, Mitarbeiter des britischen Konsuls sowie Vertraute von Chaim Barlas' Istanbuler Büro der Jewish Agency. Barlas selbst befindet sich gerade in Palästina. Die Agency hat bei der türkischen Regierung Transitvisa für die jüdischen Austauschteilnehmer besorgt. Israel Sumer und die hundertsechsunddreißig anderen Reisenden werden die wenigen hundert Meter zur Anlegestelle der Dampffähren in Eminönü dicht bei der Galata-Brücke geführt. Ian Korman: »Wir wurden auf eine Fähre gebracht und überquerten den Bosporus. Auf der Fähre hörte ich Leute Französisch sprechen. Wir hatten ja auch französische Juden unter uns. Sie lasen eine französischsprachige Zeitung, die sie in Istanbul gekauft haben mussten. Und plötzlich brach großer Jubel aus! Die Menschen begannen vor Freude auf dem Boot auf und ab zu springen.« Israel Sumer hüpft mit, auch wenn er nicht ganz verstanden hat, wodurch die große Freude ausgelöst worden ist. Tatsächlich berichtet die Zeitung vom soeben errungenen Sieg der Alliierten in der Schlacht von El Alamein. Dort haben die Truppen unter Leitung des britischen Feldmarschalls Bernard Montgomery das bisher so erfolgreiche Afrika-Korps von Erwin Rommel angegriffen. Die Deutschen werden geschlagen und zum Rückzug aus Ägypten gezwungen. Zudem berichtet die Zeitung, dass amerikanische und britische Armeeeinheiten am 7. November in Marokko und Algerien gelandet sind. Die deutschen Truppen in Nordafrika sitzen in der Falle. Damit ist die Gefahr eines Einmarschs der Nazis in Palästina gebannt. Die Austausch-Juden auf ihrem Weg über den Bosporus können sich jetzt endgültig sicher sein, in die Freiheit zu kommen.

Während sich die Fähre voller jubelnder Menschen über den nächtlichen Bosporus auf die asiatische Seite Istanbuls zubewegt, ist ein anderes Schiff mit den deutschen Templern in der Gegenrichtung unterwegs. Die Frauen und Kinder bekommen von Mitarbeitern des deutschen Konsulats einen Imbiss gereicht. An Bord sind auch der Polizeirat Wilhelm Merkel und Dr. Johann Gottlieb Ivo Theiss, der in einem schriftlichen Protokoll die Übergabe bestätigt. Ähnliches geschieht zur gleichen Zeit an Bord der anderen Fähre. Die Angehörigen der beiden Austausch-Gruppen begegnen sich nicht. In der Tat wissen die Juden nach wie vor nichts von einem Austausch und glauben, sie seien aufgrund der Hilfe ihrer Verwandten auf dem Weg nach Palästina.

Am Abend des 11. November 1942 ist der Austausch erfolgreich vollzogen. Die palästinensischen Juden und die britischen Staatsbürger gehen an der Mole von Haydarpascha an Land. Von dort sind es nur ein paar Schritte über die breite Eingangstreppe in das orientalisch anmutende Prachtgebäude des Bahnhofs. Die deutschen Templer erreichen Eminönü auf der europäischen Seite Istanbuls und besteigen im Bahnhof Sirkeci den Zug nach Deutschland, der nur wenige Stunden zuvor die Juden und Engländer nach Istanbul gebracht hat. Vierzehn in Istanbul lebende Deutsche schließen sich dem Transport an.

Eine der Radomer Jüdinnen treibt unterwegs eine Postkarte auf. Sie schreibt an Freunde und Verwandte im Ghetto, dass sie und die anderen auf dem Weg nach Erez Israel die Türkei erreicht haben und alles in Ordnung sei. Es gelingt ihr, die Karte zu frankieren und abzusenden. Tatsächlich kommt diese Postkarte aus Istanbul nach einigen Wochen in Radom an. Die zurückgebliebenen Juden erfahren so, dass die Palästina-Aktion keine Falle der Nazis war.[158]

Israel Sumer wird mit den anderen Austausch-Teilnehmern durch das Bahnhofsgebäude von Haydarpascha geführt. Sie besteigen die blauen Waggons des Toros-Express. Ein Helfer von Chaim Barlas muss inzwischen die Liste der Reisenden gesehen und begutachtet haben. Er findet dort auch die Namen von Israel Sumer und seiner Mutter Hannah. Doch ihr Name ist durchgestrichen. Hannah Korman sitzt nicht im Zug. Der Mitarbeiter der Jewish Agency weiß nicht, warum. Der alleinreisende Israel Sumer ist in den Papieren der Briten nicht vorgesehen. Könnte er am Ende von den Engländern zurückgewiesen werden? Die Jewish Agency will offenbar kein Risiko eingehen. Ian Korman erinnert sich: »Wir stiegen in den Zug, und jeder begann sich einzurichten. Da kamen auf einmal junge Männer. Es waren Juden aus Palästina. Sie flüsterten miteinander. Und dann nahmen sie mich mit und brachten mich am vorderen Ende des Zuges hinaus.« Unterdessen gehen britische Konsulatsangehörige durch den wartenden Zug und überprüfen beim Schein der Innenbeleuchtung die Passagiere und ihre Papiere anhand ihrer Listen. Erst nach dieser Kontrolle bringen die Männer aus Palästina den Jungen am anderen Ende des

Zugs wieder in einen der Waggons. Die Gefahr ist vorüber. Doch wie werden die Vertreter der palästinensischen Mandatsregierung in Jerusalem reagieren, wenn dort ein Junge aussteigt, der von ihnen gar nicht endgültig registriert worden ist?

Noch in der Nacht gehen die ersten Telegramme von Deutschen, Briten und der Jewish Agency über den erfolgreichen Austausch ab. »Dreihundertein Palästina-Heimkehrer verließen Istanbul wohlbehalten dreiundzwanzig Uhr«, meldet ein deutscher Konsulatsmitarbeiter um 0.15 Uhr des Folgetages an das Auswärtige Amt.[159] »Neun palästinensische Männer, vierundzwanzig Kinder, sechsunddreißig Frauen sind heute weitergefahren«, so lautet der Text an die Zentrale der Jewish Agency in Jerusalem von einem Mitarbeiter Chaim Barlas'.[160]

Donnerstag, der 12. November 1942: Lange nach Mitternacht hat der Toros-Express mit seinen elf Wagen den Istanbuler Bahnhof Haydarpascha in östlicher Richtung verlassen. Korman erinnert sich an die Fahrt: »Ich bekam wieder kein Bett, sondern musste auf einem Sitz übernachten. Das war nicht so schlecht, denn wir fuhren erster Klasse. Die Sitze waren sehr gut gepolstert.« Israel Sumer schläft ein. Am Morgen durchfährt der Zug ein tief eingeschnittenes und enges Tal. Immer wieder geht es durch dunkle Tunnel und über große Brücken und Viadukte. Die Eisenbahnstrecke ist 1890 von der deutschen Firma Philipp Holzmann gebaut worden, und so ist es nicht verwunderlich, dass die Unterwegsbahnhöfe, die der Zug mit unverminderter Geschwindigkeit durchfährt, nach deutschem Muster errichtet worden sind und auch so aussehen. Auch die Dampflokomotive des Toros-Express kommt aus Deutschland – ein Zeichen der langjährigen Freundschaft zwischen dem Deutschen Reich und der Türkei.

Israel Sumer wandert durch die engen Gänge der Waggons zum Speisewagen. Hier erlebt er wie die anderen Reisenden auch einen Kulturschock, denn anders als in dem deutschen Austauschzug wird keineswegs Eintopf serviert: »Für uns war das Essen furchtbar. Die Kellner brachten uns Oliven. So etwas hatte ich noch nie im Leben gesehen. Dann gab es Lammzunge – das war schockierend. Aber ich bin sicher, dass ich am Ende doch alles aufgegessen habe.« Gegen Nachmittag hat der Zug die über achthundert Meter hohe Ebene erklommen und erreicht Eskişehir, einen wichtigen Kreuzungsbahnhof, wo die Linie nach Ankara abzweigt. Doch der Toros-Express nimmt den Weg der Bagdad-Bahn in Richtung Konya. Die Landschaft wird öde. Kaum ein Baum wächst in der graubraunen Steppe des anatolischen Hochlands. Korman erinnert sich: »Mir war niemals langweilig. Es war meine erste große Reise. Es gab Essen, der Zug war komfortabel, und die Menschen behandelten mich freundlich. Es ging nach Palästina, und dort würde ich meine Brüder wiedersehen.«

Die Templer-Frauen und ihre Kinder sind derweil unterwegs in Richtung Deutschland. Viele sind verärgert, weil sie sich auf einen Aufenthalt in Istanbul gefreut und deshalb schon in Palästina größere Mengen Bargeld in türkische Pfund zum Einkaufen eingewechselt haben. Doch sie haben von der Stadt am Bosporus kaum mehr als ein paar Lichter gesehen. Ab Sofia kümmert sich die NS-Volkswohlfahrt um das Gepäck und die Betreuung der »Heimkehrer«. An den Zwischenstationen werden zahlreiche »Liebesgaben« wie Bonbons, Kuchen und Zigaretten durch die Fenster gereicht.

Freitag, der 13. November 1942: In der Londoner *Times* erscheint der erste Artikel über den Austausch. Darin wird fälschlicherweise behauptet, dass »192 britische Internierte, von denen 170 in Palästina leben, gestern aus Deutschland ankamen und gegen etwa 270 deutsche Internierte aus dem Nahen Osten ausgetauscht wurden«.[161] Auch die britische Nachrichtenagentur Reuters berichtet von 192 britischen und palästinensischen Staatsangehörigen. Die Jerusalemer Tageszeitung *Palestine Post* druckt diese Meldung nach. Bei der Jewish Agency und den vielen Verwandten in Erez Israel, die auf eine Rückkehr ihrer Ehefrauen, Mütter und Kinder hoffen, entsteht so der falsche Eindruck, dass tatsächlich fast 200 Juden gerettet werden konnten.

Der Toros-Express hat inzwischen Konya passiert und befindet sich auf dem Weg durch das zerklüftete Taurus-Gebirge. Draußen wird es empfindlich kalt. Israel Sumer Korman beobachtet beim Blick aus dem Fenster Geländeübungen türkischer Soldaten, sieht, wie einige von ihnen von ihren Offizieren verprügelt werden. Im Zug befinden sich türkische Polizisten zur Bewachung der Reisenden. Ian Korman: »Die ganze Zeit fragten sie nach ›Bakschisch, Bakschisch‹. Ich besaß aber doch kaum Geld. Deshalb ließ ich mir erklären, was ›Ich habe kein Geld‹ auf Türkisch heißt, und antwortete dann immer mit ›Yok para‹. Da ließen sie mich in Ruhe.«

Der deutsche Schnellzug mit den Templern an Bord nähert sich dem Reich. Im Lauf des Tages durchquert er das besetzte Serbien, Kroatien und erreicht am frühen Abend Ungarn.

Samstag der 14. November 1942: Um 8.36 Uhr morgens kommt der deutsche Zug im festlich geschmückten Wiener Ostbahnhof mit genau sechs Minuten Verspätung an. Dort warten schon viele Verwandte der Templer-Frauen, die extra aus Württemberg angereist sind. Die Zeitung *Wiener Mittag*, wie alle Blätter unter Zensur der Nazis stehend, berichtet am gleichen Tag: »Ein Musikzug des Reichsarbeitsdienstes spielte die Lieder der Nation, und aus allen Fenstern der Waggons grüßten die zum Deutschen Gruß erhobenen Hände. Es war kaum einer unter den Ankommenden, dessen Augen nicht feucht wurden. […] Nach dem Einlaufen des Zuges gab es freudige und rührende Wiedersehensszenen. […] Die Heimkehrer wurden sofort in großen Autobussen zum Rathaus gebracht, wo sie vor allem ein warmes Frühstück erhielten. […] Stellvertretender Gauleiter Scharizer hielt dann an die Auslandsdeutschen eine herzliche Ansprache und begrüßte sie im Namen des Reichsleiters Baldur von Schirach. Die Auslandsdeutschen werden nach dem Empfang durch die Betreuungsorganisation in ihre Hotels eingewiesen und in jeder Beziehung unterstützt.«[162]

Ihren von den Nazis auserkorenen neuen Wohnort auf der ukrainischen Krim werden die Templer niemals erreichen. Nach drei Tagen verlassen sie Wien und kommen größtenteils bei Verwandten in Württemberg unter. Einige geraten auf der Fahrt in einen Luftangriff auf Stuttgart. Die Krim wird im Mai 1944 von sowjetischen Truppen befreit.

Mitten in der Nacht um 1.30 Uhr macht der Zug mit den jüdischen und britischen Menschen für eine halbe Stunde in Adana halt. Danach muss der Toros-Express die Steigungen durch das dichtbewaldete Amanus-Gebirge bewältigen. Am selben Morgen um 10.50 Uhr überquert der Zug die türkisch-syrische Grenze. An der syrischen Grenzstation Meidan-Ekbes warten neben englischen Soldaten der Regierungsarzt Dr. Thompson und seine Tochter ungeduldig auf dessen Ankunft. Man hatte ihm erlaubt, seine Tochter zur Betreuung der Templer-Frauen auf der Hinfahrt mitzunehmen. Seit fünf Tagen langweilt er sich nun schon in dem syrischen Nest. Endlich trifft der Zug aus Istanbul ein – an Bord sind seine fünfundvierzigjährige Frau Majorie und die sechzehnjährige Tochter Audrey, ausgetauscht gegen Deutsche wie die anderen Reisenden! Nach Jahren der Ungewissheit und Angst sieht Thompson endlich seine Liebsten wieder. Sie waren von den Deutschen gefangen genommen worden, nachdem ihr englisches Schiff torpediert worden war, und kamen in Liebenau in Haft. Großbritannien hatte sich besonders dafür eingesetzt, dass Mutter und Tochter mit dem Austausch freikommen. Dr. Thompson, der wiederum für die ärztliche Betreuung der Ausgetauschten verantwortlich ist, besteigt mit Frau und Kindern und dem britischen Begleitkommando den Zug. Es geht weiter nach Süden. Das nächste Ziel ist der 1905 eröffnete Bagdad-Bahnhof von Aleppo. Wie die deutschen Templer müssen hier, nur in umgekehrter Reihenfolge, die palästinensischen Juden und britischen Staatsbürger den luxuriösen türkischen

Zug verlassen und in einen spartanisch eingerichteten syrischen Personenzug umsteigen. Korman: »Am Bahnhof von Aleppo standen britische Soldaten, um uns zu begrüßen. Sie hatten einen großen Tank ähnlich einem Benzintank. Daraus reichten sie uns Tee mit Milch. Ich weiß das noch, weil es so etwas in Polen nicht gab. Nur wenn ich krank war, bekam ich Tee mit Milch. Wir stiegen um. Die neuen Waggons hatten keine Abteile, und Türen gab es nur am jeweiligen Ende. Man konnte auch nicht von einem Wagen zum nächsten gehen, sondern musste auf Stufen außerhalb treten und sich zum anderen Waggon hangeln.« Israel Sumer lernt auf der langen Reise einen weiteren Jungen kennen, mit dem er sich anfreundet. Ahron Rosenfeld ist ein Jahr älter als er und kommt aus Lodz. Wie Israel Sumer reist er allein, anders als er allerdings mit dem Segen der britisch-palästinensischen Behörden. Seine Eltern und seine zwei Schwestern erhielten trotz ihrer Bitten keine Erlaubnis zur Fahrt. Korman: »Ahron sprach Englisch und Jiddisch. Wir verstanden uns sofort sehr gut.«

Sonntag, der 15. November 1942: Die Reise führt über Homs in den Libanon, vorbei an der Stadt Baalbek mit ihren berühmten römischen Ruinen. Ian Korman kann sich nicht daran erinnern, ob er die gewaltigen Säulen des Jupiter-Tempels gesehen hat: »Im Zug war es interessant, denn wir fuhren jetzt nicht mehr mit einem Sonderzug. Vor und hinter uns fuhren Araber, wenn auch nicht in unserem Wagen. Der Zug fuhr mit vielleicht fünf Kilometern in der Stunde einen Berg hinauf. Die Araber stiegen zwischenzeitlich aus, tranken etwas, machten Toilette, beteten und stiegen wieder ein. Es ging nur sehr langsam voran.« Über Rayak und Damaskus erreichen sie die Gleise der Hedschas-Bahn. Sie fahren jetzt wieder in einem Sonderzug. »Ahron und ich saßen zusammen mit einem Mädchen aus Australien in dem Waggon. Die Australierin unterhielt sich sehr freundlich mit uns und einem der britischen Polizisten, die uns begleiteten. Aber plötzlich schrie sie diesen Engländer an und war sehr aufgebracht. Ich verstand nichts, denn ich sprach ja kein Englisch. Der Polizist verschwand. Ahron erklärte mir, was passiert war. Der Engländer habe die junge Frau gefragt, ob ich auch so ein dreckiger Jude sei. Deswegen hatte sie sich so aufgeregt. Er war ein Antisemit, und sie war ausgesprochen nett. Dieser Vorfall hat mit dazu geführt, dass ich Australien liebe.« Die Australierin heißt Marita Melde und ist zwanzig Jahre alt. Zusammen mit ihrer Mutter hatte sie in Berlin festgesessen und ist nun auf der Heimreise nach Melbourne.

Im syrischen Deraa wechselt der Zug am Abend auf die Stichbahn nach Haifa. Nun steigen auch jüdische Polizisten aus Palästina in die Waggons.

In der Jerusalemer Zentrale der Jewish Agency ist endlich das Telegramm aus Istanbul eingetroffen. Die Enttäuschung ist riesengroß. Man hatte gehofft, durch den Austausch etwa zweihundert Juden vor den Nazis retten zu können, und nun sind es offenbar nur neunundsechzig. Aber noch kennt die Vertretung der Juden in Palästina keine Einzelheiten. Ihre Mitarbeiter warten gespannt auf die Ankunft des Zuges.

Montag, der 16. November 1942: In der Nacht hat der Austauschzug die syrisch-palästinensische Grenze überquert. Langsam bewegt sich die Wagenreihe durch die vielen Kurven der Trasse im tief eingeschnittenen Yarmuk-Tal hinunter zum See Genezareth. Die Waggons holpern und quietschen. Kühle Nachtluft zieht zu den Reisenden hinein, denn bei vielen Fenstern der heruntergekommenen Waggons fehlen die Scheiben. Der Zug rumpelt bei aufgehender Sonne durch die Stationen Shatta, Tel Yosef und Ein Harod. Um neun Uhr morgens ist die Station Affula erreicht. Hier endet die Reise vorläufig. Die einhundertsiebenunddreißig Menschen, die vor zehn Tagen in Wien abgefahren sind, steigen müde und erschöpft aus den Waggons. Anders als bei der Ankunft der Templer in Wien spielt keine Musikkapelle auf. Die Station ist auch nicht geschmückt, stattdessen ist der Bahnsteig von Affula von einem Cordon britischer Polizei abgesperrt. Juden aus den umliegenden Siedlungen, die die Neuankömmlinge begrüßen wollen, werden auf Distanz gehalten. Gespräche mit den Reisenden werden von den Beamten unterbunden. Auch die anwesenden Journalisten haben keine Chance, eine Frage zu stellen. Neben anderen Offiziellen ist Lady MacMichael, die Frau des Jerusalemer Hochkommissars, angereist. Chaim Barlas, Chef des Istanbuler Büros der Jewish Agency und gerade auf Besuch in der Heimat, befindet sich ebenfalls in Affula, um zu erfahren, was die jüdischen Reisenden aus Nazi-Deutschland und den besetzten Gebieten zu berichten haben. Doch an diesem Morgen ergibt sich in der Hektik keine Gelegenheit zum Gespräch. Männer des britischen Geheimdienstes überprüfen die Reisenden. Und einige wenige Ehemänner von Ausgetauschten sind erschienen, obwohl Ort und Zeit der Ankunft eigentlich geheim sind. Auf dem staubigen Bahnsteig der Provinzstation umarmen sie ihre Frauen, von denen sie so viele Jahre getrennt waren, immer in Sorge über deren Schicksal im Krieg. Doch die meisten jüdischen Neuankömmlinge werden von niemandem erwartet. Auch Israel Sumer nicht, der jetzt zum Frühstück Milch und Biskuits zu essen bekommt. Seine Brüder Lusek und Mosche haben keine Ahnung, dass der jüngste Korman wie durch ein Wunder Palästina erreicht hat. Doch die Zeitungen berichten schon am nächsten Tag über die Ankunft. So verbreitet sich die Nachricht über den erfolgreichen Austausch wie ein Lauffeuer.

Nach einer Stunde Aufenthalt in Affula werden Israel Sumer und die anderen Reisenden in wartende Omnibusse verfrachtet. Ziel ihrer Fahrt ist Athlit an der Mittelmeerküste, das gleiche Internierungslager, in dem schon die deutschen Templer-Frauen einsaßen.[163]

Die hundertsiebenunddreißig Menschen sitzen am Nachmittag in Baracken hinter Stacheldraht. Sie dürfen das Lager nicht verlassen. So haben sie sich ihre Ankunft nicht vorgestellt. Die Regierung erstellt eine neue Liste, auf der alle Ankömmlinge erfasst werden, getrennt nach jüdischen Palästinensern und anderen Staatsangehörigen. Korman: »Die Briten waren argwöhnisch, sie befürchteten Spione. Zwei von den Männern in unserer Gruppe nahmen sie fest.« Salomon Landau, der Goldarbeiter aus der Tschechoslowakei, und Jankiel Rosental, dessen Familie vier Tage vor seiner Abfahrt nach Wien von den Deutschen deportiert wurde, kommen in das Gefängnis von Bat Yam südlich von Tel Aviv. Warum sie den Briten verdächtig erscheinen, bleibt unklar, zumal Landau dem Transport auf Wunsch der Engländer angeschlossen wurde. Möglicherweise ist es die schlichte Tatsache, dass sie Männer im wehrfähigen Alter sind, die eigentlich von dem Austausch ausgeschlossen sein sollten. Korman: »In Athlit kam es aufgrund der Festnahmen zu einer Panik. Es hieß: ›Oh, das sind Spione, vielleicht glauben die Engländer, dass wir auch Spione sind.‹« Die Juden fürchten, dass man sie nach Nazi-Deutschland zurückschicken könnte. Sie wollen deshalb alle Spuren ihrer Identität vernichten. Sie zerreißen ihre vom Schweizer Konsulat ausgestellten Reisepapiere und spülen die Schnipsel die Toilette hinunter. Israel Sumer behält nur die kleine Fotografie.

Kapitel VIII

Zerstörte Hoffnungen

Israel Sumer und die anderen Ausgetauschten erleben die ersten
Tage ihrer vermeintlichen Freiheit hinter den Stacheldrahtzäunen
des britischen Internierungslagers Athlit. Als sein in Tel Aviv le-
bender Bruder Mosche kurz darauf erfährt, dass Israel Sumer, der
kleine Sumek, in Palästina angekommen sei, verschlägt es ihm zunächst die Sprache. Sofort bemüht sich Mosche Korman um einen
Besuchstermin. Doch die Behörden verweigern eine Begegnung.
Mosche sendet ein Telegramm an seinen älteren Bruder Lusek, der
als Soldat der britischen Armee in Ägypten stationiert ist. Er möge
dringend bei ihm anrufen, heißt es darin, denn es gebe sehr gute
Nachrichten. Lusek Korman erinnert sich: »Als ich ihn anrief,
hörte ich die unglaubliche Nachricht, dass unser Sumek gerade in
Palästina eingetroffen sei! [...] Mosche war aber noch nicht einmal
erlaubt worden, ihn zu sehen, aber er sagte, dass ich vielleicht etwas
tun könnte, weil ich Soldat war.«[164] Lusek bittet um einen fünftägi-
gen Sonderurlaub. Als seine Vorgesetzten hören, worum es geht,
darf er sofort nach Palästina abreisen.

Die Stimmung im Lager von Athlit verschlechtert sich. Nach all
den Jahren unter den Nazis hatten sich die Ausgetauschten auf ein
Leben in Freiheit und auf ein Wiedersehen mit ihren Verwandten
gefreut. Stattdessen sitzen sie auf einem eingezäunten Gelände in
primitiven Holzbaracken fest. Der Strand ist nur einen Kilometer
entfernt, doch vom Lager aus kann man das Mittelmeer nicht sehen. Von hohen Wachtürmen aus achten britische Soldaten darauf,
dass niemand aus dem Lager ausbricht. Dahinter ist eine staubige
Ebene zu erahnen, mehr nicht. Die Lage bessert sich auch nicht, als
einige der Inhaftierten erfahren, dass die ins Gefängnis verschlepp-

ten Mitreisenden Salomon Landau und Jankiel Rosental nach nur einem Tag in Bat Yam nach Athlit zurückkehren dürfen. Der Spionageverdacht gegen sie hat sich offensichtlich nicht erhärtet. Wirklich aufgebracht reagieren die jüdischen Ausgetauschten aber, als ihren nichtjüdischen britischen Mitreisenden erlaubt wird, im gutsortierten Armeeladen von Athlit einzukaufen, ihnen selbst dies aber verweigert wird. »Natürlich bekamen auch wir etwas zu essen, aber es war nichts Besonderes«, sagt Korman: »Die älteren Leute waren empört.« Werden schon wieder Unterschiede gemacht zwischen Juden und Nichtjuden?, fragen sich die Menschen. Tausend kleine Bitten werden an das Rote Kreuz herangetragen, das sich um die Internierten kümmern soll. Angefangen beim Haareschneiden bis hin zum Wunsch nach frischem Obst. Die Hilfsorganisation ist überfordert. Die Juden sind ausgezehrt und tragen noch immer ihre zerlumpte Kleidung. Viele sind von den grauenhaften Erlebnissen unter den Nazis traumatisiert. Und sie haben keine Ahnung, wie lange sie noch interniert bleiben sollen und was ihnen die Zukunft in Palästina bringen wird.

Schon einen Tag nach ihrer Ankunft in Athlit erwirkt Chaim Barlas von der Jewish Agency eine Besuchsgenehmigung bei den Briten. Der Vierundvierzigjährige will endlich wissen, was die Ausgetauschten vom Leben unter der Nazi-Herrschaft zu berichten haben. Schon in seinem Istanbuler Büro hatte er die furchtbarsten Geschichten von der Unterdrückung der Juden etwa im Warschauer Ghetto gehört, doch diese waren nicht überprüfbar. Die jüdische Bevölkerung in Palästina hat keinerlei konkrete Informationen über das Schicksal ihrer Glaubensgenossen in Europa, obwohl fast jeder von ihnen noch Verwandte oder Freunde dort hat. Jetzt sind zum ersten Mal seit einem Jahr Menschen direkt aus dem deutschen Herrschaftsgebiet in Palästina angekommen. Manche von ihnen kennen Barlas noch von seiner früheren Tätigkeit für das Warschauer Büro der Jewish Agency vor Kriegsbeginn und fassen Vertrauen. In einer der Baracken trifft Chaim Barlas am 17. November 1942 einen Teil der Ausgetauschten zu einem dreistündigen Gespräch. Korman kann sich heute nicht an diese Begegnung erinnern. Wahrscheinlich war er nicht dabei, weil er zu jung war und damit als zu wenig vertrauenswürdig eingeschätzt wurde.

In der Baracke von Athlit erfahren die Juden Palästinas zum ersten Mal Einzelheiten über den Holocaust.

Barlas berichtet kurz darauf an die Zentrale in Jerusalem: »Nach und nach erfuhr ich die Nachrichten über die Ermordung des polnischen Judentums, über das Abschlachten von Zehntausenden in den Ghettos, über die grausamen Taten und Greuel, die einem das Blut in den Adern gefrieren lassen und von denen man nicht glauben mag, dass Menschen dazu in der Lage sind.«[165] Er bekommt die Angst mit, die die Ausgetauschten umtreibt: »Sämtliche Gesprächspartner baten mich eindringlich darum, dass ich die Dinge nicht in ihrem Namen übermittle: Sie hatten sich noch immer nicht von ihrer Angst vor der Gestapo freimachen können, obwohl sie sich in Erez Israel befanden – der Schatten und der Schrecken der Gestapo verfolgte sie.« Barlas erhält erstmals Informationen über die »Aktion Reinhardt« im besetzten Polen, über die Lage in Hamburg, Köln und Berlin, in den Niederlanden, Belgien und Frankreich. Es fallen die Namen von zwei Orten, Treblinka und Belzec. Die Überlebenden in Athlit wissen nichts von den Gaskammern in den Vernichtungslagern, aber sie können bezeugen, dass von dort niemand zurückgekehrt ist. Barlas erfährt vom Warschauer Ghetto und dass von dort täglich sechstausend Juden nach Treblinka »oder andere unbekannte Greuelstätten« deportiert werden, darunter auch solche, die zuvor aus Deutschland vertrieben worden waren. Er schreibt: »Über die Blutbäder in den Städten und Kleinstädten berichteten sämtliche Anwesende in der Baracke. Es ist schwer, alle Einzelheiten des Gemetzels und der Zerstörung zu beschreiben […] und ich werde versuchen, die Ereignisse lediglich in Zahlen zusammenzufassen.« Es folgt eine Tabelle: »Lodz: 40 000 verbliebene Juden. Lemberg: 22 000 verbliebene Juden. Krakau: keine Juden. Wilna: 15 000 verbliebene Juden (von 60 000, die im Ghetto waren; ein Teil ist nach Russland geflohen). Radom: 3500 verbliebene Juden (von 32 000). Piotrkow: 2600 (darunter 160 Frauen und Kinder). Kielce: 3300. Radomsk: 800. Szydlowiec: 100 (von 15 000 Einwohnern und Vetriebenen, die dort gesammelt worden waren). Bialystok: 40 000 (zusammen mit den Vertriebenen aus Westeuropa).« Die Informationen sind, im Nachhinein betrachtet, erstaunlich korrekt.

Barlas berichtet, was ihm eine der Frauen aus Deutschland erzählt: »Berlin: 28 000 verbliebene Juden. Seit Oktober des Vorjahres haben die Deportationen nicht aufgehört, täglich werden ›Transporte‹ geschickt; alte Menschen über 65 nach Theresienstadt, junge Menschen nach Riga, Warschau, Lodz u. a. Es ist nicht bekannt, ob sie dort ankommen, wohin sie deportiert werden.« Barlas schreibt von der Lage in den Niederlanden und dass von dort regelmäßig Züge mit Juden mit unbekanntem Ziel in den Osten geschickt werden und dass diese Menschen nie wieder in Holland aufgetaucht sind.

Chaim Barlas beschließt seinen Bericht an die Jewish Agency: »Ich verließ die Baracke in Athlit, entsetzt über das, was mir zu Ohren gekommen war. Die Leute der Gruppe begleiteten mich zum Tor [...] und hatten nur eine Frage: Und was werdet ihr unternehmen, um diejenigen in der Diaspora zu retten, die die Verfolgung überlebt haben und im Blut dahinsiechen? In ihren Gesichtern – Schrecken und Verzweiflung.«

Schon vorher waren Nachrichten über den Holocaust nach Palästina gedrungen. Sie kamen über die Büros der Jewish Agency und des Jüdischen Weltkongresses in Genf und Istanbul und stammten von den wenigen Juden, denen es gelungen war, illegal das deutsche Machtgebiet zu verlassen. Ein paar Menschen konnten sich sogar bis nach Palästina durchschlagen und persönlich vom Horror in Europa berichten. Dem antifaschistisch eingestellten deutschen Industriellen Eduard Schulte, der Zugang zu höchsten Nazi-Kreisen hatte, war es zudem gelungen, über Mittelsmänner sehr konkrete Informationen über den Massenmord und die Verwendung von Blausäure zur Tötung nach Genf weiterzugeben.

Doch die Jewish Agency mochte diesen Informationen lange keinen Glauben schenken. Niemand kannte die Überbringer genauer. Die Vorwürfe klangen einfach zu ungeheuerlich, um wahr zu sein. Viele Verantwortliche vermuteten maßlose Übertreibungen. Die Quellen in Athlit sind dagegen über jeden Zweifel erhaben. Unter den Ausgetauschten sind ein Wissenschaftler von der Hebräischen Universität in Jerusalem, zwei Mitglieder des Kibbuz Degenia B und ein Zionistenführer – bekannte Persönlichkeiten also.[166]

Doch noch immer zweifeln manche Mitarbeiter der Jewish Agency an der Wahrheit der Aussagen. Drei weitere Männer interviewen die Internierten. Nun fallen auch die Namen Sobibor und Auschwitz, das fälschlicherweise nur als Arbeitslager bezeichnet wird. Einer der Ausgetauschten, Jakob Kurtz, beklagt sich später: »Die Leute glaubten mir nicht. Sie sagten, ich würde übertreiben. Ich wurde befragt, als ob ich ein Krimineller wäre, der den Leuten irgendeinen Unsinn erzählen würde.«[167] Ein anderes Mal fragt einer der Interviewer eine der Frauen, ob sie nicht doch übertreibe. Als Antwort steht die Frau auf, gibt dem Mann eine Ohrfeige und geht. Andere Männer kommen und stellen wieder neue Fragen. Sie sind vom britischen Geheimdienst SOE. Auch die Alliierten interessieren sich für die Situation im deutsch besetzten Europa.

Die Zionisten hatten geplant, die Millionen unterdrückter Juden aus Europa nach Erez Israel zu bringen, um dort ein blühendes Gemeinwesen zu schaffen, ein neues Zentrum der Judenheit nach fast 2000 Jahren in der Diaspora. Nach der Vision von Theodor Herzl sollte dort ein fortschrittliches Land entstehen, ein Vorbild an Humanität und Modernität für die ganze Welt. Jetzt erfahren Chaim Barlas und die anderen Interviewer, dass Millionen Juden in Europa umgebracht wurden und das Morden der Nazis unvermindert anhält. Viele Menschen, die die Alijah (Hebräisch für »Aufstieg«) nach Erez Israel machen sollten, sind tot. Jetzt muss es darum gehen, möglichst viele der Lebenden zu retten, bevor auch sie Opfer der Mordmaschinerie der Nazis werden.

Die neuen Informationen sind so stringent und die Informanten so glaubwürdig, dass alle Zweifel hinweggefegt sind. Chaim Barlas und die anderen Interviewer überbringen ihre Berichte an die Zentrale der Jewish Agency in Jerusalem. Einer von denen, die in Athlit mit den Ausgetauschten gesprochen haben, heißt Elijahu Dobkin. Er ist Leiter der Einwanderungsabteilung bei der Jewish Agency. Dobkin sagt wenige Tage später selbstkritisch: »Vielleicht haben wir uns versündigt, als uns vor zwei Monaten die ersten furchtbaren Nachrichten über Genf und Istanbul erreichten und wir sie nicht glaubten.«[168]

Für Israel Sumer und die anderen Überlebenden ändert sich nach den Befragungen vorläufig überhaupt nichts. Seit sechs Tagen befinden sie sich in Athlit. Die nichtjüdischen Ausgetauschten dürfen das Lager dagegen am 21. November verlassen und in ihre Heimatländer weiterreisen. »Schokoladenpäckchen, Biscuits, Zigaretten und Früchte waren für diejenigen vorbereitet, die per Zug nach Kairo weiterreisten, und auch Illustrierte und anderer Lesestoff wurde nicht vergessen«, so gibt der Haifaer Korrespondent der *Palestine Post* eine rührende Beschreibung von der Abfahrt. »Die Szene in Athlit, als die Internierten ihre Heimreise fortsetzten, erinnerte an eine Gruppe Urlaubsreisender auf dem Rückweg. Diejenigen, die zurückblieben, halfen ihnen, das Gepäck fertig zu machen.«[169] Am nächsten Tag werden die Menschen auf ihrer Reise nach Kairo im Bahnhof von Gaza vom Roten Kreuz mit einer warmen Mahlzeit versorgt.

Kurz darauf hat Lusek Korman aus Ägypten kommend Palästina erreicht und will seinen kleinen Bruder in Athlit besuchen. Doch trotz seiner britischen Armeeuniform lassen ihn die Wachen nicht ins Lager. Immerhin gestatten sie ihm, mit Israel Sumer zu sprechen. Ein hässlicher Stacheldrahtzaun trennt ihn von seinem Bruder, als sie sich zum ersten Mal seit über drei Jahren für einige Stunden wiedersehen. Israel Sumer erzählt Lusek atemlos und in geraffter Form von der furchtbaren Lage in Radom unter den Deutschen, vom Ghetto, der »Aktion Reinhardt«, von der Waffenfabrik, dem Vater und der verschwundenen Mutter und davon, wie er auf wundersamem Weg Palästina erreicht hat. Lusek verspricht ihm, alles zu unternehmen, damit er möglichst bald freikommt. Schon am nächsten Morgen fährt er nach Jerusalem und begibt sich in das hufeisenförmige Gebäude der Jewish Agency, außerhalb der Altstadt in der King-George-Straße gelegen. Lusek erzählt einem zuständigen Mitarbeiter die ganze Geschichte seines Bruders, die er selbst erst am Vortag erfahren hat. Doch der Mann sagt ihm, dass man Israel Sumer leider nicht helfen könne. Die Briten würden mit der Jewish Agency nicht kooperieren, überhaupt seien die Beziehungen derzeit sehr schlecht, bekommt Lusek Korman zu hören. Frustriert will er das Bürohaus verlassen, als er am Büro für die »Jugend-Alijah« vorbeikommt. Lusek wagt noch einen Versuch. Er wird von einer Frau freundlich empfangen und, nachdem er zum zweiten Mal Israel Sumers Geschichte vorgetragen hat, einer älteren Dame vorgestellt, die in einem winzigen benachbarten Bürozimmer haust. Es ist Henrietta Szold.

Diese Frau ist eine Ausnahmeerscheinung in der Vertretung der Juden für Palästina. Henrietta Szold stammt aus einer wohlhabenden amerikanisch-jüdischen Familie in Baltimore und ist im November 1942 bereits einundachtzig Jahre alt. Schon seit der Jahrhundertwende engagiert sie sich für den Zionismus, ihre erste Reise nach Palästina unternimmt sie 1909, als das Land noch unter türkischer Verwaltung steht. Zurück in den USA, wird sie die erste Präsidentin der zionistischen Frauenorganisation Hadassah, die vor allem das Ziel verfolgt, die Gesundheitsversorgung in Palästina zu verbessern. 1920 siedelt die kinderlose Szold endgültig nach Palästina über. Sie ist alles andere als eine zionistische Romantikerin. Die selbstbewusste Frau weiß um die schwierige Lage der Juden im Land, um Armut und fehlende medizinische Versorgung. Die Realistin hält wenig von hochfliegenden, aber unausgegorenen Plänen. Als die deutsche Jüdin Recha Freier 1932 die Jugend-Alijah gründet, um alleinreisende Jugendliche aus Deutschland nach Palästina zu evakuieren und ihnen dort eine neue Chance zu bieten, hat sich Henrietta Szold über diese Idee anfangs entrüstet. Die deutschjüdischen Jugendlichen sollten lieber in ihrem wohlhabenden Land bleiben, anstatt solche Experimente zu wagen. Erst später, nachdem sie die wirkliche Lage der Juden in Deutschland erkannt hat, lässt sie sich nach langem Zögern überzeugen und übernimmt Ende 1933 die Leitung der Jugend-Alijah in Palästina. Es geht vor allem darum, Ausbildungsplätze und Siedlungen für die Kinder und Jugendlichen zu finden. Sie kommen zum Beispiel in das 1927 gegründete Kinderdorf Ben Schemen – übersetzt »das Kind des Olivenbaums«. Großbritannien, das die Migration nach Palästina kontrolliert, erteilt den Minderjährigen Einwanderungszertifikate unter der Kategorie »B III, Schüler und Studierende«.

Lusek Korman erzählt zum dritten Mal an diesem Tag die Geschichte seines jüngeren Bruders. Szold sagt sofort ihre Hilfe zu. Die »Mutter der Jugend-Alijah«, wie sie von den Juden in ganz Palästina genannt und verehrt wird, kennt die richtigen Leute. In einer Zeit, in der Großbritannien die jüdische Einwanderung so restriktiv wie überhaupt nur möglich handhabt, verfügt sie über einen Schatz an Einwanderungszertifikaten für Jugendliche. Henrietta Szold verspricht Lusek Korman, dass sein Bruder schon in einem oder zwei Tagen frei sein werde. Er berichtet: »Ich blieb über Nacht in Jerusalem, und am nächsten Tag, als ich zu ihr kam, sagte sie mir, dass schon alles arrangiert sei und die Nachricht nach Athlit abgegangen sei, Sumek zu entlassen. Ich solle am nächsten Morgen nach Athlit fahren und ihn dort abholen. Und so geschah es. Als ich in Athlit ankam, ließen sie mich hinein. Ich konnte Sumek umarmen und mit ihm zusammen hinausgehen.«[170] Bald darauf dürfen auch die anderen Austausch-Teilnehmer endlich das verhasste Internierungslager verlassen.

Siebenundsechzig Jahre später, mehr als zehntausend Kilometer von Athlit entfernt, auf einem anderen Kontinent: Der große und schlanke Ian Korman steht von seinem Stuhl in der Wohnung nahe der australischen Millionenstadt Brisbane auf und verschwindet im Nebenzimmer. Bei der Rückkehr hat der Zweiundachtzigjährige mit dem weißen Haarkranz ein kleines Papier in der Hand. Er legt es auf den Tisch. Es ist seine Einwanderungsbestätigung. Da steht: »Abgegangen, Korman, Israel, geboren: 15 Jahre alt, angekommen: Austausch von Polen, erhielt Studentenzertifikat: Athlit, den 26. November 1942. Ging am gleichen Tag und traf Verwandte in Tel Aviv.«[171]

Genau einen Monat zuvor hatte Israel Sumer das »Restghetto« in Radom verlassen. Einen Tag war er zusammen mit SS-Hauptscharführer Franz Anker im Zug unterwegs. Zwölf Tage lang musste er mit den anderen Austausch-Teilnehmern in Wien warten. Zehn Tage lang saß er im Zug nach Palästina, zehn weitere Tage verbrachte er im palästinensischen Internierungslager Athlit. Jetzt ist er endlich frei.

Er fährt mit Lusek nach Tel Aviv. In der winzigen Einzimmerwohnung der Brüder in der Nachmani-Straße 45 trifft er auch Mosche wieder. Sie sitzen stundenlang zusammen und reden. Israel Sumer erzählt von der Lage in Radom. Die Brüder erfahren so, dass nur noch Vater und die Onkel Symcha Najman und Schlomo Salzberg am Leben sind. Ian Korman erinnert sich: »Wir feierten, und wir waren zugleich traurig über das Schicksal der Mutter. Meine Brüder hörten zum ersten Mal etwas von der ›Aktion Reinhardt‹. Und dass Vater in Radom in der Falle saß. Das war auch traurig. Die Feier war sehr zwiespältig – meine Brüder waren glücklich darüber, mich zu sehen, und sie waren traurig über das, was ich aus Polen zu erzählen hatte.«

Nur wenige Tage später ist die Ermordung der Juden in Europa Schlagzeile in allen Zeitungen des Landes und Tagesgespräch auf sämtlichen Straßen. Tausende Juden demonstrieren am 30. November 1942 mit schwarzen Flaggen auf den Straßen von Tel Aviv. Sie rufen »Rettet unsere Brüder« und »Tod den Deutschen«.[172] Die hebräischsprachigen Zeitungen erscheinen mit einem schwarzen Trauerrand auf der Titelseite. In Jerusalem, Tel Aviv und Haifa wehen die Flaggen mit dem Davidstern auf Halbmast. In Jerusalem tritt die Nationalversammlung der Juden zusammen. »Macht den Grausamkeiten und Blutbädern der Nazis ein Ende«, appelliert ihr Präsident Yitzhak Ben Zwi an die Alliierten: »Rettet die Reste Israels und gebt denjenigen, denen es gelungen ist, sich in die neutralen Länder zu flüchten, Obdach.« David Ben-Gurion, der Vorsitzende der Exekutive der Jewish Agency, verlangt den Austausch von Deutschen in Großbritannien, Amerika und Russland gegen polnische Juden. Er glaube an den Erfolg der Alliierten, sagt Ben-Gurion: »Aber wir wissen nicht, ob wir nach dem Sieg von Demokratie und Freiheit und Gerechtigkeit in Europa nicht einen riesigen Friedhof vorfinden werden, gefüllt mit den Knochen jüdischer Männer und Frauen und Kinder.«[173]

Am nächsten Tag begehen die Juden von Palästina und in 28 anderen Ländern einen weiteren Tag der Trauer für ihre in Europa ermordeten Glaubensgenossen. Tausende Kinder begeben sich mit ihren Eltern zur Klagemauer in Jerusalem, um für die Verfolgten und die Getöteten zu beten. In den Synagogen der Stadt verurteilen Rabbiner die Nazis. In Tel Aviv marschieren hunderttausend Menschen schweigend durch die Stadt. Auf dem Habima-Platz im Zentrum werden ein Hakenkreuz und eine Puppe mit der Darstellung Adolf Hitlers verbrannt. In New York City unterbrechen fünfhunderttausend jüdische und christliche Arbeiter für eine Minute ihre Arbeit. Auf Betriebsversammlungen verurteilen sie die Massaker an den Juden. In einer Prozession in Manhatten tragen Rabbiner Thorarollen über den Broadway. Einige New Yorker Radiostationen unterbrechen ihre Sendungen und schweigen für zwei Minuten. Jüdisch-amerikanische Zeitungen erscheinen in Trauerflor. In Artikeln verlangen sie von den Alliierten die Rettung der europäischen Juden. In Kanada und Lateinamerika bleiben jüdische Geschäfte an diesem Tag geschlossen, während sich die Synagogen mit Tausenden Trauernden füllen.

Trauer und Proteste in Palästina, Amerika und vielen anderen Ländern sind die Folge dessen, was die Ausgetauschten um Israel Sumer Korman in Athlit über die Untaten der Nazis berichtet haben. Am 22. November kam das Exekutivkomitee der Jewish Agency zu einer Sondersitzung über die Lage zusammen. Man müsse die Fakten endlich akzeptieren, auch wenn nicht alle Versammelten daran glauben könnten, argumentierte dort Elijahu Dobkin. Die Konferenzteilnehmer einigten sich darauf, eine öffentliche Erklärung abzugeben. Sie wurde am nächsten Tag in allen Zeitungen abgedruckt: »Die Exekutive der Jewish Agency in Jerusalem hat von autorisierter und zuverlässiger Quelle detaillierte Informationen über Morde und Massaker erfahren, die gegen die Juden von Polen und gegen Juden aus Mittel- und Westeuropa durchgeführt werden, die nach Polen deportiert worden sind«, so beginnt der Text.[174] Die Quelle der Informationen wird geheim gehalten, um in Europa zurückgebliebene Angehörige vor möglichen Repressalien der Nazis zu schützen. Dennoch kann die Jewish Agency natürlich nicht verhindern, dass die Ausgetauschten in ihrem Verwandten- und Bekanntenkreis über das Erlittene berichten – sie will es auch gar nicht. Alles, was den Druck gegen Großbritannien erhöht, um mehr Juden die Einreise nach Palästina zu genehmigen, ist in ihrem Sinne. In Tel Aviv gründet sich daraufhin ein Verein ehemals polnischer Juden, die darauf drängen, dass ihre Verwandten durch einen Austausch befreit werden.[175] Niemand weiß genau, warum nur neunundsechzig statt der erhofften rund zweihundert Juden in Palästina angekommen sind und ob die anderen vielleicht doch noch am Leben sind. Die Verwandten derer, die sich in Deutschland oder den besetzten Gebieten befinden, machen sich entsetzliche Sorgen. Die Eltern von Oded Amarant hatten inständig gehofft, dass ihr einziger Sohn mit dem Austausch nach Hause kommen würde. Doch der Junge ist nicht dabei. Seit drei Jahren haben sie nun schon keine Nachricht mehr über den Siebenjährigen. Sie können nicht wissen, dass er in einem ukrainischen Kloster versteckt wird, und befürchten nach dem, was die Ausgetauschten und die Jewish Agency berichtet haben, das Schlimmste. Bei der Agency in Jerusalem und beim Foreign Office in London gehen Telegramme von Juden ein, die durch die Ausgetauschten erfahren haben, in welch verzweifelter Lage ihre Verwandten in Polen sind. Eines der Schreiben, abgesandt am 29. November, lautet: »Meine Frau Anna und Kind Pawel blieben in Dolina Bentkowska bei Zabierrzow Distrikt Krakau Stop Palästinensische Regierung anerkannte Austausch und sandte Pass Türkei jedoch sie kamen nicht an Stop Erhielt kürzlich furchtbare Informationen Lebensgefahr Stop Bitte auf Austausch drängen sonst werden sie getötet bereit zum Tragen der Kosten.«[176]

Die Jewish Agency will es nicht bei den drei Trauertagen für die Opfer der Nazis belassen. Sie versucht, die westliche Welt über das Schicksal der Juden in deutscher Hand zu informieren und aufzurütteln. Der englische Erzbischof von Canterbury wird um Unterstützung gebeten. Henrietta Szold, die Frau, der Israel Sumer Korman seine Einreisepapiere in Palästina verdankt, verfasst einen flammenden Appell an alle jüdischen Frauen. Weitere Schreiben der Agency erreichen unter anderem den britischen Botschafter in den USA Lord Halifax, das US-Außenministerium in Washington, den sowjetischen Außenminister Wjatscheslav Molotow in Moskau und jüdische Hilfskomitees in New York und Washington. Die Frauen und Männer der jüdischen Vertretung im Mandatsgebiet wollen versuchen, möglichst viele der noch Lebenden zu retten und nach Palästina zu bringen. Ein zwölfköpfiges »Rettungskomitee« wird eingerichtet. Schon nach wenigen Tagen beginnen dessen Mitglieder, sich bei den palästinensischen und britischen Regierungen für weitere Austauschaktionen einzusetzen. Zunächst, so die Forderung, sollen auch diejenigen Personen nach Erez Israel kommen, die zwar auf der Liste standen, die aber rätselhafterweise nicht aufgetaucht sind. Das Rote Kreuz solle sich im besetzten Polen auf die Suche nach den Menschen machen, deren Adressen nicht bekannt sind. Die Agency wird selbst aktiv: »Können Sie das Internationale Rote Kreuz dazu bewegen, zu intervenieren und die Massenmorde an jüdischen Kindern und Frauen in Polen zu stoppen und eine Genehmigung erhalten, damit die Kinder in neutrale Staaten geschickt werden?«[177]

So lautet eine Frage an Richard Lichtheim, den Vertreter der Jewish Agency in Genf.

Chaim Barlas und sein Istanbuler Büro produzieren immer neue Listen mit den Namen von in Europa gestrandeten Juden. Die Briten sollen der Einreise der Personen zustimmen. Bis Mitte 1943 werden dreitausend Juden auf den »Istanbul-Listen« erfasst. Die Überlegungen der Jewish Agency in Jerusalem gehen aber noch weiter: Man hofft, bis zu zweihunderttausend vom Massenmord bedrohte Juden gegen überall auf der Welt festsitzende deutsche Staatsbürger austauschen zu können. Zugleich werden aus Jerusalem erfahrene Männer zur Verstärkung nach Istanbul geschickt. Unter ihnen ist auch ein junger Mann, der später einmal als Bürgermeister von Jerusalem Berühmtheit erlangen wird: Teddy Kollek. Er und seine Kollegen sollen die heimliche Ausreise von ungarischen, rumänischen und bulgarischen Kindern in die neutrale Türkei organisieren. Barlas selbst, der als Einziger offiziell in Istanbul akkreditiert ist, kümmert sich weiter um die Durchreisevisa für Syrien.

Die britische Regierung erfährt von den Ausmaßen des Holocaust aber nicht nur durch den Austausch von Mitte November. Fast zeitgleich informiert die in London ansässige polnische Exilregierung das Vereinigte Königreich darüber, was sie von den Deportationen der Juden aus dem Warschauer Ghetto weiß. Zudem werden die zuvor weitgehend ignorierten Berichte aus Genf über die Massenmorde mit Blausäure nun endlich ernst genommen. Und schließlich verfügt der Geheimdienst MI19 offenbar über einen deutschen Informanten unbekannten Namens, der die Briten mit Informationen über deutsche Konzentrationslager bis hin zu detaillierten Lageplänen unterrichtet.[178] Angesichts dieser Fakten kommt es auch bei der Regierung Seiner Majestät zu einem Umdenken, und Konsultationen mit den Verbündeten folgen. Am 17. Dezember 1942 verliest Außenminister Anthony Eden im Namen von elf alliierten Regierungen und des französischen Nationalkomitees im Unterhaus eine gemeinsame Erklärung. Er prangert den Judenmord der Deutschen vor aller Welt an: »Aus allen besetzten Ländern werden Juden unter grauenvollen Bedingungen nach Osteuropa gebracht. In Polen, das die Nazis zu ihrem Schlachthaus gemacht haben, werden die von den deutschen Invasoren eingerichteten Juden-Ghettos nun systematisch geräumt, mit Ausnahme von wenigen für die Kriegsindustrie benötigten Facharbeitern. Von denen, die weggebracht worden sind, hat man niemals wieder etwas gehört.«[179]

Allerdings sind die Reaktionen auf die Forderung nach weiteren Austauschen sehr viel verhaltener. Im Foreign Office stellt man zunächst einmal fest, dass die beiden bisher erfolgten Aktionen »vollständig zu unseren Ungunsten« ausgefallen seien, weil man selbst wesentlich mehr Personen abgegeben als empfangen hat, genaugenommen einhundertdreiundachtzig.[180] Eine mögliche Berücksichtigung der 1941 nach Australien verbrachten deutschen Templer bei einem weiteren Austausch, wie von den Deutschen gewünscht, komme nicht in Betracht. In demselben Schreiben argumentiert der unbekannte Autor aus dem Außenministerium gegen die Rettung weiterer Juden: Man habe Deutschland im Austausch gegen britische Frauen und Kinder so wenig anzubieten, dass »wir es uns nicht leisten können, Deutsche für irgend etwas anderes als für britische Bürger abzugeben«.[181] In einem anderen Schreiben aus der Ministerialbürokratie, überschrieben mit »Anmerkung zu palästinensisch-deutschen Austauschen«[182] schreibt der Verfasser, dass die Deutschen der Schweizer Gesandtschaft zwar versprochen hätten, nach den angeblich nicht auffindbaren Juden in Polen zu suchen, die beim letzten Austausch gefehlt hätten. Von insgesamt zweihundert Personen seien bisher aber lediglich zwölf wieder aufgetaucht. Es sei unwahrscheinlich, dass weitere hinzukämen.

Die Annahme ist von brutaler Offenheit, aber richtig. Tatsächlich werden Ende Januar 1943 lediglich fünfzehn Frauen, die größtenteils aus Sosnowiec in Polen stammen, vom Auswärtigen Amt in Berlin ohne britische Gegenleistung über die Türkei nach Palästina »nachgetauscht«, um das numerische Ungleichgewicht zwischen den bisherigen Austauschen wenigstens geringfügig zugunsten Großbritanniens zu korrigieren und die Londoner Regierung für geplante weitere Aktionen günstig zu stimmen. Für die kleine Gruppe lohnt sich kein Sonderzug, sie kommen im »Schnellzug für Fronturlauber« bis ins bulgarische Sofia unter und steigen dort in den einzigen täglich verkehrenden Personenzug nach Istanbul um. Unter diesen fünfzehn, die Anfang Februar Palästina erreichen, befindet sich auch die neununddreißigjährige Elisabeth Landau, die Ehefrau des im November ausgetauschten Salomon Landau. Außerdem reisen drei südafrikanische Frauen aus Berlin mit aus.

Israel Sumer zieht zu seinen Brüdern in die Nachmani-Straße in Tel Aviv. Lusek, der Älteste, muss schon nach kurzer Zeit wieder zu seiner Militäreinheit nach Ägypten abreisen. Israel Sumer und der einundzwanzigjährige Mosche wohnen zur Untermiete; ihr einziges Zimmer hat einen Balkon, aber keine Kochgelegenheit. Es gibt nur ein großes Bett, das Bad teilen sie mit der Vermieterin. Obwohl ihre Mutter 1935 mehrere Wohnungen in Tel Aviv gekauft hat, können sie in keine von ihnen einziehen, denn diese wurden von der Regierung als Eigentum einer Person, die im feindlich besetzten Gebiet lebt, beschlagnahmt. Das Zusammenleben in der Nachmani-Straße ist beengt, aber endlich fühlt sich der Fünfzehnjährige frei: »Wir lebten zusammen. Es war sehr gut.« Freilich ist das Geld knapp. Zwar besitzt Israel Sumer dank der Hilfe von Henrietta Szold ein Studentenzertifikat, doch davon kann er sich nichts kaufen. Es steht außer Frage, dass er keine weiterführende Schule besuchen kann.

Mosche arbeitet als Vorarbeiter in einer Reparaturwerkstatt von General Motors, ganz in der Nähe der Templer-Siedlung Sarona. Zu Fuß braucht man fünfzehn Minuten von der Wohnung zur Werkstatt. Mit Mosches Hilfe erhält auch Israel Sumer dort seinen ersten Job. »Anfangs musste ich Motorenteile säubern«, berichtet Korman. »Das war eine schmutzige Arbeit. Mit der Zeit lernte ich und machte alles, was mit Fahrzeugtechnik zu tun hatte – Motorreparaturen, Schaltungen und Getriebe in Ordnung bringen, alle diese Dinge.« Ausgerechnet in Tel Aviv lernt Israel Sumer die deutsche Sprache nahezu perfekt: »Der Manager der Werkstatt hieß Goldschmidt und kam aus Deutschland. Als Hitler an die Macht kam, wanderte er nach Palästina aus. Diesen Mann interessierte es überhaupt nicht, ob die Person, mit der er gerade sprach, nun aus Ägypten, der Türkei oder aus dem Irak kam. Er sprach mit allen einfach nur Deutsch.« Viele Mechaniker in der Werkstatt sind ehemalige deutsche Juden. In Palästina werden sie abschätzig Jeckes genannt, weil sie wie in der alten Heimat besonderen Wert auf Ordnung und Pünktlichkeit legen und sich nur schwer an das Leben im Nahen Osten gewöhnen können. Auch Israel Sumers Meister, der sich um die etwa fünfzehn Lehrlinge in dem Betrieb kümmert, kommt aus Deutschland und trägt den Namen Willy. Er spricht kaum ein Wort Hebräisch.

Vor allem aber lernt Israel Sumer die hebräische Alltagssprache und die Schrift, die in der jüdischen Stadt Tel Aviv gesprochen und gelesen wird. Das ist für ihn nicht schwer, weil er ja schon in der Schule in Radom Hebräisch gelernt hat.

Tel Aviv ist für den Jungen eine ganz neue Welt. Schon das Sonnenlicht ist hier viel intensiver als in Radom. Die Farben leuchten. Exotische, vorher nie gesehene Palmen wachsen in den Gartenanlagen und Parks. Die Stadt ist ultramodern, und das in jeder Beziehung. Überall werden Häuser gebaut, meist nach dem neuesten Stil mit langen gerundeten Balkonen und in strahlendem Weiß. Ganz neue Straßen werden angelegt, während die Gebäude noch gar nicht fertig sind. Wenn es im Winter regnet, verwandeln sich die noch nicht asphaltierten Wege in eine Seenlandschaft, die man nur von einer trockenen Insel zur anderen hüpfend durchqueren kann. Aber vieles ist auch schon fertig und für Tel Aviver Verhältnisse mit zwanzig Jahren geradezu uralt: Breite, mit schattigen Bäumen bestandene Boulevards ziehen sich durch die Stadt. An kleinen Kiosken werden Fruchtsäfte, Miz genannt, und Mineralwasser verkauft. Berge von Pampelmusen warten auf ihre Verarbeitung. In Tel Aviv isst Israel Sumer zum ersten Mal in seinem Leben eine Pampelmuse. In den Seitenstraßen verkaufen Juden aus Osteuropa in kleinen offenen Läden alles: von Strümpfen über Koffer bis zu schwarzen Anzügen. Das kennt der Junge noch aus Radom. Hier ist Jiddisch die Umgangssprache, ganz wie zu Hause. Aber in den danebenliegenden Garküchen gibt es Humus aus Kichererbsenbrei und Oliven, Dinge, die für Israel Sumer ganz fremdartig sind. Auf der breiten Ben-Jehuda-Straße laden große Damen- und Herrenausstattungsgeschäfte mit breiten, schön dekorierten Schaufenstern die Kunden zum Einkauf ein. Vor Hitler geflohene deutsche Juden haben die Idee des Warenhauses in den Nahen Osten mitgebracht. Leuchtreklamen blinken, Menschen flanieren auf den breiten Trottoirs, Verkäufer preisen ihre Waren an, Militärlastwagen mit britischen und australischen Soldaten verstopfen die Straßen, dazwischen quälen sich Pferdegespanne, Taxen und Privatwagen durch die Stadt. Über zweihunderttausend Menschen drängen sich in Tel Aviv, mehr als doppelt so viele wie in Radom. Auf dem Carmel-Markt herrscht am Freitagmorgen ein unglaublicher Trubel. Exotische Gewürze wie Kardamom und Chili verbreiten ihren Duft, die Aromen von Orangen, Pampelmusen und Bananen streicheln die Sinne. An der Allenby-Straße sitzen Männer, die Schreibdienste anbieten, um etwas Geld zu verdienen. Israel Sumer sieht verarmte deutsche Juden, die mit hölzernen Bauchläden umhergehen und gebrauchte Bücher verkaufen, um sich so eine bescheidene Existenz zu sichern. Dann wieder vornehme Kaffeehäuser an der Ben-Jehuda, wo die Getränke auf feinen Tischdecken serviert werden, Sahnetorte gereicht wird, junge Frauen und Männer über Kunst, Kultur und Politik diskutieren und ältere Schach spielen.

Tel Aviv ist profan – von Religion ist im Alltag kaum eine Spur zu bemerken. Tel Aviv ist leger – man trägt kurze Hosen und achtet wenig auf Umgangsformen. Nur die deutschen Jeckes legen auch im brütend heißen Sommer Wert auf Weste und Jackett. Tel Aviv ist vergnügungssüchtig – es gibt hebräische Theater, Kinos, Musikveranstaltungen und sogar ein philharmonisches Konzertorchester (das der Junge aber nicht zu Gesicht bekommt). Tel Aviver Frauen sind emanzipiert – sie mischen in der Gesellschaft mit und lehnen es ab, zu Hause bei Kind und Küche zu bleiben, zeigen mit ihren kurzen Hosen und kurzärmligen Hemden gar Haut (etwas, was Israel Sumer so vorher nicht gesehen hat). Tel Aviv boomt – die Kriegskonjunktur hat die letzte Krise längst vergessen gemacht. Tel Aviv liegt direkt am Mittelmeer (Israel Sumer steht zum ersten Mal am Meer!). Am arbeitsfreien Schabbat zieht es die halbe Stadt mit Badeanzügen, Handtüchern und Picknickkörben an den feinen Sandstrand. Israel Sumer und sein Bruder Mosche haben in Radom, im tiefsten polnischen Binnenland, nie schwimmen gelernt. Doch der Strand fällt sehr sanft ab und ermöglicht damit auch ihnen eine erfrischende Abkühlung. Die meisten Menschen liegen im Sand, einige Bessergestellte leisten sich auf Liegestühlen auf der breiten Terrasse der Pension Kaethe Dan eine Portion Kaffee. Und alle Menschen, die in der Stadt leben, egal ob Schuhputzer, Polizist oder Bürgermeister, sind Juden! Die Ziffern auf der Uhr der Polizeiwache sind hebräisch, Litfasssäulen sind mit Plakaten in Hebräisch beklebt, Zeitungsläden quellen über vor hebräischen Zeitungen, und eine Menora, Symbol der Wochentage, schmückt die Spitze eines Wasserturms. Hier ist der Davidstern ein Zeichen des Stolzes statt ein Symbol der Unterdrückung und ziert zum Beispiel die Fahrzeuge der örtlichen Feuerwehr.

Israel Sumer gefällt diese neue Welt sehr gut. »Ich fühlte mich von Anfang an zu Hause. Es war sehr einfach, neue Freunde zu finden. Es gab gemeinsame Interessen. Ich wurde Mitglied in der zionistischen Jugendbewegung. Ich ging dorthin, weil auch meine Freunde dort waren.« Israel Sumer hat nicht nur seinen Bruder Mosche und seine neuen Freunde in Tel Aviv. Jeden Freitagabend, zu Beginn des Schabbat, besucht er Tante und Onkel Feldstein. Tobale, die Schwester von Israel Sumers Mutter Hannah, und ihr Ehemann Mottel sind schon 1927 nach Palästina ausgewandert und haben ein Kind adoptiert. Die Familie lebt streng religiös. Onkel Mottel will dem Neuankömmling Israel Sumer etwas besonders Gutes tun und bezahlt ihm eine Lehre als Diamantenschleifer, ein sehr lukrativer Beruf. Doch der Junge mag diese Arbeit zum Entsetzen des Onkels überhaupt nicht und repariert lieber die schmierigen Chevrolet-Motoren bei Meister Goldschmidt. Morgens, auf dem Weg zur Arbeit, macht Israel Sumer in einem Kaffeehaus Station. Abends geht er in einem der kleinen, preiswerten Restaurants essen. »Eines der Lokale hieß ›Misha‹«, erinnert er sich. »Der Besitzer war sehr freundlich. Einmal zeigte er auf eine ältere Dame, die dort mit einem Bekannten zu Abend aß, und sagte, das sei die Schwester von Albert Einstein. Mosche und ich unterhielten uns mit ihr. Sie sprach nur Deutsch.«

Mit der jüdischen Religion, die in Radom sein Leben so bestimmt hatte, kann Israel Sumer immer weniger anfangen. »Ich ging nicht mehr regelmäßig in die Synagoge. Ich war an Religion einfach nicht mehr interessiert. Nur wenn ich meinen Onkel und meine Tante besuchte, trug ich eine Kopfbedeckung. Ich wollte ihre Gefühle nicht verletzen. Auch meine Brüder Lusek und Mosche interessierten sich nicht mehr für Religion.« Korman fügt zur Erklärung hinzu: »Es gab keine eigentliche Entscheidung, nicht mehr religiös zu sein. Es war nicht so wie bei anderen Holocaust-Überlebenden, die an ihrem Gott zu zweifeln begannen nach allem, was passiert war. Nicht mehr religiös zu sein, war für mich sehr einfach. Wenn du jung bist, nimmst du den leichteren Weg. Religiös zu sein ist anstrengend: Du hast einen engen Rahmen und musst viele Dinge beachten. Das musste ich nicht mehr.«

Der Krieg scheint in Tel Aviv weit weg. Seit der Niederlage Rommels in Nordafrika besteht für Palästina keine Gefahr mehr. Im Gegenteil: Die Deutschen befinden sich seit der Niederlage von Stalingrad zur Jahreswende 1942/43 auf dem Rückzug. Aber noch sind Teile der Sowjetunion, das Baltikum, Polen, Serbien, Griechenland, große Teile Westeuropas, Dänemark und Norwegen besetzt. In anderen Ländern wie Ungarn, Italien, der Slowakei oder Rumänien herrschen Verbündete von Adolf Hitler. Der Massenmord an den Juden geht unvermindert weiter.

Ende November, kurz nach Israel Sumers Ankunft, trifft über das Rote Kreuz eine Nachricht aus Radom in Tel Aviv ein. Der Text lautet: »Eure Nachricht hat uns beglückt. Motel, Hannah, Sumek, Eva mit Familie, Simche mit Familie, alle Verwandten sind gesund. Wir denken nur an Euch und hoffen Gutes.«[183] Der Brief beantwortet ein Schreiben Luseks und Mosches vom Dezember des Vorjahres und hat über sechs Monate gebraucht, um den Weg von Polen nach Palästina zu finden. Mosche und Lusek wissen durch ihren Bruder, dass die Absender inzwischen wahrscheinlich ermordet wurden. Die Zeitungen haben die Berichte des kleinen Bruders über die verzweifelte Lage in Radom bestätigt. Aber was ist aus dem Vater und den beiden Onkeln geworden?

Von London aus werden hartnäckig die Menschen angefordert, die beim letzten Austausch nicht dabei waren. Auch wenn den Mitarbeitern des Foreign Office schwant, dass da etwas nicht stimmen kann, beharren sie gegenüber den Deutschen weiter auf der vereinbarten Überstellung. So kommt es, dass Hannah Korman, die im August 1942 ermordet wurde, noch am 1. Januar 1943 auf einer Aufstellung von rund zweihundert Personen erscheint, deren baldiges Eintreffen in Palästina erwartet wird. Auch Oded Amarant steht auf dieser Liste.[184] Nach der Ankunft der fünfzehn »Nachgetauschten« Anfang Februar wird freilich immer deutlicher, dass aus diesem Personenkreis niemand mehr kommen wird. Die Neuankömmlinge bestätigen in ihren Erzählungen den Horror im von den Nazis besetzten Polen. Und das Internationale Rote Kreuz mag sich nicht um das Schicksal der Juden in Deutschland und in den besetzten Ländern kümmern. Man könne schlecht die Mitglieder der Schweizer Botschaft in Berlin dazu auffordern, sich im deutsch besetzten Polen nach den Verschwundenen umzusehen, heißt es in London resigniert.

Im Foreign Office siegt die Menschlichkeit über die Bürokratie. Angesichts der »extremen Notlage der Juden« willigt das Ministerium in die Vorbereitung weiterer Austauschaktionen ein, obwohl den Briten nach dem »Nachtausch« noch immer fast hundertneunzig Menschen vom letzten Austausch her fehlen. Die Deutschen erhalten eine neue, umfangreichere Liste mit den Namen von mehreren hundert Menschen. Die früher so strengen Kriterien werden gelockert. Alle aufgeführten Personen erhalten Zertifikate zur Einreise nach Palästina. Wenn die Deutschen schon von zweihundert Verschwundenen nur ein Dutzend orten konnten, so die Überlegung in London, dann sollte es ihnen eine viel längere Liste ermöglichen, mehr Menschen zu finden. Gegenüber der Öffentlichkeit werden die Pläne geheim gehalten, denn es sollen keine falschen Erwartungen geweckt werden. Außerdem fürchten die Briten mögliche Spione, die unter der Legende des verfolgten Juden ins Land kommen könnten. Doch schließlich willigt Großbritannien ein, allen rund dreitausend Menschen, die auf den diversen Listen aus Istanbul verzeichnet sind, die Einreise nach Erez Israel zu erlauben. Das Außenministerium in Whitehall stimmt auch zu, dass künftig alle von der Jewish Agency aus dem Balkan geretteten jüdischen Kinder nach Palästina einreisen dürfen. Bis zu neunundzwanzigtausend Einwanderungszertifikate, die bisher nicht genutzt wurden, liegen für sie und ihre erwachsenen Begleiter bereit.[185] Die Regierung in London wird auch selbst aktiv und startet mit Nazi-Deutschland Verhandlungen über die Ausreise von fünftausend jüdischen Kindern, darunter auch solchen aus dem besetzten Polen.

Einige zehntausend gegenüber Millionen vom Tode bedrohter Menschen, das mag wenig erscheinen – doch jedes einzelne Menschenleben zählt. »Wer ein Menschenleben rettet, rettet die ganze Welt«, heißt es im Talmud. Doch für viele der Verfolgten kommt die großzügigere Haltung der britischen Regierung viel zu spät. Sie sind tot. Und ob jetzt wenigstens noch ein paar hundert gerettet werden können, weiß niemand.

Die Nazis finden Gefallen an den Austausch-Aktionen von Zivilisten, mit deren Hilfe Auslandsdeutsche »heim ins Reich« geholt werden können. Unverblümt schreibt Erich Albrecht, der Vorgesetzte von Eduard Sethe im Auswärtigen Amt, im Februar 1943: »Ganz offenbar interessieren sich die jüdischen Organisationen in England und den Vereinigten Staaten außerordentlich für ihre Rassegenossen in Europa, so dass es möglich ist, Juden, die die englische oder amerikanische Staatsangehörigkeit besitzen, günstig zu verwerten.«[186] Zudem beginnen die Deutschen im Jahre 1942 damit, besonders wohlhabenden Juden in Einzelfällen gegen Zahlung sehr hoher Geldbeträge die Ausreise ins neutrale Ausland zu genehmigen. Das Deutsche Reich benötigt dringend Devisen für den Kauf von Rohstoffen im Ausland, und der Menschenhandel ist eine sehr profitable Angelegenheit. Deshalb erhält SS-Chef Heinrich Himmler im Dezember 1942 von Adolf Hitler die Genehmigung zum Aufbau eines Austauschlagers, in dem Juden mit ganz bestimmten ausländischen Staatsangehörigkeiten interniert werden sollen. An der Aktion beteiligt ist auch Rudolf Kröning vom Reichssicherheitshauptamt, der inzwischen zum SS-Hauptsturmführer befördert wurde. Überall im Reich und in den besetzten Gebieten wird jetzt nach solchen Juden gefahndet, die zu einer wertvollen Handelsware avancieren. Himmler selbst spricht von zehntausend Menschen, die er als Geiseln behalten will, statt sie zu ermorden. Wenig später ist schon von dreißigtausend Juden die Rede. Zum Sammelplatz für den Menschenhandel bestimmen die Nazis ein Lager für sowjetische Kriegsgefangene in der Lüneburger Heide: Bergen-Belsen. Juden aus den Niederlanden, Frankreich und anderen Staaten mit Kontakten etwa in die USA, Palästina oder Großbritannien werden dort quasi auf Vorrat interniert. Die Lebensbedingungen in diesem Aufenthaltslager, wie es offiziell genannt wird, sind anfangs deutlich besser als in den Konzentrationslagern, weil man den Alliierten gegenüber die Illusion einer halbwegs menschlichen Behandlung von Juden aufrechterhalten will. Später, als der Krieg immer näher an Deutschland heranrückt und auch in Bergen-Belsen ein Konzentrationslager entsteht, sind sie nur noch grauenhaft.

Bei der Suche nach den von Großbritannien angeforderten Juden kommen die Nazis allerdings nicht weiter. Über die Schweizer Gesandtschaft erhält das Auswärtige Amt bis 1944 drei der Istanbul-Listen von Chaim Barlas. Die erste umfasst vierhundertfünfundzwanzig Namen, die zweite siebenhundertvierundneunzig, eine dritte vierundneunzig – und jeder Name steht nicht nur für eine Einzelperson, sondern oft für eine vielköpfige Familie.[187] Von all diesen findet die SS nur ganze einunddreißig Menschen. Alle anderen sind verschwunden, zum allergrößten Teil ermordet. Einige wenige werden wie Oded Amarant versteckt.

In der Korrespondenz mit dem Berliner Auswärtigen Amt wird SS-Hauptsturmführer Rudolf Kröning nun immer deutlicher. Da ist von »ausgesiedelt« die Rede, wenn es um Ghetto-Räumungen geht, von »Evakuierungsmaßnahmen«, und einmal schreibt Kröning ganz offen von der »Evakuierung des Ghettos von Bialystok« in Polen und dass diese Juden »für einen Austausch nicht mehr in Frage« kämen.[188] Schließlich verwendet sogar Aubert de la Rüe von der Schweizer Gesandtschaft den Begriff »Umsiedlungen«. Dass damit der Massenmord an den Juden gemeint ist, dürfte allen Beteiligten längst klargeworden sein. Als aber Großbritannien darum bittet, für den kommenden Austausch zugelassene Juden generell von den Deportationen auszunehmen, weist das Auswärtige Amt dieses Ansinnen empört zurück. Es handele sich um eine »interne deutsche Angelegenheit«, lautet die Argumentation.[189]

Unter den wenigen überlebenden Juden im Warschauer Ghetto beginnt ein lebhafter Handel mit herrenlosen Palästina-Zertifikaten. Diese eigentlich illegale Weitergabe toleriert die SS im Hinblick auf eine möglichst große Zahl von Austausch-Kandidaten. Außerdem versuchen viele der verzweifelten Menschen, ihre Familien mit Hilfe dubioser Einreisegenehmigungen für lateinamerikanische Staaten zu retten. Häufig handelt es sich um Gefälligkeitsschreiben von Konsulaten und Botschaften etwa aus Honduras, Paraguay, Nicaragua oder Guatemala, die ein Aufenthaltsrecht garantieren sollen. Manche sind gefälscht, viele sind das Papier nicht wert, auf dem sie geschrieben sind, doch alle erscheinen den verzweifelten Warschauer Juden, die den Massenmord bis jetzt überlebt haben, wertvoller als Gold. Nach der Liquidierung des Ghettos leben einige der Besitzer von Palästina-Zertifikaten oder lateinamerikanischen Papieren in zwei Warschauer Hotels. Im Sommer 1943 wird ein Teil von ihnen von den Nazis erschossen, ein anderer Teil, insgesamt mehr als zweitausendfünfhundert Menschen, kommt als Austauschkandidaten nach Bergen-Belsen, wo sie von der SS ungewöhnlich höflich empfangen werden. Auch einigen Juden aus Radom gelingt über Warschau die Reise in die Lüneburger Heide. Etwa zur gleichen Zeit treffen auch die ersten Transporte mit niederländischen Juden in Bergen-Belsen ein. Diese ziehen die Nazis den Inhabern dubioser lateinamerikanischer Papiere vor, denn die Vereinigten Staaten verhalten sich Letzteren gegenüber aus Furcht vor möglichen Spionen sehr zurückhaltend bei der Aufnahme. Deshalb werden etwa tausendachthundert vorgeblich südamerikanische Juden bald darauf wieder verschickt. Die SS erzählt den Menschen, es ginge in ein Lager Bergau bei Dresden. Auch die Schweizer Gesandtschaft in Berlin erhält diese Information. Doch es gibt kein Lager Bergau. Tatsächlich werden die Juden nach Auschwitz gebracht, wo sie sofort vergast werden. 1944 gehen zwei weitere Transporte mit insgesamt dreihundertsiebenundvierzig Menschen aus diesem Personenkreis in das Vernichtungslager.

Zweihundertfünfundsechzig Besitzer von Palästina-Zertifikaten dürfen in Bergen-Belsen im »Sonderlager« für polnische Juden weiter dahinvegetieren, ausgetauscht werden sie aber nicht. Das Reichsministerium des Innern, wo seit kurzem Heinrich Himmler den Ministerposten innehat, schreibt: »Da diese vorgenannten Personen Augenzeugen der im Ghetto von Warschau gegen die Juden durchgeführten Maßnahmen waren, werden gegen ihre Ausreise im Austauschwege nach Palästina sicherheitspolitische Bedenken erhoben.«[190]

Es ist bis heute nicht bekannt, wie die SS auf das Bekanntwerden der mörderischen Details des Holocaust durch den Austausch im November 1942 reagiert hat. Entsprechende Papiere sind offenbar bei Kriegsende vernichtet worden. Der Massenmord an den Juden steht unter der höchsten Geheimhaltungsstufe. Er gilt als »geheime Reichssache« – auch wenn viele deutsche »Volksgenossen« vom Holocaust mehr wissen, als sie später zugeben möchten. In jedem Fall muss die weltweite Informationskampagne der Alliierten nach der Ankunft der polnischen Juden in Palästina bei den Nazis für einigen Ärger gesorgt haben, zumal sie nicht wissen können, dass die Briten noch über weitere Nachrichtenkanäle verfügen. Schließlich ist denkbar, dass die Alliierten nun aktiv gegen den Holocaust vorgehen und etwa die Bahngleise nach Auschwitz bombardieren könnten – auch wenn dies tatsächlich niemals geschieht. Eine Konsequenz, die die Nazis aus der in ihren Augen fatalen Freilassung nach Palästina ziehen, ist offensichtlich: Juden aus Polen sind von allen Austausch-Bemühungen fortan grundsätzlich ausgeschlossen. Noch Anfang Februar 1943, also nur drei Monate nach Israel Sumers Austausch, ordnet Heinrich Himmler an, eintausendsechshundert im Generalgouvernement lebende Juden mit Familienangehörigen in Palästina für einen weiteren Austausch »gegen Deutsche in Palästina« zu registrieren.[191] Danach wendet sich das Blatt. In einem Brief von Rudolf Kröning an das Auswärtige Amt vom 23. Juli 1943 heißt es stattdessen: »Die in meinem Schreiben […] erwähnten Juden haben verschiedene Judenumsiedlungen miterlebt. Da die Greuelpropaganda in Palästina zur Zeit besonders stark betrieben wird, würden die fraglichen Juden nach ihrem Austausch dieser Greuelpropaganda nur neue Nahrung geben. Ich bitte daher zu prüfen, ob an Stelle dieser Personen nicht andere Juden für den Austausch ausgewählt werden können.«[192] Mit allen Mitteln versuchen die Nazis fortan, die Auswanderung polnischer Juden zu verhindern.

Das bekommen auch Chaim Barlas' Mitarbeiter zu spüren, die sich in endlosen Verhandlungen mit Rumänien und Ungarn darum bemühen, jüdische Kinder in die Türkei und weiter nach Palästina zu bringen. Immer wieder gelingt es ihnen, einzelne Gruppen mit fünfzig oder einhundertfünfzig Menschen nach Istanbul zu lotsen.

Sie gehen dabei selbst größte Risiken ein, denn den Nazis sind diese Rettungsaktionen aus mit ihnen verbündeten Staaten ein Dorn im Auge. Das Auswärtige Amt in Berlin und die deutschen Botschaften in Sofia und Bukarest erhalten Anweisung durch die SS, diese Auswanderungen zu verhindern: »In den nächsten Tagen sollen 150 Judenkinder aus Rumänien auf dem Landwege über Bulgarien nach Palästina auswandern. Aus den wiederholt erörterten Gründen darf ich bitten, bemüht zu sein, dass in Rumänien von der Durchführung des beabsichtigten Auswanderungsvorhabens Abstand genommen wird bzw., sofern möglich, der Durchreise durch Bulgarien Schwierigkeiten entgegengestellt werden«, so ein Schreiben der SS an das Auswärtige Amt vom 10. März 1943.[193] Eine Auswanderung »liegt nicht im politischen Interesse des Reiches«, heißt es an anderer Stelle.[194] Die Ausreisen könnten »propagandistisch verwertet werden«, an einer dritten.[195] Adolf Eichmann schreibt an das Auswärtige Amt bei anderer Gelegenheit, »es wird gebeten, auch diese Auswanderung nach Möglichkeit zu unterbinden«.[196] Der muslimische Großmufti von Jerusalem Haj Amin el-Husseini, der in Berlin bei den Nazis Unterschlupf gefunden hat, bittet in einem Brief an Reichsaußenminister Joachim von Ribbentrop gleichfalls, jedwede jüdische Auswanderung nach Palästina zu verhindern: »Damit würden Sie dem befreundeten arabischen Volk einen unvergesslichen Dienst erweisen«, heißt es in seinem Schreiben vom Mai 1943.[197]

Nicht in allen Fällen gelingt es den Nazis, die Rettung der Kinder aus den Balkanstaaten zu verhindern. Aber mindestens einmal entdecken sie bei Kontrollen einige wenige jüdische Kinder aus Polen, die sich einem Transport angeschlossen haben. Während sie die Weiterreise der anderen Kinder nicht verhindern können, werden die Kinder aus Polen gnadenlos zurückgeschickt. Auch die Bemühungen Großbritanniens, fünftausend jüdischen Kindern die Ausreise aus dem deutschen Herrschaftsbereich zu ermöglichen, scheitern am Widerstand der Deutschen – vertreten unter anderem durch Eduard Sethe, der Anfang August 1944 ein »endgültiges Nein« ausrichten lässt.[198]

Nur noch ein einziges Mal gelangen Juden aus Nazi-Deutschland durch einen Austausch ins Gelobte Land. Im Juni 1944 sind die Vorbereitungen für diesen dritten deutsch-palästinensischen Austausch in Berlin weitgehend abgeschlossen. Wie schon zwei Jahre zuvor hat der inzwischen sechzig Jahre alte Geheimrat Dr. Eduard Sethe vom Auswärtigen Amt einen wesentlichen Teil der Vorarbeit geleistet. Er ist inzwischen zum stellvertretenden Leiter der Rechtsabteilung aufgestiegen. Rudolf Kröning, sein kongenialer Partner vom Reichssicherheitshauptamt, ist für seine mörderischen Verdienste zwischenzeitlich zum SS-Obersturmbannführer befördert worden, stolzer Vater dreier Kinder – und er kennt sowohl Bergen-Belsen als auch das Ghetto von Theresienstadt sowie das Konzentrationslager Mauthausen von eigenen Besuchen her. Dieses Mal mangelt es den Nazis nicht an austauschfähigen Juden, denn Kröning und Konsorten haben im Lager Bergen-Belsen mehr als viertausend Menschen einzig für diesen Zweck eingepfercht. Die allermeisten Juden haben mit dem Lande Israel eigentlich keine Verbindung, sie besitzen jedoch vom Genfer Büro der Jewish Agency ausgestellte Palästina-Zertifikate. In letzter Minute kommen SS-Chef Heinrich Himmler Zweifel, er meldet »starke Bedenken gegen den geplanten Austausch« an und bittet um eine Verschiebung.[199] Doch das Auswärtige Amt verweist darauf, dass es sich bei den auf den Austausch wartenden Deutschen »überwiegend um kranke und alte Personen handelt, deren Austausch aus gesundheitlichen Gründen nach der langen Wartezeit in Palästina dringend erforderlich« ist.[200] Schließlich verlangt auch noch der Mufti von Jerusalem, den Austausch zu stoppen. Er will verhindern, dass Juden nach Palästina einwandern. Weil aber Außenminister Joachim von Ribbentrop dem Vorgang bereits zugestimmt hat, wird seine Intervention nicht berücksichtigt.

Nach vielen Verzögerungen reisen in der Nacht zum 30. Juni 1944 genau 222 bis dahin in Bergen-Belsen gefangen gehaltene Juden mit einem Sonderzug ab. Wie schon bei der Reise Israel Sumer Kormans sind Polizeirat Wilhelm Merkel und Dr. Johann Gottlieb

Ivo Theiss vom Auswärtigen Amt dabei, wieder hat Philippe Aubert de la Rüe von der Schweizer Gesandtschaft in Berlin vermittelt und befindet sich in einem der Personenwaggons zweiter Klasse. Wieder führt die Reise zunächst nach Wien, ins Obdachlosenasyl in der Gänsbachergasse, das den Gefangenen wie ein wunderschöner Traum vorkommt. Dort werden dem Transport noch fünfzig Gefangene aus dem Internierungslager Vittel in den französischen Vogesen und elf aus dem Lager Laufen in Oberbayern angeschlossen. Danach sind es vor allem holländische Juden, die nach Istanbul reisen dürfen. Sie haben im Sinne der Nazis den Vorteil, dass sie im Gegensatz zu den polnischen Juden nichts von den Vernichtungslagern und den Ghetto-Räumungen im Osten berichten können. Nachweislich befindet sich unter ihnen nur eine einzige Person, die ursprünglich schon 1942 hätte ausgetauscht werden sollen, aber damals von den Nazis nicht gefunden worden war: Die mittlerweile dreiundzwanzig Jahre alte und in Tel Aviv geborene Esther Isch-Saday erreicht zusammen mit ihrer Mutter und 281 weiteren Menschen am 10. Juli 1944 Haifa.[201] Im Gegenzug werden 150 Deutsche ausgetauscht, davon 74 aus Südafrika. Großbritannien bestand darauf, dass die Zahl der ausgetauschten Juden dieses Mal deutlich höher als die der Deutschen sein müsse, um das Ungleichgewicht aus den vorangegangenen Aktionen auszugleichen.

Im Dezember 1944 haben die Amerikaner längst Aachen erobert und bereiten sich auf die Besetzung des Rheinlands vor. Im Osten steht die Rote Armee kurz vor Ostpreußen. Nichtsdestotrotz arbeiten die Beamten im Berliner Auswärtigen Amt und im SS-Reichssicherheitshauptamt unverdrossen an den Vorbereitungen für einen weiteren Austausch. Er wird nicht mehr stattfinden, denn den Nazis geht ihre menschliche Ware aus. Das Interniertenlager Saint Denis bei Paris ist befreit, niemand weiß, wo sich die Gefangenen befinden. Nach dem Vormarsch der sowjetischen Truppen und der darauffolgenden Liquidierung des jüdischen Ghettos von Lodz durch die Nazis muss Rudolf Kröning zum Jahresende 1944 eingestehen, dass die dort bisher befindlichen Juden »für einen Austausch nicht mehr zur Verfügung stehen« – fast alle von ihnen wurden in Auschwitz ermordet. Damit endet der behördliche Schriftwechsel. Die nationalsozialistische Herrschaft über Deutschland und Europa beginnt sich aufzulösen.

Mordechai Korman, Israel Sumers Vater, hätte ebenso wenig wie der überlebende Onkel je eine Chance gehabt, an dem letzten Austausch von 1944 teilzunehmen. Juden aus Polen werden von den Nazis, wenn sie nicht ohnehin schon ermordet worden sind, nicht freigelassen. Auch den über zweihundert polnischen Juden, die in Bergen-Belsen hinter Stacheldraht und unter immer furchtbareren Bedingungen inhaftiert sind, helfen ihre Palästina-Zertifikate nichts. Noch am 6. April 1945, nur neun Tage vor der Befreiung Bergen-Belsens durch britische Truppen, werden die meisten von ihnen in das Lager Theresienstadt in der Tschechoslowakei verschleppt. Ihr Leiden verlängert sich damit noch einmal um einen Monat. In Theresienstadt werden die Überlebenden am 8. Mai von der Roten Armee befreit – dem Tag, an dem die Herrschaft der Nazis in Deutschland und Europa endgültig beendet ist.

In Deutschland können die alliierten Soldaten endlich den Kampf einstellen. Millionen Zwangsarbeiter und KZ-Insassen sind frei. Viele sind bis aufs Skelett abgemagert. Noch in den folgenden Wochen sterben Tausende von ihnen an Unterernährung und Krankheiten. Die wenigen versteckt lebenden Juden können endlich wieder auftauchen. Sie haben jahrelang in Kellern und auf Dachböden gehaust, sich in Wäldern versteckt, in ständiger Angst vor der Gestapo. Auch Oded Amarant kann sein Versteck in dem ukrainischen Kloster verlassen und kommt vorläufig bei einer ihm fremden Familie in Lemberg unter. Die Partisanen in den besetzten Ländern können ihre Waffen aus der Hand legen. Die überlebenden Widerstandskämpfer in Deutschland, Sozialdemokraten, Kommunisten, Konservative, Christen und Liberale, freuen sich über die Kapitulation ihrer Feinde und hoffen auf den Aufbau eines neuen, friedlichen Deutschlands. Millionen Mütter – auch deutsche – müssen nicht mehr den Tod ihrer Söhne und Ehemänner an der Front befürchten. In Europa und Amerika wird der Tag groß gefeiert. Auch in Tel Aviv sind die Menschen unendlich erleichtert. Hunderttausende tanzen auf den Straßen. Endlich ist die Schreckensherrschaft der Nationalsozialisten beendet.

Doch unter die Freude mischt sich Angst. Viele Menschen wissen nicht, was aus ihren Angehörigen geworden ist, ob diese überhaupt noch am Leben sind. Das Ausmaß des Völkermords an den Juden wird erst langsam bekannt. Die Eltern des kleinen Oded Amarant wissen noch immer nichts vom Schicksal ihres einzigen Kindes. In Tel Aviv haben die drei Brüder Israel Sumer, Lusek und Mosche Korman seit beinahe drei Jahren nichts mehr von ihren Angehörigen in Radom gehört. Sie wissen nicht, ob der Vater noch am Leben ist. Sie haben keine Ahnung, was aus den Onkeln Symcha Najman und Schlomo Salzberg geworden ist. Und sie haben auch nie eine endgültige Nachricht über das Schicksal ihrer Mutter Hannah erhalten.

Kapitel IX

Die Überlebenden

FÜR DEN ACHTZEHN JAHRE alten Israel Sumer folgt auf den wunderbaren Frieden schon bald eine unangenehme Nachricht. Bisher hat die polnische Exilregierung ihm zwanzig Pfund im Monat überwiesen, weil er immer noch als polnischer Staatsbürger auf der Flucht galt. Das war neben dem dürftigen Lohn von sechs Pfund, den er in der Autoreparaturwerkstatt erhält, ein angenehmer Zusatzverdienst, für den er überhaupt nichts tun musste. Doch jetzt wird Israel Sumer von der neuen Regierung Polens aufgefordert, zurückzukehren und als Wehrpflichtiger einer neu zu bildenden polnischen Armee beizutreten. Korman: »Das tat ich natürlich nicht. Aber das war das Ende dieser Zahlungen.« Israel Sumer ist inzwischen über 1,80 Meter groß, schlank und mit seinen hellblauen Augen ein attraktiver junger Mann. Er lebt immer noch in der kleinen Wohnung in der Nachmani-Straße. Sein ältester Bruder Lusek hat schon 1944, während seiner Dienstzeit in der britischen Armee in Ägypten, seine Freundin Rachel geheiratet. Das Ehepaar ist in einen Vorort von Tel Aviv umgezogen. Ein Jahr nach Kriegsende heiratet auch der mittlere Bruder Mosche und zieht aus. Israel Sumer bleibt alleine zurück. Er vereinsamt deswegen aber nicht, denn er hat seine neuen Freunde in der Stadt. Aber jeden Freitagabend fährt er nach Givat Rambam und besucht dort Lusek und seine Frau. Dort lernt er die Tochter eines Ladenbesitzers kennen, bei dem Rachel Korman arbeitet. Die dunkelhaarige Drora ist erst sechzehn Jahre alt. Sie sehen sich häufiger. Es kommt etwas in Gang.

Die drei Brüder versuchen mit allen Mitteln herauszufinden, was aus dem Vater und den beiden Onkeln geworden ist, die Israel Sumer zuletzt im Herbst 1942 lebend gesehen hat. Sie haben nur noch geringe Hoffnungen für ihre Mutter, aber natürlich wollen sie die Wahrheit erfahren. Sie fragen beim Roten Kreuz nach, schreiben an die gerade gegründete UN-Flüchtlingshilfsorganisation UNRRA. Über Monate erhalten sie keine Antwort. Dann trifft endlich eine Nachricht ein: Der Vater und ein Onkel hätten überlebt und würden in München wohnen, schreibt ein Mitarbeiter der Vereinten Nationen. Bald darauf kommt endlich ein Brief des Vaters an. Mordechai Korman berichtet, dass er und Onkel Schlomo Salzberg von den Amerikanern aus dem Konzentrationslager Dachau befreit wurden und jetzt in einer Wohnung in München-Schwabing leben, die die Alliierten von den Deutschen konfisziert haben. Es gehe ihnen gut, er und Schlomo Salzberg hätten sogar Arbeit und würden eine kleine Handtaschenfabrik im Namen eines Deutschen leiten, dem das verboten sei. Über seine Ehefrau Hannah schreibt der Vater, er sei nun sicher, dass sie getötet worden sei. Er habe sich erkundigt – außer ihnen gebe es in der ganzen großen Familie nicht einen einzigen Überlebenden. Auch Onkel Symcha Najman ist tot.

In Tel Aviv halten sich Freude und Trauer die Waage. Vater und Onkel Salzberg leben – das ist die gute Nachricht. Doch die Mutter ist tot. In seinem Innersten hat Israel Sumer mit dieser Information gerechnet. Alles sprach dafür, dass Hannah Korman nach Treblinka deportiert und dort ermordet wurde. Doch ein kleines bisschen Hoffnung war trotzdem die ganzen Jahre immer noch da. Jetzt ist diese Hoffnung endgültig zerstört.

Über Einzelheiten seiner Leidenszeit berichtet Mordechai Korman nichts. Auch Jahre später, als sich Vater und Sohn endlich wiedersehen, bleibt dieses Thema ausgespart. Mordechai Korman will an diese Zeit des Horrors nicht mehr erinnert werden. Er hat sie eingekapselt, so wie viele andere Holocaust-Überlebende, denen es psychisch unmöglich ist, darüber zu reden und daran erinnert zu werden. Ihre Hoffnungen sind auf die Zukunft gerichtet, auf ein neues Leben nach dem Massenmord der Nazis.

Mordechai Korman ist 1959, vor über fünfzig Jahren, verstorben. Er wurde 64 Jahre alt. Andere Holocaust-Überlebende aus Radom haben Zeugnis abgelegt. Ihre Angaben sind in den Archiven gesammelt. Dort sind auch die Akten verwahrt, die nicht rechtzeitig von den Nazis zerstört wurden und die die Zeit überdauerten. Aus diesen Quellen lässt sich rekonstruieren, was im deutsch besetzten Radom nach dem Austausch geschah und wie es dem Vater von Israel Sumer Korman bis zu seiner Befreiung erging.

Mordechai Korman arbeitet im Herbst 1942 weiter in der Waffenfabrik. Immer wieder werden von den Deutschen als »arbeitsunfähig« qualifizierte Juden in einzelnen »Aktionen« erschossen. Im Winter ist in Radom erneut von einem Palästina-Austausch die Rede. Wieder wird nach Juden mit Verwandten in Erez Israel gesucht, und wieder werden lange Listen erstellt. Trotz seiner in Palästina lebenden Söhne lässt sich Mordechai Korman nicht auf eine solche Liste setzen. Vielleicht hat er einen Hinweis bekommen, dies besser zu unterlassen. Denn dieses Mal wird niemand das Gelobte Land erreichen. Die vermeintliche Rettung ist eine Falle der Nazis. Nicht nur in Radom, sondern auch in vielen anderen jüdischen Ghettos in Osteuropa wird den Menschen in diesen Tagen ein Ausweg aus ihrem Leiden vorgegaukelt, den es nicht gibt. Warum die Nazis zu dieser List gegriffen haben, lässt sich nicht mit Sicherheit feststellen. Möglicherweise ging es darum, Intellektuelle als potentielle Widerstandskämpfer umzubringen.

Viele Radomer Juden erfuhren dank der im November 1942 aus Istanbul versandten Postkarte von einer der Ausgetauschten, dass diese Gruppe tatsächlich Palästina erreichte. Sie sind arglos und hoffnungsvoll und lassen sich in die Listen eintragen. Ihnen wird erzählt, sie würden gegen deutsche Kriegsgefangene ausgetauscht. Im Januar 1943 deportieren die Nazis etwa sechshundert »palästinensische« Juden aus Radom statt nach Palästina in das Vernichtungslager Treblinka. Viele versuchen in letzter Minute zu fliehen, als sie die Wahrheit erkennen. Sie werden erschossen. Es bleibt nicht bei dieser Aktion: An einem Sonntag im März 1943 werden in Radom über einhundert Menschen aus einer großen Menge zu-

sammengerufen. Marian M. erinnert sich in einer Zeugenvernehmung: »Die Juden gingen gruppenweise durch das Tor und bestie-
gen die Lastkraftwagen. Es ging alles sehr zügig vor sich, und wir
beneideten unsere Landsleute, weil sie glaubten, den Weg in die
›Freiheit‹ zu gehen. Als sich diese drei Lastkraftwagen mit den jüdischen Menschen in Bewegung setzten, tauchte plötzlich als letztes
Fahrzeug ein Lastkraftwagen auf, der mit etwa dreißig Mann einer
ukrainischen Bewachungsmannschaft besetzt war. Sie waren bewaffnet. Das kam uns verdächtig vor.«[202] Die Lastwagen biegen auf
dem Weg zum Bahnhof ab. Es geht nicht nach Palästina, sondern in
die etwa dreißig Kilometer entfernte Kleinstadt Szydlowiec. Auf
dem dortigen jüdischen Friedhof werden die Menschen bis auf wenige Ausnahmen erschossen und anschließend verscharrt.

Im November 1943 liquidieren die Nazis das »Restghetto« von
Radom. Etwa hundert Frauen und Kinder werden von der SS erschossen, die noch »Arbeitsfähigen«, darunter etwa zwanzig Kinder, kommen in das Lager der Waffenfabrik und werden zur
Zwangsarbeit eingeteilt. Unter ihnen dürfte sich auch der damals
dreiunddreißig Jahre alte Onkel von Israel Sumer, Schlomo Salzberg, befunden haben. Die Zwangsarbeit in der Waffenfabrik ist
von nun an für die etwa dreitausend verbliebenen Juden von Radom
praktisch der letzte Strohhalm. Im Januar 1944 werden die Radomer Baracken zum Außenlager des Konzentrationslagers Majdanek
umgewidmet. An den grauenhaften Zuständen ändert das nichts.
Was sich ändert, ist das Kriegsgeschehen: Die Deutschen verlieren
im Osten mehr und mehr an Boden. Im Juli 1944 steht die Rote
Armee zum ersten Mal an den Grenzen des Distrikts Radom tief in
Polen. Die Maschinen der Waffenfabrik werden in mehrere Züge
verladen und in das Hauptwerk von Steyr-Daimler-Puch in Steyr
gebracht. Vierhundertvierzehn Eisenbahnwaggons und neunundsechzig Lastkraftwagen mit fünfundvierzig Anhängern sind notwendig, um alle Geräte wegzuschaffen, ehe sie den Sowjets in die
Hände fallen. Auch die österreichischen Werksangehörigen reisen
nach Steyr, darunter der Werkmeister Otto Perkounig.

Ende des Monats beginnt die Evakuierung der überlebenden Juden aus Radom. Mordechai Korman und Schlomo Salzberg müssen wie die anderen die etwa einhundert Kilometer bis nach Tomaszow zu Fuß gehen, bewacht von der SS. Ein Überlebender erinnert sich: »Dieser Marsch dauerte ungefähr fünf Tage. Nachts mussten wir unter freiem Himmel schlafen. Einige versuchten zu fliehen. Manchen glückte es, andere wurden entdeckt und sofort erschossen. [...] Ich erinnere mich auch, dass dort ein Sanitäter war, an dessen Namen ich mich nicht erinnere. Ich sah selbst, wie er durch die Kolonnen ging und fragte, ob jemand müde sei. Kinder und alte Leute nahmen das Angebot an, mit einem Pferdewagen gefahren zu werden. Sie glaubten, sie würden nun gefahren werden. Es hieß, diese Menschen seien weggebracht und erschossen worden. [...] Ich hörte entfernte Schüsse, Maschinengewehrschüsse.«[203] Möglicherweise stirbt Symcha Najman auf diesem Gewaltmarsch, vielleicht aber auch erst später. Alles, was man von dem Onkel von Israel Sumer heute noch weiß, ist, dass er an Typhus gestorben ist – einer damals weit verbreiteten Seuche unter den furchtbar geschwächten Juden.

In Tomaszow pferchen die Nazis die Frauen und Kinder in das örtliche Gefängnis, die Männer werden in einer Fabrikhalle untergebracht. Nach drei Tagen müssen sie in einen Güterzug steigen. Die Fahrt dauert zwei Tage und eine Nacht, dann hat der Transport Auschwitz erreicht. Dort werden Mordechai Korman und Schlomo Salzberg in die Gruppe der »Arbeitsfähigen« eingeteilt und bleiben so am Leben. Die anderen, darunter alle Frauen und Kinder, kommen sofort in die Gaskammern des Vernichtungslagers.

Der Leidensweg von Mordechai Korman geht weiter: Er muss zusammen mit zweitausendeinhundertsiebenundachtzig weiteren Männern aus Radom erneut einen Zug besteigen. Viele Tage und Nächte sind der Vater und der Onkel in dem überfüllten Güterwaggon nach Westen unterwegs. Mitte August 1944 erreicht der Transport das Konzentrationslager Vaihingen an der Enz nördlich von Stuttgart. Ein Deutscher hat die Ankunft des Zuges in seinem

Tagebuch so beschrieben: »In vier Viehwaggons wurde ein ganzer Transport Juden auf die Baustelle des hiesigen Werkes geführt, wo sie in einem von Stacheldraht umsäumten Barackenlager zusammengepfercht leben müssen. Am Tage der Ankunft herrschte eine unmenschliche Hitze und die Juden standen in den Viehwagen dicht bei dicht zusammen, ohne dass sie sich bewegen konnten.«[204] Das Lager mit dem zynischen Namen »Wiesengrund« ist ein Nebenlager des KZ Natzweiler im Elsass und besteht aus vier Baracken für die Häftlinge, einer Küchen- sowie einer Krankenbaracke. Primitive Toiletten und Waschanlagen befinden sich im Freien. Das ganze Gelände ist mit Stacheldraht eingezäunt. Von vier Türmen aus überblicken die Wachen das Gelände. Mordechai Korman erhält die Häftlingsnummer 25 845.[205] Er muss zusammen mit den anderen Juden aus Radom und weiteren ausländischen Zwangsarbeitern in einem nahe gelegenen Steinbruch schuften. Dort sollen eine Abschusseinrichtung für V1-Raketen und eine unterirdische Fabrik entstehen. Einer der Gequälten berichtet später: »Wie bei Hunderten von anderen Häftlingen bestand meine Aufgabe darin, Ziegelsteine auf den Grund des Steinbruchs zu tragen, welcher sich etliche Stockwerke unter dem Boden befand. Man gab uns gezimmerte Tragen, die auf den Schultern getragen wurden. Ich kniete, während ein anderer Häftling sie mit Ziegelsteinen belud. Ich konnte aus meiner knienden Stellung mit dem Gewicht der Ziegelsteine nicht aufstehen. Ein SS-Mann peitsche mich, und ich fiel mitsamt den Ziegelsteinen auf den Boden. Etliche davon zerbrachen. Das bedeutete weitere Strafen durch Peitschen.«[206] Mordechai Korman wird im August von einem SS-Rottenführer ohne jeden Anlass mit einer Holzplanke über den Kopf geschlagen. Er erleidet dabei so schwere Verletzungen, dass man ihn in die Krankenbaracke bringen muss und dort bis in den September hinein behandelt.[207]

Im Herbst 1944 rücken die alliierten Truppen in Frankreich immer näher an die deutsche Grenze. Die Lage der Wehrmacht ist aussichtslos. Weil das V1-Raketenprojekt nun keine Chance mehr auf eine Realisierung hat, geben die Nazis den Steinbruch bei Vaihingen auf. Von den ursprünglich knapp zweitausendzweihundert Radomer Juden, die die Nazis ins KZ brachten, gelten zu diesem Zeitpunkt noch tausendachthundert als »arbeitsfähig«. Auch der mittlerweile genesene Vater von Israel Sumer zählt zu ihnen. Sie werden auf andere Lager verteilt. Mordechai Korman, Schlomo Salzberg und etwa sechshundert weitere Radomer Juden kommen im Oktober 1944 in das KZ-Außenlager Hessental im Kreis Schwäbisch Hall. Dort müssen die meisten von ihnen auf dem örtlichen Fliegerhorst für die SS arbeiten. Sie leben in einem von drei Wachttürmen umgebenen Barackenlager. Die Ernährungslage ist katastrophal. Viele Häftlinge sterben.

Im Frühjahr 1945 steht das »Großdeutsche Reich« des »Führers und Reichskanzlers« Adolf Hitler vor seinem Ende. Weite Teile Deutschlands sind von den Alliierten erobert. Doch noch immer kommen Mordechai Korman und Schlomo Salzberg nicht frei. Die Nazis verschleppen die Häftlinge Anfang April 1945 ein letztes Mal. Der Vater und der Onkel werden wieder in einen Güterwaggon gepfercht. Doch schon nach wenigen Kilometern Fahrt wird die Lokomotive des Zuges durch einen amerikanischen Tieffliegerangriff so schwer beschädigt, dass es nicht mehr weitergeht. Fortan treibt die SS die ausgemergelten Menschen in zwei großen Kolonnen zu Fuß in Richtung Südosten. Wer nicht mehr weiterkann, wird am Wegesrand erschossen. Nur wenigen Gefangenen gelingt die Flucht vor dem Hessentaler Todesmarsch. Der deutsche Fuhrmann Friedrich Knapp wird von der SS gezwungen, den Transport zu begleiten. Er berichtet: »Ich musste hinter dem Zug herfahren, um die auf der Strecke aus Erschöpfung umfallenden KZ-Häftlinge auf den Wagen zu laden. Der erste KZ-Häftling hielt bereits nach sechzig Metern. Es war fürchterlich, wie sich die Wachmannschaften dann benahmen.«[208] Erst im bayerischen Nördlingen steht wieder ein Güterzug für die Überlebenden bereit. Er bringt die völlig erschöpften Menschen nach München-Allach, ein Nebenlager des berüchtigten KZ Dachau. Am 29. April 1945 wird Mordechai Korman dort endlich von amerikanischen Truppen befreit. In seinem Brief an die Söhne in Tel Aviv schreibt er, dass ihm sein Schwager Schlomo Salzberg mehrfach das Leben gerettet hat.

Die Überlebenden kommen zunächst in einem riesigen Lager für »Displaced Persons« in Feldafing, südlich von München, unter. Dort und in anderen Auffangstationen leben die Millionen überlebenden Zwangsarbeiter aus den zuvor von Deutschland besetzten Ländern und die Juden, die kein Land mehr haben, in das sie zurückgehen wollen. Polen ist ein einziger großer jüdischer Friedhof. Kaum einer entschließt sich zur Reise dorthin, und wer es doch wagt, wird damit konfrontiert, dass diejenigen christlichen Polen, die Haus und Hof der verschwundenen Juden übernommen haben, keineswegs bereit sind, einfach wieder auszuziehen. Wer sich an jüdischem Eigentum bereichert hat, für den sind die Rückkehrer eine höchst unwillkommene Überraschung. Der alte Antisemitismus ist mit dem Kriegsende in Polen keineswegs ausgerottet. Es kommt zu Ausschreitungen. Die überlebenden Juden sollen wieder verschwinden, so lautet der Konsens unter den Antisemiten. Wenn nicht mit Drohungen, dann eben mit Gewalt.

Feiga Korman, eine Schwester des Vaters von Israel Sumer, heiratete vor dem Krieg Raphael Charendorf aus Kielce südlich von Radom. Sie betrieben in der Stadt ein eigenes Geschäft und bekamen drei Kinder. Die ganze Familie wurde im Holocaust ermordet, bis auf den ältesten Sohn Eliezer, der die Torturen in den Nazi-Lagern überlebte. Er kehrte nach der Befreiung in seine Heimatstadt Kielce zurück. Dort ist die Stimmung gegenüber Juden feindselig. Sie wird bedrohlich, als ein polnischer Junge verschwindet und unter den Christen die Mär von einem »jüdischen Ritualmord« die Runde macht. Die Antisemiten versammeln sich vor dem jüdischen Gemeindehaus, wo die meisten Juden auf ihre Emigration nach Palästina warten. Die Polizei greift nicht ein. Am 4. Juli 1946 fallen die Kielcer Bürger über die Juden her und ermorden zweiundvierzig von ihnen. Einer davon ist Eliezer Charendorf.

Für Mordechai Korman ist klar, dass er nicht nach Radom zurückkehren will. Aber auch München ist für den mittlerweile Fünfzigjährigen keine Alternative, obwohl er dort Arbeit und eine schöne Wohnung in Schwabing gefunden hat und sogar der neu entstandenen jüdischen Gemeinde beigetreten ist.

Eines Tages erhält er vollkommen unerwarteten Besuch: Vor der Tür steht ein US-Soldat in der schmucken Uniform eines Sergeants. Es ist Felix Berger, der Junge aus Stettin und Freund von Israel Sumer, dem in letzter Minute die Ausreise aus Polen in die Vereinigten Staaten gelungen war. Nach seiner Emigration hat Felix die US-Staatsbürgerschaft angenommen und ist als Sieger in das Land zurückgekehrt, aus dem er 1938 vertrieben wurde. Seine Brüder Joachim und Eduard wurden von den Nazis umgebracht, der Vater Fritz wurde 1942 im KZ Sachsenhausen bei Berlin erschossen. Die Mutter und zwei Schwestern überlebten die Torturen im KZ Majdanek. Den ganzen Krieg hindurch ist der Faden zwischen Felix und der Familie Korman, die ihn in Radom so herzlich aufgenommen hatte, nie ganz abgerissen. Lusek in Tel Aviv und Felix in den USA wechselten Briefe, und so erfuhr Felix, dass Vater Korman in München lebt und auf eine Möglichkeit zur Auswanderung wartet.

Eine Emigration ist für den Vater schwierig. Sein Sohn Mosche reist von Tel Aviv nach München, um ihn und den Onkel zu besuchen. Auch Schlomo Salzberg, der seine ganze Familie im Holocaust verloren hat, will Europa so schnell wie möglich verlassen. Beide möchten nach Palästina auswandern. Doch dieses Land wird weiter von Großbritannien verwaltet. Die alten restriktiven Einwanderungsbestimmungen aus der Vorkriegszeit bleiben unverändert bestehen. Als die Söhne in Tel Aviv für ihren Vater ein Zertifikat beantragen, bekommen sie zu hören, dass bis zu einer Bewilligung Jahre vergehen könnten. So lange können und wollen Vater und Onkel unmöglich warten. Besteht vielleicht die Möglichkeit, Erez Israel auf illegalem Weg zu erreichen? Die Fluchthelfer des Mossad haben ihre Arbeit wiederaufgenommen und organisieren illegale Transfers. Altersschwache und völlig überladene Dampfer fahren auf ihren geheimen Missionen von europäischen Häfen in Italien und Frankreich in Richtung Palästina. Doch die meisten werden von den Briten unterwegs entdeckt und aufgebracht. Viele der KZ-Opfer landen statt in Palästina auf der britischen Kronkolonie Zypern. Dort werden sie monate-, manchmal jahrelang in Internierungslagern festgehalten. Eine solche Fahrt kommt für Mordechai Korman und Schlomo Salzberg nicht in Frage. Der Ausgang wäre ungewiss und die Reise äußerst strapaziös. Nur junge Menschen sollten dieses Wagnis eingehen.

Für Oded Amarant dagegen öffnen sich endlich die Tore Israels. Der in Tel Aviv geborene Junge, der die Nazi-Herrschaft versteckt im Kloster überlebte, reist 1947 von seinen Gasteltern in Polen zunächst nach Marseille und besteigt dort legal einen Dampfer nach Palästina. Als die Eltern ihren Sohn zuletzt in Lemberg gesehen hatten, war er vier Jahre alt. Im Hafen von Haifa umarmen sie jetzt einen Zwölfjährigen.

Lusek, Mosche und Israel Sumer überlegen, wie sie Vater und Onkel aus Deutschland nach Palästina bringen können. Lusek fährt zur Zentrale der Jewish Agency nach Jerusalem, um die Angelegenheit zu beschleunigen. Doch anders als vier Jahre zuvor bei der Befreiung von Israel Sumer aus dem Lager in Atlith bleibt der Erfolg dieses Mal aus. Die Angestellten in der Jewish Agency erklären ihm, dass der Vater zwar mit Sicherheit nach Palästina kommen könne. Doch das Kontingent der Einwanderungszertifikate für die nächsten zwei Jahre sei bereits erschöpft, mindestens so lange müsse er daher warten. Deprimiert kehrt Lusek Korman nach Tel Aviv zurück.

Schon seit längerem trägt sich der Siebenundzwanzigjährige mit dem Gedanken, Palästina wieder zu verlassen. Tel Aviv mit seinen glühend heißen Sommern sagt ihm klimatisch überhaupt nicht zu. Die Aufstiegschancen in dem armen und egalitär geprägten Land sind gering. Er hat keinen richtigen Beruf gelernt und weiß nun, nach der Entlassung aus der britischen Armee, nicht, was er machen soll. Hinzu kommt der Konflikt mit Arabern und Engländern. Erstere wollen die Einwanderung weiterer Juden um jeden Preis verhindern und drohen mit terroristischen Aktionen. Die Briten legen der jüdischen Gemeinschaft Steine in den Weg, wo sie nur können. Radikale jüdische Gruppen reagieren mit Bombenanschlägen auf britische Einrichtungen. Die Engländer verhängen Ausgangssperren und durchsuchen ganze Stadtviertel von Haus zu Haus nach Waffen. Vermeintliche und tatsächliche Terroristen werden festgenommen. An manchen Tagen kommt der öffentliche Nahverkehr zum Erliegen, kein Bus darf während der Ausgangssperren verkehren, und Lusek kommt aus seiner Wohnung im Tel Aviver Vorort Givat Rambam nicht mehr in die Stadt hinein oder umgekehrt nicht mehr heraus.

Eine Auswanderung in das vom Krieg zerstörte Europa scheidet für Lusek Korman von vornherein aus. Nach zwei Kriegen in dreißig Jahren, nach dem Massenmord an den Juden und mitten im beginnenden kalten Krieg zwischen Ost und West zieht es kaum jemanden auf den in Trümmern liegenden alten Kontinent. Im Gegenteil: Viele Überlebende wünschen sich, so weit weg wie irgend möglich von ihrer alten Heimat zu leben. Am weitesten entfernt ist Australien. Lusek erinnert sich an den entfernten Verwandten Stanley Korman, der schon 1927 von Palästina aus auf den fünften Kontinent emigrierte. Der erreichte das Land mit ganzen vier Pfund Sterling in der Tasche, arbeitete sich mühsam hoch und baute schließlich eine Textilfabrik auf, die sich zunächst auf die Herstellung von Socken spezialisierte. Im Zweiten Weltkrieg kam Stanley Korman zu Wohlstand, denn seine Firma belieferte die australische Armee mit Unterwäsche. Lusek schreibt an Stanley in Melbourne und fragt ihn, ob er dabei helfen kann, dass der Vater, der Onkel und dessen zweite Frau, die er in München kennengelernt hat, endlich Deutschland verlassen können. Diese sind inzwischen bereit, überall hinzugehen, solange sie nur aus Europa wegkommen.

Stanley Korman reagiert schnell. Er erklärt sich nicht nur damit einverstanden zu helfen. Er will auch die Einreise der drei Münchner organisieren. Schon nach zwei Monaten meldet sich Stanley bei Lusek: Die Einreisegenehmigungen seien auf dem Weg nach Deutschland. Vater Mordechai, Onkel Schlomo Salzberg und seine Frau können kommen. Es bleibt nur die Reise zu organisieren. Angesichts dieser erfreulichen Nachrichten entschließt sich auch Lusek zur Emigration nach Australien. Er erhält ein Studentenvisum für zunächst ein Jahr. Mitte 1947 sind die Vorbereitungen beendet, Lusek Korman besteigt das kanadische Schiff »Rockside« und verlässt Palästina. Seine Frau bleibt in Tel Aviv zurück, sie soll später nachkommen. Seinen geschäftlich so erfolgreichen Verwandten Stanley und seine Familie hat Lusek nicht über seine Reise informiert. Er will auf eigenen Beinen stehen und nicht ins gemachte Bett fallen. Die Reise dauert mit Zwischenstopps volle drei Monate, dann steht Lusek Korman auf der Spencer Street am Bahnhof der Millionenstadt Melbourne ganz im Süden Australiens. Er will ein neues Leben beginnen, aber er hat fast kein Geld mehr. Und, das weiß Lusek, er muss sich um Vater und Onkel kümmern, die bald aus Europa nachkommen sollen. Nun wendet er sich doch an seine Verwandten, die zur Hilfe gerne bereit sind. Lusek gelingt es in kurzer Zeit, zusammen mit einem Partner, einem ebenfalls aus Radom stammenden Juden, in die Textilproduktion einzusteigen. Bald kann er seine Frau Rachel nachholen. Und als der Vater im folgenden Jahr in Melbourne eintrifft und nach neun Jahren endlich seinen Sohn wiedersieht, steht Mordechai Korman bald auch ein eigener Arbeitsplatz zur Verfügung – nicht mehr im eigenen Laden, aber immerhin in der Firma seines Sohnes und weit, weit entfernt von Europa, der furchtbaren Vergangenheit und dem Holocaust. Lusek, der sich jetzt Les nennt, erhält als ehemaliger britischer Militärangehöriger schon nach kurzer Zeit die australische Staatsbürgerschaft.

Israel Sumer denkt nicht an eine Auswanderung aus Palästina. Jeden Morgen verlässt er in Hemd, kurzer Khaki-Hose und Sandalen seine kleine Wohnung, schaut auf dem Weg in einem der kleinen, preiswerten Kaffeehäuser vorbei, trinkt dort einen Kaffee im Stehen und isst ein Stückchen Kuchen. Er ist glücklich mit seinem Job in der Autoreparaturwerkstatt, wo er an Motoren und Getriebeteilen der Chevrolets herumschraubt, bis alles wieder großartig funktioniert und die Motoren schnurren wie bei einem glänzenden Neuwagen. Abends kehrt er von seiner Arbeit in die Nachmani-Straße zurück. Er hat seine Freunde von der zionistischen Jugendgruppe und trifft fast täglich seinen älteren Bruder Mosche. Er liebt es, ins Kino zu gehen. Er mag die Stadt und das Land, und er hat keine Probleme mit der großen Hitze im Sommer. Israel Sumer geht auf die zwanzig zu und schätzt sich glücklich, im pulsierenden Tel Aviv zu leben. Dort merkt man auch wenig von den wachsenden Spannungen mit den arabischen Einwohnern in den anderen Teilen des Landes. Aber die Zeitungen, die Israel Sumer beim Abendessen in einem der kleinen Restaurants liest, sind voll von Meldungen über Pistolenüberfälle und Bombenanschläge.

Tatsächlich werden die politischen Verhältnisse in Palästina nach dem Zweiten Weltkrieg immer schwieriger. Die jüdische Gemeinschaft plant die Gründung eines eigenen Staats und stößt damit auf den Widerstand von Arabern wie Briten gleichermaßen. Arabische Gruppen greifen jüdische Siedlungen an. Die Briten wollen ihr Mandatsgebiet nicht freiwillig aufgeben. Sie verweigern weiterhin den allermeisten Überlebenden des Holocaust die Einreise nach Erez Israel. Zionistische Einheiten kämpfen gegen arabische Terroristen. Extreme nationalistische jüdische Gruppen wie Etzel und Lechi gehen mit Bomben- und Mordanschlägen gegen die Briten vor. Im Juli 1946 sprengt ein Etzel-Kommando einen Flügel des berühmten King-David-Hotels in Jerusalem in die Luft, in dem britische Militärangehörige untergebracht sind. Einundneunzig Menschen werden getötet. Solche Terroranschläge lehnt die Mehrheit der Juden ab, und die Jewish Agency verurteilt den Anschlag scharf. Die Einheiten der paramilitärischen Hagana, des Vorläufers der israelischen Armee, blockieren oder zerstören Verkehrswege, um die Truppenbewegungen der inzwischen hunderttausend britischen Soldaten in dem kleinen Land zu behindern. Auf manchen Straßen werden Minen gelegt. Am 6. Juni 1946 schlägt die Hagana an der Eisenbahnlinie von Deraa in Syrien nach Haifa am Mittelmeer zu: Eine wichtige Brücke im Yarmuk-Tal fliegt in die Luft. An beiden Seiten installieren die Juden vorsorglich Gleissperrsignale, damit kein Zug in das Tal stürzt. Doch die Strecke, auf der Israel Sumer und die anderen Ausgetauschten im Jahre 1942 Erez Israel erreicht haben, ist unterbrochen und wird nie wieder in Betrieb genommen. Noch heute sind die Trümmer der gesprengten Brücke im syrisch-israelischen Grenzgebiet zu erkennen.

Im Februar 1947 entscheidet sich die von dem kostspieligen Kleinkrieg in ihrem Mandatsgebiet Palästina zermürbte britische Regierung dafür, die Zukunft des Landes in die Hände der neu gegründeten Vereinten Nationen zu legen. Eine Kommission empfiehlt der UN-Vollversammlung daraufhin eine Teilung des Landes in zwei Staaten, einen jüdischen und einen arabischen. Die jüdische Führung begrüßt den Plan, die Araber lehnen ihn strikt ab. Im Herbst soll die Vollversammlung der Vereinten Nationen über diesen Vorschlag abstimmen. Eine Zwei-Drittel-Mehrheit ist notwendig, um dem Teilungsplan zur Gültigkeit zu verhelfen. Niemand weiß, wie das Votum ausfallen wird. Die Spannung unter Juden wie Arabern steigt von Tag zu Tag. Am 29. November 1947 stimmen dreiunddreißig Staaten dafür, darunter sowohl die Sowjetunion als auch die USA, dreizehn dagegen, und zehn enthalten sich. In Tel Aviv haben viele Menschen mitten in der Nacht die Abstimmung gespannt und atemlos am Radio verfolgt. Jetzt werfen sie die Arme im Jubel nach oben und freuen sich unbändig. Auch Israel Sumer Korman ist glücklich. Nach zweitausend Jahren in der Diaspora, nach Unterdrückung und Massenmord in Europa soll jetzt endlich ein Staat für die Juden entstehen: Israel.

Doch die arabische Seite will den Kompromiss nicht akzeptieren. Niemals soll ein jüdischer Staat in Palästina entstehen. Sie intensiviert ihre Aktionen gegen jüdische Dörfer und Stadtviertel.

Abgelegene jüdische Siedlungen müssen evakuiert werden. Im Gegenzug gehen Mitglieder von Etzel und Lechi mit Bombenanschlägen gegen arabische Zivilisten vor. Bei mehreren Attentaten vor dem Jerusalemer Damaskustor sterben Dutzende Araber, darunter auch Kinder. Bei einem Anschlag in der Ben-Jehuda-Straße im Herzen der Jerusalemer Neustadt kommen im Gegenzug zweiundfünfzig Juden ums Leben. Gewalt regiert das Land. Die britischen Streitkräfte beginnen mit ihrem Abzug, aus den Kämpfen zwischen Juden und Arabern halten sie sich heraus. Die Hagana gibt ihre bisherige Zurückhaltung auf und bemüht sich verzweifelt, jüdische Stellungen und Dörfer zu halten. Doch die arabische Seite ist stärker. Ihre Kämpfer erhalten Unterstützung aus Syrien und Jordanien – und von Europäern. Unter den Helfern befinden sich nicht nur desertierte britische Soldaten, sondern vereinzelt auch in Palästina stationierte Ex-Militärs aus Jugoslawien und Polen sowie eine Anzahl ehemaliger deutscher Kriegsgefangener, die gerade erst aus ägyptischen Gefangenlagern entlassen worden sind, wo sie seit 1942 in Haft saßen. Bald darauf sind die jüdischen Stadtviertel von Jerusalem von drei Seiten her eingeschlossen. Die Versorgung der Stadt stockt, Trinkwasser und Lebensmittel werden knapp. Zunächst gelingt es der Hagana noch, die Eingeschlossenen mit Konvois aus der Region Tel Aviv zu versorgen. Doch schon bald kommen immer weniger Lastwagenkolonnen auf der kurvenreichen Straße durch die judäischen Berge durch. Sie werden aus dem Hinterhalt angegriffen, die Fahrer werden getötet, die Nahrungsmittel verschwinden. In Jerusalem droht eine Hungersnot.

Die jüdische Hagana benötigt jetzt jeden Mann. Die Truppe ist unzureichend ausgebildet und schlecht ausgerüstet. Waffen können nur in geringer Zahl aus Europa importiert werden. Die jüngeren männlichen Holocaust-Überlebenden, die gerade erst ins Land gekommen sind, müssen mit in den Krieg ziehen. Auch Israel Sumer Korman kommt zur Hagana. Das ist keine Frage des Willens oder der freien Entscheidung, sondern eine Selbstverständlichkeit. Es geht schließlich um die Existenz der jüdischen Gemeinschaft. »Ich war zuerst in einer seltsamen Einheit«, erinnert sich Korman: »Das war eine Gruppe, die bei Einrichtungen der Hagana als Wache gegen Raubzüge von Etzel und Lechi eingesetzt wurde. Die benötigten dringend Geld und unternahmen deshalb Überfälle auf Lager der Jewish Agency.« Später kommt er zu einer anderen Einheit, die mit ihren Lastwagen unter Lebensgefahr das eingeschlossene Jerusalem mit Lebensmitteln versorgt. »Die Araber pflegten auf uns zu schießen, aber eigentlich war es nicht sehr gefährlich«, sagt Korman dazu nur lapidar.

Die Hagana bemüht sich unter großen Schwierigkeiten, Waffen im Ausland einzukaufen. In Europa besteht an Kriegsmaterial kein Mangel, doch der Import ist schwierig. Auf Geheimmissionen organisieren Juden in Osteuropa Pistolen und Gewehre, um der zahlenmäßigen Überlegenheit der arabischen Seite etwas entgegensetzen zu können. Auf illegalen Flugpisten, die nur für wenige Minuten beleuchtet werden, landen altersschwache Maschinen, die Munition und Gewehre aus der Tschechoslowakei und aus anderen Ländern an Bord haben.

Israel Sumer kommt in ein arabisches Dorf. Dort soll er mit seiner Einheit ein Haus bewachen, das dem jüdischen Nationalfonds gehört. Von ihren zehn Gewehren funktionieren ganze drei. Die Stellung ist isoliert. Als es zu gefährlich zu werden droht, wird die Gruppe evakuiert. Korman: »Sie schickten sechs Lastwagen und ein gepanzertes Fahrzeug. Wir luden unser Material auf die Lastwagen auf. Ich befand mich in dem gepanzerten Auto, ganz vorne im Konvoi, der Fahrer vorne, ich hinten. Plötzlich fuhren wir über eine Mine. Der Motor flog in die Luft, und der Fahrer wurde am Bein verletzt. Ich bugsierte ihn vorsichtig aus dem Fahrzeug. Er konnte nicht mehr laufen. Dann begannen die Araber auf uns zu schießen. Ein Eisenbahndamm gewährte uns ein wenig Schutz, und es gelang uns, zum Haus zurückzukehren. Ich gab dem Verletzten zwei Aspirin-Tabletten. Deshalb hat man mich gleich danach zum Sanitäter ernannt. Ich war froh, denn als Sanitäter musste ich keine Nachtwachen mehr schieben. Statt eines Gewehrs bekam ich nun eine Pistole. Als ich sie mir anschaute, traute ich meinen Augen nicht: Es war eine ›Vis‹ aus Radom. Auf dem Modell stand ›Vis Fabrika Radom‹. Vielleicht hatte ich sie selbst gebaut.«

Kurz vor dem endgültigen Abzug der Briten intensivieren sich die Kämpfe zwischen Juden und Arabern. Obwohl im UN-Teilungsplan die Grenzen der beiden neu zu gründenden Staaten festgelegt sind, geht es beiden Seiten darum, ein möglichst großes Gebiet zu erobern. Im arabisch geprägten Jaffa, südlich von Tel Aviv, wo Israel Sumer eingesetzt wird, brechen schwere Kämpfe aus. Mit viel Glück entgeht er den Kugeln. Die Hagana ist jetzt in der Offensive. Jaffa, Tiberias am See Genezareth und Haifa werden eingenommen. Doch Jerusalem bleibt trotz aller Anstrengungen isoliert.

Der 14. April 1948 ist ein Freitag. Am nächsten Tag sollen die letzten britischen Soldaten abziehen. Die höchsten Vertreter der jüdischen Gemeinschaft versammeln sich im bescheidenen Stadtmuseum von Tel Aviv, am breiten und mit Bäumen bestandenen Rothschild-Boulevard gelegen. Kurz vor Sonnenuntergang und dem Beginn des Schabbat verkündet David Ben-Gurion, der Vorsitzende der jüdischen Exekutive in Palästina: »Der furchtbare Massenmord, der in unseren Tagen zur Vernichtung von Millionen von europäischen Juden geführt hat, hat wiederum in einer unwiderleglichen Weise den zwingenden Beweis dafür erbracht, dass das Problem der jüdischen Heimatlosigkeit in der Erneuerung des jüdischen Staatswesens im Lande Israel seine Lösung finden müsse, in der Gründung eines Staates, dessen Tore jedem Juden offen stehen.«[209] Die Rede markiert die Geburt des Staates Israel.

Überall im Land kommen die Menschen zusammen, um zu feiern. Doch dazu bleibt Israel Sumer Korman kaum Zeit: Mit der Gründung Israels entsteht aus der Hagana die Zahal, Israels Armee. Korman wird Soldat mit der Nummer 18002. »Ich war an keinen Kämpfen beteiligt, sondern trug die Verantwortung für eine

Reparaturwerkstatt. Die befand sich in der Negev-Wüste im Süden des Landes. Ich arbeitete weiter als Mechaniker.«

Truppen aus Ägypten, Syrien, Jordanien, dem Libanon und dem Irak treten in den Krieg ein, um Israel wieder von der Landkarte zu löschen. Anfangs können sie militärische Erfolge verzeichnen. Ägyptische Einheiten marschieren, aus dem Süden kommend, in Richtung Tel Aviv. Syrische Einheiten drohen jüdische Siedlungen am See Genezareth zu erobern. Doch dann wendet sich das Blatt. Die Zahal hat inzwischen auf geheimen Wegen große Mengen Militärmaterial aus Europa erhalten. Darunter befinden sich auch einige kleine Flugzeuge, die jetzt gegen die arabische Offensive vorgehen. Ein Teil der bisher auf Zypern gefangengehaltenen Juden kommt frei, und die Männer werden sofort eingezogen. Hunderttausende arabische Einwohner flüchten aus den von den Juden eroberten Dörfern und Städten oder werden vertrieben. Etwa hunderttausend andere aber bleiben in Israel. In den von den Arabern gehaltenen Gebieten dagegen darf nicht ein einziger Jude leben.

Im Herbst 1948 ist der Krieg von Israel gewonnen. Das Land hat seine Grenzen gegenüber den Plänen im UN-Teilungsplan wesentlich erweitern können. Die Altstadt Jerusalems mit der Klagemauer allerdings bleibt in arabischer Hand. Ihr jüdisches Viertel ist menschenleer. Das kleine Land beklagt den Tod von über sechstausend Menschen, darunter rund zweitausend Überlebenden des Holocaust. Auf arabischer Seite kommt es nicht zur Gründung eines neuen Staates. Das Westjordanland wird Teil von Jordanien, Ägypten sichert sich den Gaza-Streifen am Mittelmeer. Es gibt keinen Frieden, nur einen brüchigen Waffenstillstand.

Israel Sumer bleibt im Krieg unverletzt. Er hat an keinen Kämpfen teilnehmen müssen, sondern konnte im Negev als Transportoffizier mehr oder weniger seiner gewohnten Arbeit nachgehen – Motoren reparieren. Mitten im Krieg, im August 1948, hat er Drora in Tel Aviv geheiratet. Gemeinsam mit seiner Frau sucht er eine etwas größere Wohnung. Seine Vorgesetzten sind mit ihm hochzufrieden, und so fragt man ihn, ob er nicht in der Armee bleiben wolle. Korman stimmt zu. Er kommt zur Weiterbildung in eine Militärschule: »Ich hätte dort Captain werden können. Aber es war furchtbar. Der Chef dieser Schule war ein ehemaliger deutscher Jude. Beim Essen im Speisesaal musste man auf ihn warten. Wenn er kam, stand alles auf, er setzte sich, wir setzten uns. Solange er nicht die Gabel in die Hand nahm, taten wir das auch nicht. Das hasste ich. Von Deutschen hatte ich genug. Nach zwei Wochen bin ich gegangen.« Korman mag sich nicht herumkommandieren lassen, er begehrt gegen die ihn lächerlich anmutenden Ordnungsvorstellungen auf. Nach den Jahren im Ghetto von Radom will er sitzen, wann er will, stehen, wann er will, und so leben, wie es seinen Vorstellungen entspricht – frei von jeder Fremdbestimmung.

Die große militärische Karriere fällt damit flach. Korman arbeitet als Zivilangestellter zunächst weiter für die Armee. Später wechselt er zu der Minengesellschaft »Israel Mines«, die nach im Lande dringend benötigten Rohstoffen sucht. Korman: »Aber wir fanden weder Öl und nur einen Hauch von Gas. Es gab allerdings die Kupferminen bei Eilat. Und am Toten Meer wurde Phosphat abgebaut.« Israel Sumer Korman ist für die technische Ausstattung der Gesellschaft verantwortlich. Er hat eine gute Position und ist viel mit seinem Dienstwagen unterwegs. Schließlich kauft er eine Zweizimmerwohnung im Tel Aviver Vorort Givatayim.

Israel ist ein armes Entwicklungsland. Nach den europäischen Juden drängen die Juden aus den arabischen Ländern in den neuen Staat. Es gibt keinen Wohnraum für sie. Riesige Zeltstädte und Barackensiedlungen entstehen. Viele Lebensmittel, Kleidungsstücke, Schuhe und andere alltägliche Dinge sind rationiert und nur gegen Bezugskarten erhältlich. Korman: »Es gab kaum etwas zu kaufen. Es war schwierig, überhaupt etwas zu bekommen. Uns ging es noch vergleichsweise gut, denn die Mutter meiner Frau hatte im Krieg ein kleines Restaurant betrieben. Das existierte formal immer noch. Dadurch erhielten wir von dort so manche Dinge.«

Am 9. Juli 1951 bekommt das junge Ehepaar eine Tochter. Die Eltern nennen ihre Erstgeborene Hannah – nach der von den Nazis ermordeten Mutter von Israel Sumer.

Kapitel X

Australien: der Neubeginn

EIGENTLICH GIBT ES KEINEN GRUND für die Familie Korman, Israel zu verlassen. Israel Sumer hat einen guten Job, sie besitzen eine eigene, wenn auch kleine Wohnung, und Tochter Hannah wächst heran. Doch da sind der Bruder Lusek und der Vater Mordechai, die weit weg auf einem anderen Kontinent leben. Israel Sumer hat seinen Vater zuletzt 1942 im Radomer Ghetto gesehen. Außerdem hat Israel Sumers Ehefrau Drora noch nie in ihrem Leben Israel verlassen. »Sie wollte wissen, wie das Leben in der Fremde ist«, erinnert sich Korman. Und weiter: »Ich bin wohl von Natur aus etwas nachgiebig. Meine Frau sagte, sie möchte gehen. Also gingen wir. Es war keine schwere Entscheidung, denn mein Bruder und mein Vater lebten ja in Australien.« Australien, das erinnert den mittlerweile sechsundzwanzig Jahre alten Familienvater auch an seine Begegnung mit Marita Melde, der jungen Frau, die ihn damals 1942 im Austausch-Zug nach Palästina gegen die antisemitischen Beleidigungen eines britischen Polizisten in Schutz genommen hat. Dieses Land kann so schlecht nicht sein. Er schreibt an seinen Bruder, dem es als australischem Staatsbürger keine großen Schwierigkeiten bereitet, eine Einreisegenehmigung für Israel Sumer und seine Familie zu erhalten.

Im Herbst 1953 geht es zunächst mit dem Flugzeug bis nach Bombay. Dort besteigt die Familie ein Schiff nach Australien. In Melbourne gehen sie an Land. Die Freude über das Wiedersehen mit dem Vater ist riesengroß. Elf Jahre lang hat Israel Sumer ihn nicht mehr gesehen, zuletzt an dem Tag, als er Radom im November 1942 in Richtung Palästina verließ. Für den Anfang können sie bei der Familie von Les Korman wohnen.

Australien ist ein leeres Land. Nicht einmal neun Millionen Menschen leben zu Beginn der fünfziger Jahre auf dem riesigen Kontinent, davon die allermeisten an der Ostküste zwischen Brisbane im Norden und Melbourne im Süden. Die Gesellschaft ist zutiefst britisch geprägt. Fast alle Einwohner, ob jüdisch oder christlich, stammen ursprünglich aus Großbritannien. Und auch wenn diese Ende des achtzehnten Jahrhunderts zu Tausenden höchst unfreiwillig als angeblich gefährliche Kriminelle nach Australien deportiert worden waren und erst später freie Bürger werden durften, so halten ihre Nachfahren doch umso stärker an den Traditionen der britischen Heimat fest, seien es nun Eier mit Speck und Bohnen zum Frühstück oder der Linksverkehr. Noch bis zum Zweiten Weltkrieg bevorzugten die australischen Regierungen einseitig die Einwanderung von britischen Staatsangehörigen. Und auch jetzt, wo sich das Land den überlebenden Opfern des Krieges wenigstens zum Teil geöffnet hat, herrscht bei vielen »Aussies« Misstrauen gegenüber den Neuen, kommen sie nun aus Griechenland, Ungarn oder Jugoslawien.

Dass Israel Sumer Korman und seine kleine Familie ausgerechnet in Melbourne an Land gehen, ist nicht nur den familiären Bindungen geschuldet. Die Millionenstadt ist Heimat der größten jüdischen Gemeinde Australiens, und in dieser Gemeinde leben besonders viele ehemalige polnische Juden, die in Textilhandel und -produktion ein Auskommen suchen. Lange war die Einwanderung von Juden aus Mitteleuropa in Australien umstritten. Nur widerstrebend genehmigten die Einwanderungsbehörden vor Kriegsbeginn, dass etwas mehr als siebentausend Flüchtlinge, vor allem aus Deutschland und Österreich, immigrieren durften. Noch mehr Vorbehalte bestanden gegen Juden aus Osteuropa: Polnische Juden etwa »könnten nicht als erwünschte Migranten betrachtet werden«, urteilte 1944 ein Ausschuss zu Einwanderungsfragen über die künftige Ansiedlung dieser Menschen in Melbourne.[210] Nach dem Krieg durften zunächst zweitausend Juden aus Europa einwandern, die in Australien Familienangehörige hatten. Später wurde diese Quote immer wieder erhöht. Doch mehr als ein Prozent der Einwohner, so der seltsame antisemitische Konsens, sollte der Anteil der Juden im Land nicht betragen. Polnische Juden waren zunächst von der Einwanderung ganz ausgeschlossen. Und auch in den alteingesessenen jüdischen Gemeinden bestanden durchaus Vorurteile gegenüber den Neuankömmlingen – nicht etwa, weil sie Juden, sondern weil sie keine Engländer waren.

Als Familie Korman 1953 nach Australien kommt, sind die meisten Debatten über das Für und Wider der jüdischen Einwanderung gerade erst beendet. Es gibt keinen Sonderstatus mehr. Das Land hat nach dem Krieg mehr als fünfundzwanzigtausend überlebende Juden aufgenommen – angesichts der geringen Einwohnerzahl eine gewaltige Zahl. Und dennoch: »Are you Jewish?« Diese Frage mussten sich alle potentiellen Immigranten noch bis ins Jahr 1953 gefallen lassen. Wohl niemand wäre auf die Idee gekommen, eine ähnliche Erkundigung etwa bei Protestanten einzuziehen.

Nur ein paar Kilometer von Israel Sumers neuer Heimat Melbourne entfernt, in der Gemeinde Boronia, lebt eine ganz andere Gruppe Neueinwanderer. Korman hat sie nie gesehen, und doch hat er ihnen indirekt sein Leben zu verdanken. Es sind die christlichen Templer aus Palästina. Die mehr als sechshundert Männer, Frauen und Kinder, die im Sommer 1941 von Großbritannien nach Australien verbracht wurden, haben Jahre im Internierungslager Tatura im Bundesstaat Victoria hinter Stacheldraht gesessen. Viele von ihnen hielten auch dort Nazi-Deutschland noch lange die Treue und begingen Adolf Hitlers Geburtstage mit kleinen Feiern, soweit ihnen das erlaubt wurde. Manche hatten sich bereits von der Nazi-Ideologie gelöst. Nach dem Krieg gibt es keinen Hitler und kein Deutschland mehr. Eine Rückkehr zu ihren Bauernhöfen nach Palästina, in das Land, das jetzt Israel heißt, ist unmöglich. Im Gegenteil, auch die letzten dort verbliebenen Templer müssen den jüdischen Staat verlassen. Die meisten von ihnen kommen 1949 ebenfalls nach Australien. All diese Templer-Familien entscheiden sich zu bleiben, und es wird ihnen erlaubt, australische Staatsbürger zu werden. Zu ihnen gesellen sich just zu der Zeit, als Israel Sumer Korman zum ersten Mal den fünften Kontinent betritt, ein Teil derjenigen Templer, die 1942 mit dem Austausch-Zug nach Deutschland gebracht wurden. Sie sehen im kriegszerstörten Württemberg keine Chance auf ein Auskommen und hoffen zusammen mit ihren Glaubensbrüdern und -schwestern in Australien ihre Templer-Gemeinden am Leben zu erhalten. Es ist ihnen bis heute gelungen – auch dank der Entschädigungsleistungen, die der Staat Israel für ihr verlorenes Eigentum im Heiligen Land geleistet hat. Spricht man mit einem der letzten heute noch Lebenden, dann fällt sofort der schwäbische Zungenschlag auf, den sie immer noch haben, wenn sie Deutsch sprechen.[211]

Israel Sumer muss in Australien noch einmal ganz von vorne anfangen. Er durfte in Polen nur die Grundschule besuchen, danach verboten die Nazis den Unterricht. Aber er hat gelernt, wie man Autos wieder in Schuss bringt. So arbeitet er zunächst in einer Autoreparaturwerkstatt, genau wie vor dem israelischen Unabhängigkeitskrieg bei Herrn Goldschmidt in Tel Aviv. Dank der einheimischen Kollegen in Melbourne wird sein Englisch schnell besser. Er will sich möglichst vollständig in die australische Gesellschaft integrieren. Nichts soll mehr daran erinnern, dass er kein gebürtiger »Aussie« ist. Israel Sumer nennt sich deshalb jetzt Jim. Die Familie bezieht ein eigenes Apartment. Bald macht er sich selbständig und übernimmt in Melbourne eine Tankstelle mit angeschlossener Werkstatt. Korman: »Das ging eine kurze Zeit gut, aber dann entschied die Stadt, dass die Straßenbahnlinie, die durch die Straße führte, repariert werden muss. Die Straße wurde gesperrt, und ich konnte ein Jahr lang kein Benzin verkaufen. Ich musste mich von dem Betrieb wieder trennen.«

Die Familien Korman halten jetzt, wo sie wieder in derselben Stadt wohnen, zusammen. Les' Kleiderfabrik expandiert rasch, und schon bald beschäftigt er mehrere hundert Angestellte. Der Vater hat nach einer kurzen gescheiterten Ehe zum dritten Mal geheiratet und arbeitet bis zu seiner Rente im Betrieb des Sohnes. Auch der mittlere Bruder Mosche kommt nach Melbourne. Doch er findet kein Auskommen und kehrt nach einigen Monaten nach Israel zurück.

Die Vergangenheit ist kein großes Thema in den Familien. Die Überlebenden bemühen sich, das furchtbare Kapitel ihrer Verfolgung ruhen zu lassen. Israel Sumer Korman will ein neues Leben beginnen und das vergangene mit all seinen Schrecken abschütteln. Er will das Leben nicht zu schwer nehmen. Bei Besuchen beim Vater spricht man über alles Mögliche – aber nicht über das Leben in Radom unter deutscher Besatzung. »Er hat mir niemals etwas davon erzählt, was in Radom passiert ist, nachdem ich ausgetauscht worden war. Ich habe ihn nicht gefragt, und er sprach nicht darüber«, erinnert sich Korman. Auch die jüdische Religion rückt weiter in den Hintergrund. Nur der Vater Mordechai hält sich noch an die jüdischen Gesetze. Seinen Bart aber hat auch er längst abgenommen, und er trägt im Alltag weder Hut noch Kippa. Die Familie von Israel Sumer lebt nicht in einem jüdisch geprägten Wohnviertel. Die Tochter Hannah und der 1957 geborene erste Sohn Ron besuchen wie selbstverständlich einen anglikanischen Kindergarten. Bei den Weihnachtsfeiern treten die Kinder dort als Maria und Josef auf. Die jüdische Identität der Familie bleibt immer präsent, aber sie orientiert sich nicht an Formalien wie Speisevorschriften oder regelmäßigen Besuchen in der großen Synagoge von Melbourne.

Nach dem Misserfolg mit der Tankstelle bietet sein Bruder Les Israel Sumer an, als Zulieferer für sein Unternehmen tätig zu werden. So geschieht es, dass Israel Sumer Korman mit Hilfe eines Partners zum erfolgreichen Textilfabrikanten avanciert, ohne jemals eine kaufmännische oder technische Ausbildung erhalten zu haben. »Learning by doing« lautet das Prinzip, das in der australischen Einwanderergesellschaft hoch im Kurs steht und von Israel Sumer beherzigt wird: »Nachdem wir anfangs nur für meinen Bruder tätig waren, produzierten wir schon bald für uns selbst und schlossen der Fabrik einen eigenen Großhandel an. Anfangs stellten wir Damenbekleidung und Jacketts her. Dann kamen Strickwaren in Mode. Wir importierten Strickmaschinen aus der Schweiz. Aber als die in Melbourne ankamen, wusste niemand von uns, wie man sie bedient. Daraufhin veröffentlichten wir Anzeigen in australisch-italienischen Zeitungen, und viele junge Frauen meldeten sich. Sie wussten zwar, wie man strickt, aber es war sehr schwierig, sich mit ihnen zu verständigen, weil sie kein Englisch sprachen. Es waren Neueinwanderer. Deshalb lernte ich Italienisch. Wir produzierten Strickwaren, und es lief sehr gut.« Israel Sumer nennt sich jetzt Ian Korman. Nach fünf Jahren in Australien lässt sich die Familie im Jahre 1958 einbürgern.

Er wird zum klassischen Selfmademan, der aus dem Nichts heraus ein expandierendes Unternehmen zu führen lernt. Er beschäftigt bald fünfundsiebzig Arbeiter und Angestellte. Als auch die Konkurrenz damit beginnt, Strickwaren herzustellen, steigt er rechtzeitig aus und sattelt auf Kinderbekleidung um. Korman: »Die Marke bekam den Namen Heidi, und ihr Markenzeichen war ein Edelweiß. Das war eine sehr exklusive Produktlinie. Alle großen Kaufhäuser in Australien verkauften sie. Von Jahr zu Jahr ging das Geschäft besser.« Ian Korman hat es geschafft. Mit unglaublichem Fleiß und großer Energie ist er vom Hilfsarbeiter in der Radomer Waffenfabrik, wo er täglich zwölf Stunden Zwangsarbeit leisten musste, zum erfolgreichen Unternehmer in Australien aufgestiegen. Die Familie kann sich jetzt ein schönes Haus in Melbourne leisten.

Ians Bruder Les besitzt inzwischen eine der größten Textilfirmen des Kontinents. Sein Partner, Jude wie er, unterhält enge familiäre Verbindungen zu Israel. So geschieht es, dass die Tochter dieses Mannes einen Israeli heiratet, der in Tel Aviv als Ingenieur arbeitet. Der Name dieses Schwiegersohns lautet Oded Amarant. Es ist tatsächlich der Junge, der die Nazi-Verfolgung versteckt in einem ukrainischen Kloster überlebte. Diese große, weite Welt ist manchmal schon bemerkenswert klein. Freilich weiß Ian Korman mit dem Namen Amarant nichts anzufangen, denn ihm ist nicht bekannt, dass dieser so wie er selbst für den Austausch vorgesehen war. Nicht einmal Oded Amarant selbst kennt diese Geschichte. Erst Jahrzehnte später erfahren beide davon.

So wie die Firma von Ian Korman wächst auch die Familie: Ehefrau Drora bekommt bis 1967 vier weitere Kinder: Jonny, Sharon, Mark und Donny. Die Erziehung sei streng gewesen, erinnert sich die älteste Tochter. »Vater erwartete, dass seine Kinder in der Schule und im Studium immer die allerbesten sein müssten«, sagt Hannah. Ian Kormans höchstes Ideal ist der Beruf des Arztes. Er wäre gerne selbst Arzt geworden, doch das haben die Nazis unmöglich gemacht. Am liebsten hätte Ian Korman es gesehen, wenn alle seine Kinder Mediziner geworden wären. Tatsächlich ergreifen immerhin drei von sechs diesen Beruf, und Hannah hat es bis zur renommierten Professorin für Kinderheilkunde geschafft. Ian Korman greift aber nicht ein, als die anderen Kinder ganz andere Berufe ergreifen.

Dank seines enormen Sprachtalents lernt Ian Korman nicht nur Italienisch, sondern er kann sich auch auf Polnisch, Jiddisch, Hebräisch und Englisch verständigen. In Grundzügen versteht er auch Französisch und Arabisch. Und noch eine Sprache spricht und versteht er fast perfekt: Deutsch. Aber er benötigt sie nicht. Er kauft für seine Firma Maschinen aus Deutschland. Aber die Sprache – nein. Doch auch wenn in der Familie nur wenig über die Nazis geredet wird und die Kinder kaum etwas über das Schicksal von Ian Kormans Mutter und seine eigene Rettung durch den Austausch erfahren, bleibt das furchtbare Kapitel der Verfolgung in der Familie doch stets präsent. Deutschland und die deutsche Sprache aber unterliegen lange Zeit einem Tabu.

Die Modebranche auf dem fünften Kontinent hat einen großen Vorteil: Weil dort noch Winter ist, wenn in Europa schon die Sommersonne brennt, können sich die Produzenten in Australien rechtzeitig auf den neuesten Trend einstellen, wenn sie die europäischen Stile kopieren. Les Korman lässt sich deswegen Kataloge aus Italien und Frankreich zuschicken. Das genügt seinem Bruder Ian nicht, der aus erster Hand wissen will, wie die neuesten

Schnitte aussehen: Er reist selbst nach Europa und in die USA, durchstreift dort die großen Warenhausketten und kleinen Modegeschäfte und sieht mit eigenen Augen, was er einige Monate später seinen Kunden in Australien anbieten wird. Er fährt nach Italien – und nach Deutschland. Die Nazi-Zeit liegt erst etwas mehr als zehn Jahre zurück. »Ich hatte keine Probleme damit, nach Deutschland zu reisen und in die Läden zu gehen«, sagt er. Wirklich nicht? »Nun, doch. Ich war in Frankfurt am Main in einem Lokal, und dort sah ich, wie diese Deutschen Schmalzbrote aßen. Das erinnerte mich an etwas. Es war nicht schön. Aber ich hatte glücklicherweise nicht viel mit den Deutschen zu tun. Ich wohnte in Hotels. Ich traf nicht viele Leute.« Möglicherweise zeichnet Ian Korman fünfzig Jahre später das Bild ein wenig zu harmonisch und weich. Möglicherweise will er den deutschen Gast nicht kränken, der die vielen tausend Kilometer nach Australien gekommen ist, um mit ihm zu sprechen.

Als die Kinder erwachsen sind, zerbricht seine Ehe. Ian Korman, inzwischen in den Sechzigern, muss bald darauf, entnervt von den Streitigkeiten mit seiner Frau, die Firma schließen. Er zieht sich aus dem Berufsleben zurück. Er will einen Schlussstrich ziehen. Und er findet mit Lesley, einer gebürtigen Australierin ohne jüdischen Hintergrund, eine neue Partnerin. Dann erfüllt er sich einen Traum, studiert Jüdische Geschichte, Judäochristliche Geschichte und Archäologie an der Universität Melbourne. Er, dem die Nazis einst den Besuch einer höheren Schule verboten haben, erwirbt nun einen akademischen Grad.

Auch wenn Ian Korman und seine Familie Australier geworden sind, bleiben ihre engen Bindungen zu Israel ein Leben lang bestehen. »Jedes Jahr hieß es, in zwei Jahren werden wir nach Israel zurückgehen«, erinnert sich die Tochter Hannah an ihre Kindheit. Daraus wird zwar angesichts der expandierenden Firma zunächst nichts. Doch Korman hat in Israel immer noch seinen Bruder Mosche und dessen Familie. Hannah wird 1962 im Alter von elf Jahren für ein Jahr in eine Schule nach Israel geschickt. Später, nach ihrem Studium, wandert sie ganz nach Israel aus. 1989, Ian Korman ist längst in Rente, arbeitet Hannah als Kinderärztin in einer Klinik bei Tel Aviv. Kormans Bruder Mosche ist zwischenzeitlich verstorben. Lesley und Ian Korman entschließen sich dazu, ihre Zelte in Australien abzubrechen. Er will sich seinen langgehegten Wunsch erfüllen und in das Land zurückkehren, dem er seine Rettung zu verdanken hat. Lesley ist gespannt auf Israel, das sie nie zuvor betreten hat. Das Paar hat in Australien standesamtlich geheiratet. Seine Frau entschließt sich noch vor der Reise dazu, zum Judentum zu konvertieren. Sie besucht Kurse bei einem Rabbiner in Melbourne.

So eine Konversion ist keine einfache Sache. Anders als das Christentum kennt das Judentum keine Missionstätigkeit. Wille und Überzeugung sind keine ausreichenden Qualifikationen: Wer Jude werden möchte, muss die Gesetze mühsam lernen und wird am Ende einer harten Prüfung unterzogen. In Israel geht der Unterricht für Lesley weiter. Ian Korman erinnert sich: »Für mich war es nicht wichtig, dass Lesley Jüdin wurde. Mir genügte unsere standesamtliche Trauung in Australien. Es war wichtig für sie. Sie wollte ein Teil der Familie werden.« In Jerusalem steht die Prüfung an: »Beim ersten Mal fiel sie durch. Beim zweiten Mal ging alles gut. Als Lesley konvertierte, wusste sie mehr vom Judentum als die meisten Juden. Damals war sie sehr streng zu mir. Auto fahren am Schabbat war streng verboten. Danach haben wir in Israel nach jüdischem Ritus geheiratet.«

Für Ian Korman hat es auch keine große Bedeutung, ob seine Kinder nun mit Juden oder Nichtjuden zusammenleben. Wichtig ist ihm einzig, dass sie bewusste Juden bleiben, so wie er selbst.

In Israel kehrt Ian Korman ins Berufsleben zurück und arbeitet in der Verwaltung eines Bauunternehmens in Jerusalem. Das Ehepaar wohnt zunächst in Tel Aviv und zieht später in den ruhigen Jerusalemer Stadtteil Rehavia um, der einst von deutschen Emigranten gegründet wurde. Auch seine Frau geht arbeiten. Ian Korman: »Ich hatte einen tollen Job. Das Unternehmen errichtete vor allem öffentliche Gebäude. Ich arbeitete sowohl mit Arabern als auch mit Juden. Wir hatten eigene Architekten und Ingenieure, aber auch arabische Subunternehmer. Es war großartig.« Korman, der Neuem gegenüber schon immer aufgeschlossen war, führt in der Firma die ersten Computer ein.

Nach acht Jahren kehren Lesley und Ian Korman nach Australien zurück. Die palästinensische Intifada, der arabische Aufstand gegen die israelische Besatzung mit ihren Bombenanschlägen und Überfällen, hat besonders Lesley zermürbt. Ian Korman: »Wenn man nicht in Israel aufgewachsen ist, kann das Land sehr schwierig sein. Hier in Australien ist der Lärm beim Fußball das lauteste Geräusch, das man zu hören bekommt.« Sie ziehen nicht mehr nach Melbourne zurück, sondern gehen an die Goldcoast südlich von Brisbane mit ihrem angenehm milden Klima. Aber mindestens einmal im Jahr fahren Lesley und Ian Korman seitdem nach Israel, wo seit einigen Jahren sein inzwischen hochbetagter Bruder Les, der frühere Lusek, in Jerusalem lebt.

Ein paar Kilometer von der Stadt Surfers Paradise mit ihren schlanken Hochhäusern und den vielen Bars und Restaurants am kilometerlangen feinen Sandstrand entfernt wird die Gegend leicht hügelig. Das Hinterland der Küste im Süden des australischen Bundesstaates Queensland präsentiert sich nicht einsam und exotisch. Hier streift kein Ranger mit vom Wetter gegerbter Gesichtshaut durch unendliche Regenwälder oder über einsame, von der Sonne verbrannte Buschsavannen. Die Region ist im Gegenteil dicht bebaut. Breite Straßen führen an den vielen Siedlungen mit ihren Einfamilienhäusern vorbei, dazwischen stehen gewaltige Shopping-Malls mit riesigen Parkplätzen. Kurz vor der Autobahn, die die Millionenstädte Brisbane und Sydney miteinander verbindet, fährt man von der Hauptstraße in einen Ort ab. Nur noch ein kurzes Stück, und man steht vor einem Eigenheim mit angeschlossener Doppelgarage. Ian Korman lebt heute in einem der typischen eingeschossigen Häuser, wie man sie hier oft findet. Das Haus ist nicht groß. Es ist von einem kleinen, sorgfältig gepflegten Garten umgeben.

Ian Korman selbst öffnet die Haustür und bittet herzlich hereinzukommen. Er zeigt dem Besucher seine Werkstatt, wo er kleine Metallarbeiten herstellt. Seine Frau Lesley fertigt kunstvollen Schmuck an. Korman führt den Gast in das Wohnzimmer. Er ist groß, schlank und sportlich und wirkt mit seinen hellen blauen Augen viel jünger als die 82 Jahre, die er in Wahrheit zählt. Freilich, die meisten Haare hat er verloren, und was übriggeblieben ist, ist weiß geworden. Der kleine Oberlippenbart steht ihm ausgezeichnet. Korman trägt lässige Freizeitkleidung, so wie es im lockeren Queensland üblich ist. Seine Frau Lesley hat einen Berg Sandwiches vorbereitet für das Gespräch, das sich über den ganzen Tag hinziehen wird. Ian Korman berichtet mit heller, weicher Stimme meist sachlich und scheinbar distanziert von seinem Leben. Manchmal muss er einen Augenblick überlegen, um sich auf Einzelheiten zurückzubesinnen, damals in Radom oder im Zug auf dem Weg von Wien nach Istanbul. Doch sein Gedächtnis ist ausgezeichnet.

Wenn Ian Korman über seine Kindheit spricht, über die Besuche in der kleinen Betstube von Rabbi Yankel oder seinen Hebräisch-Lehrer Lipschitz in der jüdischen Schule, dann, so sagt er selbst, wird er wieder zu dem kleinen Jungen im polnischen Radom. Er kehrt zurück in eine längst untergegangene Welt und wird lebhaft. Der ältere Herr mit dem weißen Haarkranz ahmt die Stimmen der Menschen nach, die ihn damals, vor mehr als siebzig Jahren geprägt haben, er erinnert sich an seine eigene Stimmung, an das Leben in der Zeromskiego-Straße, an das Pferdegetrappel auf dem Pflaster im Sommer und an das lautlose Dahingleiten der bespannten Schlitten im winterlichen Schnee. Aber es ist niemals so, dass er dabei träumen würde. Es geht um sein Leben, aber er weiß, es ist auch eine Geschichte, die untergegangen und verloschen ist und von der niemand mehr etwas erzählen kann – außer ihm selbst. Das Gespräch kommt auf den Austausch und seine Reise nach Wien. Als Korman von dem SD-Mann berichtet, der den Auftrag hatte, die Juden auf den verschiedenen Unterwegsbahnhöfen aufzusammeln, formt er seine Hände zu einem Trichter vor dem

Mund und ruft »Palästina!, Palästina!«, genau wie es der SS-Hauptscharführer damals getan hat. In diesen Momenten kehrt die Vergangenheit seiner eigenen Rettung an die australische Ostküste zurück. Was für ein großartiges Glück!

Doch es gibt da auch die schmerzlichen Erinnerungen, die furchtbaren Erfahrungen von Unterdrückung und Massenmord unter der Nazi-Herrschaft. Dann wird Ian Korman sachlich, distanziert. Seine Sätze werden kürzer, die Berichte knapp.

Vor einigen Jahren versuchte Ian Korman, seine eigene Geschichte aufzuschreiben. Doch ab einem bestimmten Punkt ging das nicht. Er konnte über die Ghetto-Räumung von Radom keinen Satz zu Papier bringen. Er kann auch jetzt nicht darüber sprechen.

Abgesehen davon – wenn man davon absehen könnte –, bezeichnet sich Ian Korman als einen zufriedenen Menschen. Er sagt: »Ich bin der glücklichste Mensch der Welt. Ganz ehrlich. Ich habe mein ganzes Leben lang Glück. Ich bin wirklich den höheren Mächten dankbar – wer immer da oben für das alles zuständig ist. Ich bin sehr dankbar.«

Ian Kormans sechs Kinder leben in Australien und Israel, ebenso seine vierzehn Enkelkinder. Eine Tochter seiner Frau aus zweiter Ehe wohnt in den Vereinigten Staaten, eine andere in Australien. Seine zwei Urenkel Ella und Yoav kamen in Australien zur Welt. Er selbst ist in den letzten Jahren durch die ganze Welt gereist, auch nach Deutschland. Er liebt es auch heute noch, fremde Länder und Menschen kennenzulernen und neue Eindrücke zu gewinnen. Aber als was fühlt er sich selbst? Als Pole? Australier, Israeli? Oder spielt das für ihn keine Rolle?

»Ich bin ein australischer Jude mit engen Bindungen an Israel. Ich lebe gerne in Australien. Aber ich lese jeden Tag die Zeitung aus Israel. Ich bin australischer Jude. Ja, das bin ich.«

Und Radom in Polen? Einmal noch, kurz vor der Jahrtausendwende, kehrte Ian Korman dorthin zurück, wo alles begann: zu der unbeschwerten Kindheit in der Familie mit Mutter Hannah und Vater Mordechai, den judenfeindlichen Christen, den einmarschierenden Nazis, dem Ghetto und dem Massenmord. Es ist eine große Unternehmung, denn viele Kinder und Enkel reisen mit ihm, zusammen zählt die Gruppe sechzehn Personen. Sie gehen die lange Zeromskiego-Straße entlang, die heute immer noch so heißt. Ein Teil von ihr, dort, wo die meisten Geschäftshäuser stehen, ist zur Fußgängerzone umgewandelt worden. Dort steht auch das Elternhaus fast unverändert so da, wie es früher einmal war. Die Fassade ist frisch renoviert. Fremde Leute leben in der Wohnung. Ein Textilgeschäft ist in das Erdgeschoss gezogen. Dort, wo früher »M. Korman« über den beiden Schaufenstern stand, werden Handtücher und Bettwäsche angeboten. Es gibt kein Hotel mehr an der Zeromskiego, keine Delikatessengeschäfte und kein Kaffeehaus »Cukiernia« mit seinen süßen Torten. Auch die jüdische Kneipe um die Ecke existiert nicht mehr. Es gibt überhaupt keine Juden mehr. Keiner von den wenigen Überlebenden kehrte nach Krieg und Holocaust nach Radom zurück.

Ian Korman, der als Israel Sumer glückliche und furchtbare Tage hier verlebt hat, geht die Straße entlang. Er fühlt sich fremd. »Ich hatte nicht das Gefühl, nach Hause zu kommen«, sagt er. Die einst so wohlhabende Radomer Hauptstraße ist ein wenig heruntergekommen, so wie die ganze Stadt. Radom war zu sozialistischen Zeiten ein Zentrum der Schwerindustrie. Jetzt, wo die Betriebe angesichts der Weltmarkt-Konkurrenz pleite sind, ist die Arbeitslosigkeit hoch. Ian Korman und seine Familie gehen bis zum Ende der Zeromskiego, wo die Altstadt beginnt. Hier lag einmal das von den Nazis eingerichtete jüdische Ghetto. Das Kopfsteinpflaster ist immer noch holperig. Ein Teil der Häuser an der Walowa-Straße ist abgerissen worden. Tiefe Gruben gähnen zwischen den baufälligen Häusern aus dem neunzehnten Jahrhundert. Andere Gebäude stehen leer und verfallen. Die Hauseingänge sind zugemauert, so wie der des Hauses Grodzka-Straße 8, dem früheren Sitz des jüdischen Ältestenrats. Hier und da sind einige Häuser noch bewohnt, besonders um den großen Platz, wo die Nazis im August 1942 die Selektion durchführten, bei der Hannah Korman auf die falsche, die tödliche Seite geschickt wurde. Ian Korman und seine Familie gehen weiter, bis zum Haus Nr. 3 in der ehemaligen Peretza-Straße, der letzten Bleibe der Kormans im Radomer Ghetto. Ian spricht nur wenig. Die Straße hat einen anderen Namen, doch das Haus existiert noch. Es ist in keinem guten Zustand. Davor steht ein kleines Denkmal aus dunklem Stein: »Den Juden von Radom, Opfer der Hitler-Verbrechen«, steht da auf Polnisch und Hebräisch geschrieben.

Plötzlich tauchen junge Männer auf. Sie sind betrunken. Ian Korman, seinen Kindern und Enkeln ist leicht anzusehen, dass sie keine Einheimischen sind. Die jugendlichen Polen grölen: »Juden, haut ab!« Die Besucher aus Australien und Israel flüchten aus dem ehemaligen Ghetto von Radom.

Später besuchen sie die mächtigen Hallen der Radomer Waffenfabrik in der Nähe der Bahngleise. Die Firma ist schon lange wieder in polnischem Besitz und produziert immer noch Gewehre. Doch das Unternehmen liegt am Boden, eine Liquidation droht. Der Direktor empfängt die Reisenden und zeigt ihnen seine Fabrik. Er berichtet auch von der Hinrichtung der zehn Polen im Herbst 1942, die Israel Sumer Korman damals miterleben musste. Beim Gang durch die Hallen erzählt Ian Korman seinen Kindern und Enkeln von der schrecklichen Zeit seiner Zwangsarbeit, als er und sein Vater immer auf dem Tisch geschlafen haben und das sogar noch ein Privileg war. Anschließend führt der Direktor sie noch in einen besonderen Raum in einer der oberen Etagen. Er dient dem Test der fertiggestellten Waffen. Der Direktor lobt die besondere Zielsicherheit seiner Maschinenpistolen. Ian Korman berichtet, und seine blauen Augen leuchten dabei: »Der Direktor gab uns geladene Maschinenpistolen in die Hand, und wir begannen auf die Übungsziele zu schießen: ich und auch die größeren Kinder. Aber ich habe sie alle geschlagen, ich traf alle meine Ziele ganz genau. Das war eine sehr schöne Erfahrung – vom Arbeitssklaven zum Scharfschützen zu werden. Das war sehr gut.«

Kapitel XI

Postskriptum: Das Schicksal der Täter

MEHR ALS SIEBZIG JAHRE sind vergangen, seit die deutsche Wehrmacht, gefolgt von der SS, in Radom einmarschiert ist. Die Soldaten, die Juden zu ihrem Gaudium quälten und der Lächerlichkeit preisgaben, der Stadthauptmann, der Familie Korman das Ladengeschäft wegnahm, der Treuhänder, der davon profitierte, die Ärzte, die das Verhungern der Menschen kühl einplanten, die SS-Männer, die unterschiedslos Frauen, Kinder und Männer umbrachten, die ganz normalen Schutzpolizisten, die das Ghetto zu diesem Zweck absperrten, die SS und ihre Helfer, die in Treblinka Hunderttausende ins Gas schickten, die Leiter der Waffenfabrik, die mit Hilfe der Sklavenarbeiter einen hübschen Profit machten, die Wachmänner, die die jüdischen Zwangsarbeiter auspeitschten – fast alle diese Täter dürften mittlerweile tot sein. Einige mögen noch leben und ihr Geheimnis mit ins Grab nehmen. Zum Tatkomplex Radom sind neue Ermittlungsergebnisse der Staatsanwaltschaften kaum mehr zu erwarten. Der Fall scheint abgeschlossen, die Akten sind dem Archiv übergeben.

Am Schluss gilt es Bilanz zu ziehen über die Mörder, ihre Helfer und Helfershelfer. Was geschah nach der Niederschlagung der nationalsozialistischen Herrschaft mit ihnen? Was wurde aus den Männern an den Schaltstellen des Massenmords wie SS-Chef Heinrich Himmler oder Odilo Globocnik, dem Leiter der »Aktion Reinhardt«? Was aus den Männern von Radom, die einen Großteil der Familie Korman auf dem Gewissen haben? Und wie ist es den Berliner Schreibtischtätern nach dem Krieg ergangen, die den Austausch organisiert und die Zugfahrpläne erstellt hatten in dem Wissen, dass da einige Dutzend Juden mit dem Leben davonkommen würden, während Millionen andere sterben mussten?

Bei den Antworten bleiben viele Leerstellen. Längst nicht alle Mörder und ihre Helfer sind überhaupt namentlich bekannt geworden. Bei anderen blieben die Recherchen der Staatsanwaltschaften ergebnislos. Bei einigen aber lässt sich ihr weiterer Lebensweg nachvollziehen. Und dieser Lebensweg wiederum ist bei einem Teil dieses Teils ausgesprochen kurz.

Odilo Globocnik gehört zu diesen Männern. Nach Abschluss der von ihm geleiteten »Aktion Reinhardt«, bei der er fast zwei Millionen Menschen ermorden ließ, wurde er 1943 ins italienische Triest verlegt, seinem Geburtsort, wo er erneut die Ermordung von Juden organisierte. Im Mai 1945, kurz vor Kriegsende, ging er nach Österreich und verbarg sich in verschiedenen Almhütten in Kärnten. Am 31. Mai 1945 nahm ihn ein britisches Kommando fest. Am selben Tag vergiftete sich Odilo Globocnik kurz vor einem Verhör durch Zyankali. Er wurde einundvierzig Jahre alt.[212]

Heinrich Himmler, Reichsführer-SS, Reichskommissar für die Festigung deutschen Volkstums, Reichsinnenminister, ab 1944 Oberbefehlshaber des Ersatzheeres und Chef der Heeresrüstung, wählte die gleiche Todesart. Der neben Hitler Hauptverantwortliche für den Holocaust war im Mai 1945 in Niedersachsen auf der Flucht, ausgestattet mit Papieren auf den Namen Heinrich Hutzinger. Die Briten fassten ihn, konnten ihn aber zunächst nicht identifizieren. Himmler gab sich seinem Vernehmer gegenüber zu erkennen. Da trug er, in der Mundhöhle verborgen, schon eine Giftkapsel. Die Briten vermuteten, dass Himmler am Körper Zyankali trug, konnten es jedoch nicht finden. Erst bei einer medizinischen Untersuchung im Hauptquartier der 2. britischen Armee in Lüneburg entdeckte ein Arzt die Kapsel. Doch ehe der Mediziner sie zu fassen bekam, biss Himmler zu. Er starb am 23. Mai 1945 im Alter von vierundvierzig Jahren.[213]

Herbert Böttcher, als SS-Chef von Radom hauptverantwortlich

für den Judenmord in der Stadt und im gesamten Distrikt, tauchte nach Kriegsende zunächst in Westdeutschland unter. Er wurde 1946 in Essen von britischer Militärpolizei festgenommen und nach Polen ausgeliefert. Das Bezirksgericht Radom verurteilte Böttcher am 18. Juni 1949 zum Tode. 1950 wurde er im Alter von dreiundvierzig Jahren gehenkt.[214]

Adolf Feucht, Chef des »Sonderkommandos« zur Ghetto-Räumung und Leiter des Referats IV B (Judenangelegenheiten) in Radom erlebte das Kriegsende nicht mehr. Er fiel im Mai 1945 in der Tschechoslowakei.[215]

Irmfried Eberl, der erste Leiter des Vernichtungslagers Treblinka, in dem im August 1942 Hannah Korman ermordet wurde, praktizierte nach dem Krieg zunächst ungestört als Arzt im schwäbischen Blaubeuren. Erst 1947 wurden amerikanische Dienststellen auf ihn aufmerksam. Anfang 1948 kam er in Untersuchungshaft – nicht wegen des Massenmords in Treblinka, sondern wegen seiner vorhergehenden Tätigkeit in der »Euthanasieanstalt« in Bernburg. Er bestritt, mit dem gesuchten Eberl identisch zu sein, wurde jedoch eindeutig identifiziert. Am 16. Februar 1948 nahm sich der achtunddreißigjährige Eberl in seiner Gefängniszelle in Ulm das Leben.[216]

Eberls Nachfolger als Chef des Vernichtungslagers Treblinka hieß Franz Stangl. Bevor er dort im August oder September 1942 seinen Dienst antrat, war der gebürtige Österreicher Leiter des Lagers Sobibor. SS-Hauptsturmführer Stangl kam nach Beendigung der »Aktion Reinhardt« im August 1943 nach Italien und bekämpfte dort Partisanen. 1945 nahmen ihn die Amerikaner wegen seiner Beteiligung an der Ermordung Kranker in Deutschland gefangen. Im Mai 1948 gelang Stangl die Flucht aus dem Gefängnis im österreichischen Linz. Er floh über Italien nach Syrien und arbeitete dort als Ingenieur in einer Textilfirma. Drei Jahre später emigrierte Stangl nach Brasilien, wo ihn der »Nazijäger« Simon Wiesenthal aufspürte. Brasilien lieferte Stangl 1967 an die Bundesrepublik aus. Das Landgericht Düsseldorf verurteilte ihn 1970 zu lebenslanger Haft. Stangl verstarb im folgenden Jahr im Gefängnis. Er wurde dreiundsechzig Jahre alt.[217]

Adolf Eichmann, der Organisator des Judenmords, floh nach 1945 aus einem amerikanischen Internierungslager. Er lebte zunächst unerkannt in der Lüneburger Heide. 1950 gelang ihm mit Hilfe katholischer Kreise die Flucht über Österreich und Italien nach Argentinien. Dort nannte er sich Ricardo Klement. Ende der fünfziger Jahre erfuhr der Staat Israel vom Aufenthaltsort des gesuchten Massenmörders. Im Mai 1960 entführten Mitarbeiter des israelischen Geheimdienstes Mossad Eichmann aus Buenos Aires. Am 15. Dezember 1961 verurteilte ihn das Jerusalemer Bezirksgericht wegen Verbrechen gegen das jüdische Volk und Verbrechen gegen die Menschlichkeit zum Tode durch den Strang. Eichmanns Hinrichtung erfolgte am 31. Mai 1962. Er wurde sechsundfünfzig Jahre alt. Seine Hinrichtung ist bis heute die einzige Vollstreckung der Todesstrafe in Israel geblieben.[218]

Joachim von Ribbentrop, von 1938 bis 1945 Reichsaußenminister, war 1946 einer der Hauptangeklagten im Nürnberger Prozess. Er verantwortete unter anderem die Angriffskriege Nazi-Deutschlands und genehmigte die Morde an ausländischen Juden. 1942 hatte er die Erlaubnis für den Austausch von deutschen Templern gegen palästinensische Juden erteilt. Nach Kriegsende schlug sich Ribbentrop nach Hamburg durch. Er nannte sich von nun an Reiser und versuchte, an alte Verbindungen anzuknüpfen. Nach einem Hinweis durch einen Deutschen gelang es einem britisch-belgischen Ermittlungsteam am 14. Juni 1945, Ribbentrop in seinem Versteck im fünften Stock eines Wohnhauses festzunehmen. Am 1. Oktober 1946 wurde Ribbentrop wegen Verschwörung, Verbrechen gegen den Frieden, Kriegsverbrechen und Verbrechen gegen die Menschlichkeit zum Tode verurteilt. Am 16. Oktober 1946 erfolgte die Hinrichtung des Dreiundfünfzigjährigen im Nürnberger Justizgefängnis.[219]

Die dargestellten Fälle könnten zu der Einschätzung verleiten, dass ein großer Teil der für den Holocaust und die Besatzung Verantwortlichen hart bestraft worden ist. Doch das wäre ein Trugschluss. Die allermeisten Täter entkamen. Manche blieben unerkannt. Einige starben frühzeitig. Bei wieder anderen wurde das Verfahren wegen dauernder Verhandlungsunfähigkeit eingestellt. In vielen Fällen galten die Taten als verjährt. Häufig mangelte es an konkreten Tatbeweisen. Bisweilen erwies sich die bundesdeutsche und österreichische Justiz als träge und nachsichtig. Für den Distrikt Radom lässt sich nachweisen, dass nach dem Krieg insgesamt hundertsechzehn Urteile in Polen, der Tschechoslowakei, der Bundesrepublik, der DDR und in Österreich gegen Nazi-Verbrecher ergangen sind. Dreiundzwanzig der Täter wurden hingerichtet.[220] Doch an dem systematischen Morden im Distrikt Radom waren Tausende direkt und indirekt beteiligt. Nicht ein einziger Angehöriger der Polizeikompanie München, die an den Ghetto-Räumungen beteiligt war, musste zum Beispiel für seine Taten büßen.

Fritz Schwitzgebel verantwortete als erster Stadthauptmann in der deutschen Radomer Zivilverwaltung die Enteignung des Geschäfts der Familie Korman in der Zeromskiego-Straße. Der SA-Gruppenführer und Oberbürgermeister von Saarbrücken wurde im Juli 1945 verhaftet und interniert. In einem Spruchkammerverfahren erhielt Schwitzgebel im Oktober 1948 eine vierjährige Haftstrafe. Doch schon im April 1949 wurde er begnadigt. Schwitzgebel starb 1957 im Alter von achtundsechzig Jahren.[221]

Schwitzgebels Nachfolger Hans Kujath war vom Juni 1940 bis zum Juli 1941 Stadthauptmann von Radom. In seine Amtszeit fiel die Vertreibung der Familie Korman aus ihrer Wohnung und die Bildung des jüdischen Ghettos. Der Jurist Kujath geriet 1945 in

Kriegsgefangenschaft. Nach seiner Entlassung im Jahre 1947 stufte ihn das Spruchkammergericht Bielefeld fünf Jahre später in die Kategorie IV als »Mitläufer« der Nazi-Herrschaft und damit als harmlos ein. Kujath arbeitete danach als Rechtsanwalt. Er starb im Oktober 1963 im Alter von sechsundfünfzig Jahren. Ein Ermittlungsverfahren der Hamburger Staatsanwaltschaft erledigte sich mit seinem Tod.[222]

Der Werkmeister der Radomer Waffenfabrik Otto Perkounig, der jüdische Zwangsarbeiter misshandelte, erniedrigte, einige möglicherweise tötete und sich selbst mit Geld, Gold und Sachleistungen bestechen ließ, der Mann, der Israel Sumer Korman zur eigenen Belustigung in Todesangst versetzte, kehrte kurz vor der Eroberung Radoms durch sowjetische Truppen in seinen Heimatort Steyr in Österreich zurück. Dort wurde der 1915 geborene Sturmmann am 13. August 1945 wegen seiner Mitgliedschaft in der SS verhaftet und kam ins Gefängnis. Einem Auslieferungsgesuch Polens kam Österreich nicht nach. Am 8. Juli 1953 begann vor dem Volksgericht Innsbruck der Prozess gegen Perkounig wegen Beihilfe zum Mord, Kriegsverbrechen, Quälereien und Misshandlungen und Verletzung der Menschenwürde. Er wurde mangels Beweisen freigesprochen. Danach sammelte der Leiter der jüdischen Dokumentationsstelle in Linz, Simon Wiesenthal, unter überlebenden Opfern weitere Zeugenaussagen gegen Perkounig. Die Staatsanwaltschaft Linz leitete jedoch kein neues Verfahren ein, weil sich nach ihrer Auffassung die Aussagen zu sehr widersprachen. In den sechziger Jahren ermittelte die Staatsanwaltschaft Wien ergebnislos gegen Perkounig. 1968 geriet er im Zuge des Verfahrens gegen den früheren SS-Hauptsturmführer Hermann Weinrich ins Visier der bundesdeutschen Strafverfolger. In einer Vernehmung schützte er Erinnerungslücken vor. Eine Anklage gegen Otto Perkounig erfolgte nicht.[223]

SS-Hauptscharführer Franz Anker arbeitete seit 1940 beim Kommandeur der Sicherheitspolizei und des SD in Radom. Nach Informationen der österreichischen Bundespolizei war der ausgebildete Kriminalist an der Verfolgung polnischer Kommunisten beteiligt. 1944 wurde Anker nach eigener Aussage nach Wien versetzt. Zwei Jahre zuvor hatte er Israel Sumer Korman und die anderen Austausch-Juden auf ihrer Reise von Radom nach Wien begleitet. Nach Kriegsende geriet er zeitweise in Österreich in Haft. Die Anklage gegen ihn lautete auf Hochverrat, weil Anker schon 1934 an dem gescheiterten Nazi-Putsch gegen die Wiener Regierung teilgenommen hatte. Ermittlungen erfolgten ferner wegen Verdachts der Quälereien und Misshandlungen sowie der »Arisierung« jüdischen Eigentums. Am 12. September 1949 sprach ihn das Volksgericht Wien frei. Im Jahre 1968 wurde Anker im Rahmen des bundesdeutschen Weinrich-Verfahrens erneut vernommen, mochte sich aber bezüglich seiner Tätigkeit in Radom an nichts erinnern. Zu diesem Zeitpunkt lebte der damals sechzigjährige Anker in Hallein und arbeitete als Angestellter für eine Firma in Salzburg. Eine Anklage erfolgte nicht.[224]

Amtsrat Otto Stange vom Referat 21 des Reichsverkehrsministeriums, der Mann, der für die Fahrpläne der Sonderzüge in den Tod zuständig war und auch den Austausch-Zug betreute, war bei Kriegsende bereits zweiundsechzig Jahre alt. Er kehrte nicht mehr in den aktiven Dienst zurück und starb im Jahre 1950. Erst danach begannen Ermittlungen gegen Stange, dessen Tod den Behörden zunächst nicht bekannt war.[225]

Rudolf Kröning, zuletzt im Rang eines Obersturmbannführers in der Nazi-Terrorzentrale Reichssicherheitshauptamt (RSHA) tätig, war einer der Organisatoren des Austauschs von Israel Sumer Korman. Er verhandelte einerseits mit Eduard Sethe vom Auswärtigen Amt, andererseits mit Adolf Eichmann vom »Judenreferat« des RSHA. Er bestimmte, welche Juden die ersehnte Genehmigung für die Reise erhielten. Vor allem aber entschied der überzeugte Nazi zusammen mit Adolf Eichmann, wer nicht mitfahren durfte. Später beteiligte sich Kröning am Aufbau des »Austauschlagers« Bergen-Belsen, das er persönlich besuchte, ebenso wie das Ghetto Theresienstadt und das Konzentrationslager Mauthausen.

1948 verbrachte Kröning im Rahmen der Prozesse gegen NS-Verbrecher in Nürnberg offenbar einige Zeit hinter Gittern. In einer Zeugenvernehmung aus diesem Jahr gab er an, keineswegs beim Judenmord geholfen zu haben, sondern den Juden im Gegenteil durch ihre Internierung geholfen zu haben. Eine Anklage gegen Kröning erfolgte nicht. Einige Zeit später leugnete er, überhaupt Mitglied der SS gewesen zu sein. Er zog nach Mainz, wo seine Familie schon vor dem Krieg gelebt hatte. Der Jurist Kröning machte in Nachkriegsdeutschland Karriere. In den sechziger Jahren brachte er es bis zum Senatspräsidenten am Landessozialgericht Rheinland-Pfalz in Mainz und war damit unter anderem für Verfahren wegen strittiger Entschädigungszahlungen für Nazi-Opfer zuständig. 1967 wurde er erneut im Rahmen anderer NS-Strafverfahren als Zeuge vernommen. Kröning behauptete, in keiner Weise etwas mit der Judenvernichtung zu tun gehabt und erst kurz vor Kriegsende von den Massenmorden erfahren zu haben. Er wurde nicht angeklagt. Bald nach seiner Pensionierung verstarb Rudolf Kröning 1971 im Alter von achtundsechzig Jahren.[226]

Geheimrat Dr. Eduard Sethe vom Auswärtigen Amt war auf deutscher Seite der wichtigste Mann für den Austausch von Israel Sumer Korman. Er fungierte als Schaltzentrale zwischen den verschiedenen Nazi-Behörden und hielt den Kontakt zur neutralen Schweizerischen Gesandtschaft in Berlin. Er empfing die Briefe von SS-Obersturmbannführer Kröning, in denen von der »Umsiedlung« der Juden die Rede war, die deshalb »für einen Austausch nicht mehr zur Verfügung stehen«. Bei Kriegsende war Sethe bereits einundsechzig Jahre alt. Danach gab es kein Deutschland und kein Auswärtiges Amt mehr. Ob gegen Sethe ermittelt wurde und ob er nach 1945 noch eine andere Beschäftigung fand, ist nicht bekannt. Eduard Sethe heiratete 1947 erneut, zog zu Beginn der fünfziger Jahre in den Südwesten Deutschlands und verzehrte dort seine Pension. Im April 1966 wechselte der damals Zweiundachtzigjährige noch einmal seinen Wohnsitz von einem Dorf bei Konstanz in einen Nachbarort. Danach verliert sich seine Spur.

Nachwort Ian Korman

Meine erste Begegnung mit Klaus Hillenbrand war vollkommen zufällig. Ich hatte nie die Absicht gehabt, darüber zu berichten, was ich während des Krieges erlebt hatte. Doch dann überzeugte mich meine Frau Lesley, Nachforschungen über meine ungewöhnliche Reise mitten im Krieg anzustellen und darüber zu schreiben. Ich begann damit, Informationen über den Zug zu suchen, der mich während des Krieges von Haydarpascha auf der asiatischen Seite von Istanbul nach Aleppo in Syrien gebracht hatte – ein Teil meiner Fahrt von Polen nach Palästina. Bei der Internetsuche bekam ich auf entsprechende Anfragen nur eine einzige Antwort: Klaus Hillenbrand.

Ich nahm Kontakt mit ihm auf, und es entspann sich eine Korrespondenz, in der wir Hunderte von E-Mails austauschten. Schließlich besuchten uns Klaus und seine Frau Martina zweimal in Australien. Es folgte ein Treffen in Berlin, danach eines in Gdansk in Polen. Das Ergebnis all der Treffen und Diskussionen ist dieses sehr sorgfältig recherchierte Buch.

Es war eine außergewöhnliche Erfahrung, Bekanntschaft mit Klaus zu machen, einem Menschen von großer Redlichkeit. Worte reichen nicht aus, um meiner Hochachtung vor seiner unermüdlichen Suche nach der Wahrheit in allen relevanten Archiven Europas und des Nahen Ostens Ausdruck zu verleihen.

Obwohl dieses Buch sich vor allem mit dem Austausch zwischen Juden aus Europa mit Beziehungen zum damaligen Palästina und in Palästina lebenden Deutschen befasst, dokumentiert es doch auch die Geschichte der Judenvernichtung in den besetzten Gebieten in dieser Zeit. Die regelmäßigen Diskussionen über diesen Aspekt des Buches beeinflussten meine Sichtweise auf die Brutalitäten der Nazis während der deutschen Besetzung Polens.

Meine Kriegserlebnisse als Fünfzehnjähriger in Polen gipfelten in dem Verlust meiner Mutter, und viele Jahre lang war ich darüber untröstlich. Aber als Heranwachsender beschäftigte ich mich nicht näher mit den Umständen ihres Todes. Es war mir nur klar, dass die Mörder Deutsche gewesen waren, aber da ich jung war, verblasste der Horror mit der Zeit ein wenig, und ich wollte mein Leben weiterleben. Die Shoa in all ihrer Brutalität war ein Desaster, das ich aus meinem Bewusstsein tilgen wollte.

Ich dachte nur selten an die Vergangenheit mit all ihrem Grauen, sondern bemühte mich darum, ein neues Leben und eine Existenz für mich und meine Familie aufzubauen. All die Nazi-Brutalitäten schienen von meiner Wirklichkeit weit entfernt zu sein. Ich wollte nicht daran erinnert werden.

Meine Einstellung gegenüber der Shoa hatte sich mein ganzes Leben lang nicht geändert – bis ich Klaus traf und mit Dokumenten über meinen Austausch konfrontiert wurde.

Die Dokumente betrafen nicht alleine den Austausch, denn die Recherchen gingen weit über dieses Thema hinaus. Es war unvermeidbar, dass dabei der Massenmord an den Radomer Juden und besonders die »Aktion Reinhardt«, durch die mir meine Mutter genommen wurde, eine wichtige Rolle spielten.

Die Lektüre führte mich tief in die Umstände der Erniedrigung, der völligen Entmenschlichung und in die bestialische Brutalität hinein, die die Deutschen ihren Opfern antaten. Ich bekam Depressionen, und die Nächte füllten sich mit Albträumen über meine Mutter und ihren Weg in den von den Deutschen initiierten Massenmord.

Meine Mutter, deren kurzes Leben so grausam von den Deutschen beendet wurde, hatte sich immer um ihre Familie gekümmert und war ein ehrlicher und guter Mensch gewesen. Sie war meine Retterin und mein Schutzengel. Sich vorzustellen, in welche Situationen die Deutschen sie gebracht haben mochten, ließ mich wünschen, genauso tot zu sein wie sie.

Klaus recherchierte meine Vergangenheit mit meinem vollen

Einverständnis. Doch nun kehrte diese Vergangenheit mit all ihren schmerzlichen Erinnerungen zurück und verfolgte mich.

Zum ersten Mal in meinem Leben begann ich mich intensiv mit der Shoa zu beschäftigen – und mit den Deutschen, die diese Gräueltaten begangen hatten. Ich las Bücher, darunter auch solche über den Bombenkrieg der Alliierten gegen Nazi-Deutschland wie Kurt Vonneguts *Schlachthof 5*. Ich erfuhr von den brennenden deutschen Städten wie Dresden, Hamburg und Köln, von den Feuerstürmen, in denen Hunderttausende Opfer ums Leben kamen, und ich kam zu dem Schluss, dass diese Menschen nicht einfach nur unschuldige Opfer gewesen sind. Es waren Deutsche, und viele, wenn nicht die meisten, hatten die Nazis unterstützt, oder sie waren selbst überzeugte Nazis gewesen. Adolf Hitler hatte sie nicht im Zweifel darüber gelassen, was er von den Juden hielt und wie er mit ihnen zu verfahren gedachte. Sie wussten Bescheid. Und immerhin hatten diese Opfer noch Möglichkeiten gehabt, den Bomben zu entgehen, etwa, indem sie aufs Land gingen oder die Bunker benutzten. Die Verletzten hatten die Chance, sich von örtlichen Krankenhäusern und Ärzten behandeln zu lassen.

Die Juden, die von den Nazis gefangen wurden, die man in die Ghettos einsperrte, die man weiter in Konzentrationslager brachte, wo ihr Haar geschoren und zu Satteln u. a. verarbeitet wurde, die man endlich dazu zwang, sich nackt auszuziehen und von Peitschenhieben getrieben in vermeintliche Brausebäder zu gehen, wo sie vergast und anschließend verbrannt wurden – diese Juden hatten nie eine Chance gehabt.

Es ist richtig, dass die Bomben, die von den Alliierten auf Deutschland abgeworfen wurden, kaum etwas mit der Shoa zu tun hatten. Es ging Amerikanern und Briten darum, den Krieg zu gewinnen. Doch mit dem Sieg ist es ihnen auch gelungen, die Mordmaschine der Nazis gegen die Juden zu zerstören.

Vermutlich wird meine Einschätzung in Deutschland nicht gut ankommen. Aber die Bombardierung Deutschlands war in meinen Augen eine gerechtfertigte, ja richtige Reaktion auf den Mord an

Millionen von Menschen – und ganz besonders darauf, dass die Deutschen mir meine geliebte Mutter genommen haben. Sie gab mir das Gefühl, dass diese Deutschen nicht einfach davongekommen sind.

Dieses Gefühl brachte mich zurück in die Wirklichkeit und weg von den Depressionen. Es ermöglichte mir, meine Freundschaft mit Klaus zu erneuern, der mit einem Nazi so wenig gemein hat wie der Tag mit der Nacht – so wie viele andere Deutsche, die ich kennengelernt habe und die die neue Generation der deutschen Nation repräsentieren.

Das heutige Deutschland ist natürlich nicht die Nation von vor über sechzig Jahren, und ich hege keinen Groll gegen die Deutschen. Die meisten von ihnen haben aus der Geschichte gelernt.

Dieses Buch ist ein hervorragendes Dokument, das ein der heutigen Generation kaum bekanntes historisches Ereignis beschreibt, und es zeigt, dass bei gutem Willen und enger Zusammenarbeit selbst scheinbar unüberwindbare Barrieren beseitigt werden können. Glückwünsche an Klaus dafür, dass er ein so exzellentes, verständliches und detailliertes Buch geschrieben hat.

Endnoten

1 Zitiert nach: Friedländer, Saul: Das Dritte Reich und die Juden. Die Jahre der Verfolgung 1933–1939, München 1998, S. 236 f.

2 Jüdische Rundschau, 30.6.1936

3 Angabe von Mordechai Korman in seiner Entschädigungserklärung gegenüber der Bundesrepublik Deutschland. Bayerisches Hauptstaatsarchiv, Landesentschädigungsamt Nr. 20898

4 Korman, Les (Hg.): The Legacy of Hantsie Korman, Radom 1894 – Treblinka 1942, Jerusalem 2003, S. 33. Galut bezeichnet das Exil der Juden außerhalb Erez Israels. Mit der Ausstellung dürfte die Levante-Messe gemeint sein, die 1934 zum zweiten Mal in Tel Aviv stattfand. An ihr nahmen mehr als 30 Staaten teil.

5 Ebenda, S. 136

6 Balke, Ralf: Hakenkreuz im Heiligen Land. Die NSDAP-Landesgruppe Palästina, Erfurt 2001, S. 74 ff.

7 Korman, a. a. O., S. 137

8 Ebenda

9 Seidel, Robert: Deutsche Besatzungspolitik in Polen. Der Distrikt Radom 1939–1945, Paderborn 2006, S. 89

10 Yad Vashem Archives 012.12, Zeugenaussage, S. 3

11 Archivum Zydowskiego Instytutu Historycznego w Warszawie, Erlebnisberichte 301/2161; zitiert nach Mlynarczyk, Jacek Andrzej: Judenmord in Zentralpolen. Der Distrikt Radom im Generalgouvernement 1939–1945, Darmstadt 2007, S. 165

12 Mlynarczyk, a. a. O., S. 106

13 Ebenda, S. 58

14 Bayerisches Hauptstaatsarchiv, a. a. O. Der Sohn Lusek notiert am 3. Januar 1940 nach einer Begegnung mit Frau Seidencweig, der die Ausreise aus Polen nach Palästina gelungen war, in sein Tagebuch, dass diese ihn informiert habe, dass der Laden von Kormans »vor einigen Wochen« von den Nazis übernommen worden sei. Korman, a. a. O., S. 16. Die Mehrzahl derjenigen Personen, die von der Treuhandstelle Radom jüdische Handels- und Gewerbebetriebe übernahmen, waren Polen. Vgl. Mlynarczyk, a. a. O., S. 135

15 Yad Vashem Archives, 06/435. Der Brief trägt kein Datum und dürfte aus dem Jahr 1940 stammen.

16 Seidel, a. a. O., S. 274 f.

17 Stadtplan mit Straßennamen in: Baedeker, Karl (Hg.): Das Generalgouvernement, Leipzig 1943, S. 78

18 Yad Vashem Archives 06/430

19 Yad Vashem Archives 012.12 Zeugenaussage S. 4 f.

20 Korman, a. a. O., S. 142

21 Ebenda, S. 157

22 Ebenda, S. 165

23 Vgl. Rubinstein, William D.: The Myth of Rescue. Why the Democracies could not have saved more Jews from the Nazis, London/New York 2000, S. 81 f.

24 Korman, a. a. O., S. 193

25 Ebenda, S. 148

26 Lebenslauf und berufliche Karriere Sethes in seinen Personalakten, PAAA Rep. IV Nr. 63. Sethes offizieller Titel lautete Vortragender Legationsrat, gleichwohl wird er im internen Schriftverkehr des AA als Geheimrat tituliert; vgl. Weitkamp, Sebastian: Braune Diplomaten. Horst Wagner und Eberhard von Thadden als Funktionäre der »Endlösung«, Bonn 2008, S. 472

27 PAAA R 41527

28 PAAA R 41528

29 BArch Berlin NS 19 186

30 Ebenda

31 National Archives UK FO 369/2546

32 Ebenda

33 Ebenda

34 BArch Berlin SSO 216A, BArch Berlin ZA IV 192

35 PAAA R41527

36 National Archives UK FO 369/2446

37 National Archives UK FO 369/2565

38 Yad Vashem Archives 06/431

39 BArch Ludwigsburg B 162/6482, Zeugenaussage von Isaak C. vom 5. 8. 1966 in Stuttgart

40 Mordechai Kormans Zwangsarbeit beginnt nach seinen Angaben am 5. 4. 1941, also kurz vor der Bildung des jüdischen Ghettos. Vgl. Bayerisches Hauptstaatsarchiv, a. a. O.

41 Seidel, a. a. O., S. 244

42 Ebenda, S. 249

43 Yad Vashem Archives, Bildarchiv

44 Mlynarczyk, a. a. O., S. 125

45 National Archives UK FO 916/76

46 PAAA R 41527. Tatsächlich leben zu diesem Zeitpunkt noch etwa 750 Templer in Palästina.

47 National Archives UK FO 916/95

48 PAAA R 41527

49 Zitiert nach: Rürup, Reinhardt (Hg.): Topographie des Terrors, Berlin 1987, S. 115

50 PAAA R 41527

51 Ebenda

52 Ebenda

53 Ebenda

54 Zit. nach Wenck, Alexandra-Eileen: Zwischen Menschenhandel und »Endlösung«: Das Konzentrationslager Bergen-Belsen, Paderborn 2000, S. 62

55 Korman, Les: The Story of my Life, o. O., o. J., S. 170

56 Schweizerisches Bundesarchiv Akte 2500, Akz. 1968/87, Bd. 8

57 Zit. nach: Guttstadt, Corry: Die Türkei, die Juden und der Holocaust, Berlin/Hamburg 2008, S. 237

58 PAAA R 41528

59 Reichsministerium des Innern (Hg.): Ministerialblatt des Reichs- und Preußischen Ministeriums des Innern, 7. (103.) Jg., S. 444c, 444d

60 BArch Ludwigsburg B 162/6495

61 Zeugenaussage Krönings aus dem Jahre 1967 in: Landesarchiv Berlin B Rep. 057-01 Nr. 1718

62 Kurtz, Jakob: Buch der Zeugen, o. O., o. J, S. 264 (Original Hebräisch)

63 PAAA R 41528

64 National Archives UK CO 980/76

65 Zit. nach Seidel, a. a. O., S. 296

66 Yad Vashem Archives 012.12 Zeugenaussage S. 15

67 BArch Ludwigsburg B 162/14490, Urteil S. 20 ff.

68 Ebenda, B 162/6484

69 Ebenda, B 162/6493

70 Ebenda, B 162/6495

71 Ebenda

72 BArch Ludwigsburg B 162/6528

73 Ebenda, B 162/6495

74 Ebenda, B 162/6484

75 Ebenda, B 162/6528

76 Ebenda, B 162/6494

77 Zum Lebenslauf Ankers: BArch Berlin 3200A (ehem. BDC-Bestand)

78 BArch Ldwigsburg B 162/6495

79 Ebenda, B 162/6493

80 Ebenda, B 162/6496

81 Ebenda, B 162/6528

82 Ebenda, B 162/6494

83 Ebenda, B 162/4874

84 Ebenda, B 162/6484

85 Yad Vashem Archives 06/430

86 Zit. nach Tschellnig, Elisabeth: »Uns kann nichts geschehen: Gewinnen wir den Krieg, sind wir Deutsche, verliert Deutschland den Krieg, sind wir Österreicher!« Der Kriegsverbrecherprozess gegen Otto Perkounig vor dem Volksgericht Innsbruck im Jahre 1953, Diplomarbeit Universität Innsbruck, 1998, S. 46

87 DDR-Justiz und NS-Verbrechen. Sammlung ostdeutscher Strafurteile wegen

nationalsozialistischer Tötungsverbrechen, Bd. 1, hg. von C. F. Rüter, Amsterdam/München 2002, S. 10. Der Angeklagte wurde wegen dieses und anderer Verbrechen zu einer lebenslänglichen Freiheitsstrafe verurteilt. Das Oberste Gericht der DDR ermäßigte die Strafe 1990 auf 15 Jahre Haft.

88 BArch Ludwigsburg B 162/6494

89 PAAA R 41528

90 Ebenda

91 BArch Berlin NS 19/186

92 Ebenda

93 Ebenda

94 PAAA R 41531 Das Zitat entstammt einem Brief des »Reichskommissars zur Festigung deutschen Volkstums« (Heinrich Himmler) an das Auswärtige Amt vom 30. 1. 1943

95 Himmler sprach am 9. Juli 1942 mit Hitler über die Besiedlung der Krim mit »Volksdeutschen«; vgl. Wenck, a. a. O., S. 59

96 PAAA R 41528. Das Schreiben datiert vom 9. 7. 42.

97 Ebenda

98 Ebenda

99 BArch Ludwigsburg B 162/4874

100 Ebenda

101 BArch Ludwigsburg B 162/6484

102 Ebenda

103 BArch Ludwigsburg B 162/6494

104 Ebenda

105 BArch Ludwigsburg B 162/6603

106 National Archives UK CO 980/76

107 Ebenda

108 Diese Informationen sind in den Akten des Foreign Office nicht enthalten. Sie ergeben sich aus einem internen Schreiben der Jewish Agency vom 11. 11. 1942: CZA S645/26

109 PAAA R 41528

110 Ebenda

111 PAAA R 41529

112 Interview mit Oded Amarant am 24. 4. 2007 in Tel Aviv

113 Vgl. Mallmann, Klaus-Michael, und Martin Cüppers: »Beseitigung der jüdisch-nationalen Heimstätte in Palästina«. Das Einsatzkommando bei der Panzerarmee Afrika 1942; in: Matthäus, Jürgen und Klaus-Michael Mallmann (Hg.): Deutsche, Juden, Völkermord. Der Holocaust als Geschichte und Gegenwart, Darmstadt 2006, S. 153–176

114 PAAA R 41529

115 Ebenda

116 National Archives UK CO 980/75

117 National Archives UK CO 980/73

118 Ebenda

119 Die Informationen über die Reise und Internierung in Athlit gehen aus einem Bericht hervor, den Theodora Wieland im Dezember 1942 im Auftrag des Auswärtigen Amts abfasste. PAAA R 41530

120 Das Schreiben ist faksimiliert in: Hilberg, Raul: Sonderzüge nach Auschwitz, Mainz 1981, S. 181

121 Das ergibt sich aus dem Schriftwechsel für den 1944 durchgeführten 3. Austausch. PAAA R 41534

122 PAAA R 41530

123 National Archives UK CO 980/75

124 PAAA R 41529

125 Ebenda

126 Ebenda

127 Ebenda

128 Ebenda

129 Ebenda

130 Die Zeit, 29.2.1980, Dietrich Strothmann: Der Spion, der zur Diplomatie wechselte

131 Kurtz, a. a. O., S. 361

132 Anonym (d. i. Blanka Alparowitz): Die letzten Tage des deutschen Judentums, Tel Aviv 1943, S. 40

133 National Archives UK CO 980/75

134 National Archives UK FO 741/10

135 Ebenda

136 Ebenda

137 Ebenda

138 Rabinovici, Doron: Instanzen der Ohnmacht. Wien 1938–1945. Der Weg zum Judenrat, Frankfurt am Main 2000, S. 240 f.

139 PAAA R 41529

140 National Archives UK CO 980/75

141 Angaben in diesem Kapitel gründen, soweit nicht besonders angegeben, auf folgenden Quellen: Reisebericht des Transportführers Polizeirat Merkel, in PAAA R 41531; Reisebericht von Theodora Wieland für das Auswärtige Amt, in PAAA R 41530; Bericht des deutschen Konsulats Adana über die Durchfahrt des Zugs, in PAAA R 41530; Bericht »Austauschtransport der Palästina-Deutschen, Herbst 1942«, in PAAA R 41530; Bericht von C. Schwarz, in PAAA R 41530; Zugfahrplan, in PAAA R 41530; Zugfahrplan, in PAAA R 41531; Newsweek Magazine, 28.12.1942; Time Magazine, 21.12.1942; Palestinian Post, 17.11.1942, 22.11.1942; The Times, 5.4.1943; List of Palestinians repatriated from Germany, in National Archives UK FO 916/599; Note on Palestinian-German Exchanges, in National Archives UK, CO 980/76; Interview mit Ulrich Asentorfer, Mitreisender im Zug der Palästina-Deutschen von Palästina nach Wien, am 17.7.2006

142 PAAA R 41529

143 Wieland in PAAA R 41530

144 Die Reichsbahn, Jahrgang 1942, Nr. 24–25, S. 213 f.

145 PAAA R 41529

146 PAAA R 41530

147 National Archives UK FO 980/75

148 Bericht von Anna Bulach; in: Tempelgesellschaft in Deutschland (Hg.): Damals in Palästina, Stuttgart 2008, S. 49

149 National Archives UK FO 916/253

150 The Times, 17. 10. 1942, Time Magazin 9. 9. 1942

151 Vgl. Newsweek, 28. 12. 1942

152 National Archives UK, FO 741/10, FO 916/39, FO 916/524

153 PAAA R 41529

154 National Archives UK, FO 916/94

155 The Times, 5. 4. 1943

156 Rozentals Aussage in: CZA, S6/4526. Die Deportationen der Juden im Rahmen der »Aktion Reinhardt« fanden in Piotrkow/Petrikau zwischen dem 14. und dem 21. Oktober 1942 statt. Dabei wurden etwa 10 000 Juden nach Treblinka transportiert. Vgl. Seidel, a. a. O., S. 323 f.

157 Abrechnungen der Mitropa in: PAAA R 41534

158 Aussage von Abram B. in BArch Ludwigsburg B 162/6528

159 PAAA R 41529

160 CZA S6/4526

161 The Times, 13. 11. 1942, S. 3

162 Wiener Mittag, 2. Ausgabe, 14. 11. 1942

163 Zur Ankunft in Affula vgl. Palestine Post, 17. 11. 1942, S. 1

164 Korman, a. a. O., S. 198

165 Hier und folgende Zitate von Barlas: Yad Vashem Archives S645/26

166 Laqueur, Walter: Was niemand wissen wollte: Die Unterdrückung der Nachrichten über Hitlers »Endlösung«, Frankfurt am Main 1981, S. 238

167 Zit. nach Porat, Dina: The Blue and the Yellow Star of David: The Zionist Leadership in Palestine and the Holocaust 1939–1945, Cambridge/Mass., 1990, S. 36

168 Zit. nach: Laqueur, a. a. O., S. 227

169 Palestine Post, 22. 11. 1942, S. 1

170 Korman, a. a. O., S. 205

171 Privatbesitz Ian Korman

172 Zit. nach: Penkower, Monty: Decision on Palestine Deferred. America, Britain and Wartime Diplomacy 1939–1945, London 2002, S. 167

173 Zitate Ben Zwi und Ben Gurion: Palestine Post, 1. 12. 1942, S. 3

174 Zit. nach: Porat, a. a. O., S. 37

175 Vgl. CZA S 645/26

176 National Archives UK FO 916/599

177 CZA S25/5183

178 Zu den Informationen von MI19 vgl. National Archives UK, FO 371/30925

179 National Archives UK, FO 371/30925

180 National Archives UK, FO 916/599

181 Ebenda

182 Ebenda

183 Schreiben faksimiliert in Korman, a. a. O., S. 171

184 National Archives UK 916/599

185 Vgl. National Archives UK FO 371/36707

186 Zit. nach Wenck, a. a. O., S. 84

187 PAAA R 41532

188 PAAA R 41531, R 41532

189 Brief von Von Thadden vom 1. 10. 43, in PAAA R 41532

190 Zit. nach Wenck, a. a. O., S. 152

191 Kolb, Eberhard: Bergen-Belsen. Vom »Aufenthaltslager« zum Konzentrations-
    lager 1943–1945, Göttingen 2002, S. 22 f.

192 PAAA R R 41531

193 PAAA R 100852

194 Ebenda: Telegramm vom 4. 4. 43 an die deutsche Gesandtschaft Sofia

195 Ebenda: Brief der deutschen Gesandtschaft Sofia an Adolf Eichmann vom 8. 2. 43

196 Ebenda: Schreiben von Eichmann an das AA vom 3. 5. 43

197 Ebenda

198 Weitkamp, a. a. O., S. 228. Als Sethes Schweizer Verhandlungspartner erkennen
    ließ, dass die Kinder nach einer Freilassung möglicherweise nicht im Nahen Os-
    ten unterkommen würden, wollte dieser den Vorschlag nochmals in Erwägung
    ziehen. Vgl. ebenda.

199 PAAA R 100852. Das Schreiben Himmlers an das Auswärtige Amt datiert vom
    12. 6. 44

200 Ebenda, Schreiben vom 13. 6. 44

201 ITS 5.55-9.74 List of interned Jewish civilians

202 BArch Ludwigsburg B162/6495

203 BAch Ludwigsburg B162/6493: Zeugenaussage von Zelig K.

204 Tagebucheintrag des Vaihinger Zeitungsverlegers Wilhelm Wimmershof; zit.
    nach: KZ-Gedenkstätte Vaihingen/Enz (Hg.): Das Konzentrationslager »Wie-
    sengrund«, Vaihingen/Enz 2002, S. 1

205 ITS: Häftlingsnummern des KZ Vaihingen/Enz

206 Zit. nach KZ-Gedenkstätte Vaihingen/Enz, a. a. O., S. 4

207 Aussage von M. Korman in: Bayerisches Hauptstaatsarchiv, a. a. O.

208 Zit. nach: Initiative KZ-Gedenkstätte Hessental (Hg.): KZ-Gedenkstätte
    Schwäbisch Hall-Hessental, Schwäbisch Hall o. J., S. 30

209 Zit. nach Meier-Cronemeyer, Hermann: Kleine Geschichte des Zionismus, Ber-
    lin 1980, S. 120

210 Zit. nach Rutland, Suzanne D.: Edge of the Diaspora. Two Centuries of Jewish
    Settlements in Australia, New York/London 2001, S. 226

211 Templer-Gemeinden bestehen heute in Australien in Boronia, Bayswater, Meadowbank, Bentleigh-Moorabbin und Tanunda. Vgl. Sauer, Paul: Uns rief das Heilige Land. Die Tempelgesellschaft im Wandel der Zeit, Stuttgart 1985, S. 380 ff.

212 Weiß, Hermann (Hg.): Biographisches Lexikon zum Dritten Reich, Frankfurt am Main 1998, S. 148 f.; Pohanka, Reinhard: Pflichterfüller. Hitlers Helfer in der Ostmark, Wien 1997, S. 73 f.

213 Longerich, Peter: Heinrich Himmler. Biographie, München 2008, S. 7 ff.

214 Mlynarczyk, a. a. O., S. 92 (mit falschem Todesdatum); BArch Ludwigsburg B 162/4870, B 162/5930

215 Seidel, a. a. O., S. 373

216 Klee, Ernst: Was sie taten – Was sie wurden. Ärzte, Juristen und andere Beteiligte am Kranken- und Judenmord, Frankfurt am Main 1986, S. 95 f.

217 Weiß, a. a. O., S. 438

218 Ebenda, S. 106 f.

219 Heydecker, Joe J. und Johannes Leeb: Der Nürnberger Prozess, Köln 1995, S. 64 f, 451 ff., 486 ff.

220 Seidel, a. a. O., S. 380

221 Roth, Markus: Herrenmenschen. Die deutschen Kreishauptleute im besetzten Polen – Karrierewege, Herrschaftspraxis und Nachgeschichte, Göttingen 2009, S. 504

222 Ebenda, S. 486

223 BArch Ludwigsburg B 162/6494; Tschellnig, a. a. O.; Kuretsidis-Haider, Claudia: Österreichische KZ-Prozesse. Eine Übersicht; in: Justiz und Erinnerung Nr. 12 (Dezember 2006), S. 19. Ich danke Winfried Garscha vom Dokumentationsarchiv für österreichischen Widerstand (DÖW) für weitere Informationen über Otto Perkounig.

224 BArch Ludwigsburg B 162/6495. Ich danke Winfried Garscha vom Dokumentationsarchiv des österreichischen Widerstands (DÖW) für weitere Informationen über Franz Anker.

225 Ich danke Alfred Gottwaldt für Informationen über Otto Stange

226 Landesarchiv Berlin B Rep. 057-01, Nr. 1718

Literatur und Quellen

Literatur

Adler, H.G.: Der verwaltete Mensch. Studien zur Deportation der Juden aus Deutschland, Tübingen 1974

Anonym: Die letzten Tage des deutschen Judentums (Berlin Ende 1942), Tel Aviv 1943

Bacon, Gershom: National Revival, Ongoing Acculturation – Jewish Education in Interwar Poland; in: Jahrbuch des Simon-Dubnow-Instituts 2002, Leipzig 2002, S. 71–92

Baedeker, Karl (Hg.): Das Generalgouvernement, Leipzig 1943

Balke, Ralf: Hakenkreuz im Heiligen Land. Die NSDAP-Landesgruppe Palästina, Erfurt 2001

Bauer, Yehuda: From Diplomacy to Resistance. A History of Jewish Palestine 1939–1945, Philadelphia 1970

Broszat, Martin und Norbert Frei (Hg.): Das Dritte Reich im Überblick. Chronik, Ereignisse, Zusammenhänge, München 1999

Bundesarchiv (Hg): Gedenkbuch. Opfer der Verfolgung der Juden unter der nationalsozialistischen Gewaltherrschaft in Deutschland 1933–1945, Koblenz 2006 (vier Bände)

Des Cars, Jean und Jean Paul Caracalla: The Orient Express, London 1984

Carmel, Alex: Die Siedlungen der württembergischen Templer in Palästina 1868–1918, Stuttgart 1973

Cartier, Raymond: Der Zweite Weltkrieg, München 1985

Chrostowski, Witold, Extermination Camp Treblinka, London 2004

Cohen, Raya: Das Riegner-Telegramm – Text, Kontext und Zwischentext; in: Tel Aviver Jahrbuch für deutsche Geschichte 1994, XXIII, S. 301–324

Deutsche Reichsbahn (Hg.): Kursbuch, Gesamtausgabe, gültig vom 2. November 1943 an, Berlin 1942

Deutsche Reichsbahn (Hg.): Zug- und Wagenverzeichnis der Schnellzüge und Eilzüge, Berlin 1942

Döscher, Hans-Jürgen: Das Auswärtige Amt im Dritten Reich. Diplomatie im Schatten der »Endlösung«, Berlin 1987

Engwert, Andreas und Susanne Kill (Hg.): Sonderzüge in den Tod. Die Deportationen mit der Deutschen Reichsbahn, Köln 2009

Eretz Israel Museum (Hg.): Chronicle of a Utopia. The Templars in the Holy Land, 1868–1948, Tel Aviv 2006

Franzke, Jürgen: Bagdad- und Hedjazbahn. Deutsche Eisenbahngeschichte im Vorderen Orient, Nürnberg 2003

Freeman, Joseph: Job: The Story of a Holocaust Survivor, St. Paul 2003

Friedlaender, Henry: Der Weg zum NS-Genozid. Von der Euthanasie zur Endlösung, Berlin 1997

Friedländer, Saul: Das Dritte Reich und die Juden. Die Jahre der Verfolgung. 1933–1939, München 1998

Friedman, Max Paul: The U.S. State Department and the Failure to Rescue: New Evidence on the Missed Opportunity at Bergen-Belsen; in: Holocaust and Genocide Studies Vol. 19 (2005), No. 1, S. 26–50

Friedman, Tuviah: Treblinka. Ein NS-Vernichtungslager im Rahmen der »Aktion Reinhard«, Haifa 1997

Friling, Tuvia: Arrows in the Dark: David Ben-Gurion, the Yishuv-Leadership and Rescue Attempts during the Holocaust, Madison/Wisc. 2005 (2 Bände)

Generaldirektion der Ostbahn (Hg.): Amtlicher Taschenfahrplan für das Generalgouvernement 1942, Krakau 1942

Gerson, Daniel: Deutsche und Juden in Polen, 1918–1939; in: Jahrbuch für Antisemitismusforschung 1993, S. 62–91

Gilbert, Martin: Israel. A History, New York 1998

Gold, Ben-Zion: The Life of Jews in Poland before the Holocaust, Lincoln 2007

Gottwaldt, Alfred und Diana Schulle: »Juden ist die Benutzung von Speisewagen untersagt.« Die antijüdische Politik des Reichsverkehrsministeriums zwischen 1933 und 1945, Berlin 2007

dies.: Die »Judendeportationen« aus dem Deutschen Reich 1941–1945, Wiesbaden 2005

ders.: Orte der »Judendeportationen« in Berlin; in: Gleis 17, hg. von Nikolaus Hirsch, Wolfgang Lorch und Andrea Wandel, Berlin 2009, S. 168–185

Gross, Jan Thomas: Fear, New York 2006

Gut Opdyke, Irene und Jennifer Armstrong: Wer ein Leben rettet... Eine wahre Geschichte aus dem Holocaust, München/Zürich 2000

Gutman, Israel (Hg.): Enzyklopädie des Holocaust, Berlin 1993 (3 Bände)

Gutman, Jakob: Die Erinnerungen eines Holocaust-Überlebenden. Veröffentlichungen zur Geschichte des KZ Hessental Band 1, Schwäbisch Hall 2007

Gutman, Yisrael u.a. (Hg.): The Jews of Poland Between two World Wars, Hanover/USA 1989

Guttstadt, Corry: Die Türkei, die Juden und der Holocaust, Berlin/Hamburg 2008

Heller, Celia S.: On the Edge of Destruction. Jews of Poland between the two World Wars, Detroit 1994

Herrmann, Simon Heinrich: Austauschlager Bergen-Belsen. Geschichte eines Austauschtransports, Tel Aviv 1944

Heydecker, Joe J. und Johannes Leeb: Der Nürnberger Prozeß, Köln 1995

Hilberg, Raul: Die Vernichtung der europäischen Juden, Frankfurt am Main 1990 (3 Bände)

ders.: Sonderzüge nach Auschwitz, Mainz 1981

Hildebrand, Klaus: Die Deutsche Reichsbahn in der nationalsozialistischen Diktatur 1933–1945; in: Gall, Lothar und Manfred Pohl (Hg.): Die Eisenbahn in Deutschland, München 1999, S. 165–243

Hillenbrand, Klaus: Nicht mit uns. Das Leben von Leonie und Walter Frankenstein, Frankfurt am Main 2008

Hillgruber, Andreas und Gerhard Hümmelchen: Chronik des Zweiten Weltkriegs, Düsseldorf 1978

Horn, Joseph: Mark it with a Stone, Fort Lee 2008

Initiative KZ-Gedenkstätte Schwäbisch Hall-Hessental (Hg.): KZ-Gedenkstätte Schwäbisch Hall-Hessental, Schwäbisch Hall o.J.

Karay, Felicja: Death Comes in Yellow, Amsterdam 1996

Klee, Ernst: Was sie taten – Was sie wurden. Ärzte, Juristen und andere Beteiligte am Kranken- und Judenmord, Frankfurt am Main 1986

Kolb, Eberhard: Bergen-Belsen. Vom »Aufenthaltslager« zum Konzentrationslager 1943–1945, Göttingen 2002

Korman, Les: The Story of my Life, o.O., o.J. (Privatdruck)

Korman Les (Hg.): The Legacy of Hantshie Korman, Radom 1894 – Treblinka 1942, Jerusalem 2003 (Privatdruck)

Kosmala, Beate: Die jüdische und die deutsche Minderheit in der Republik Polen (1918–1939); in: Deutsche und Polen – 1.9.1939 – Abgründe und Hoffnungen, hg. von Burkhard Asmuss und Bernd Ulrich, Dresden 2009, S. 34–40

Kunz, Norbert: Die Krim unter deutscher Herrschaft 1941–1944, Darmstadt 2005

Kuretsidis-Haider, Claudia: Österreichische KZ-Prozesse. Ein Überblick; in: Justiz und Erinnerung, hg. vom Verein zur Erforschung nationalsozialistischer Gewaltverbrechen und ihrer Aufarbeitung, Nr. 12 (Dezember 2006), S. 14–21

Kurtz, Jakob: Book of Witness, o. O., o. J. (ca. 1944, hebräisches Original)

Kuwalek, Robert; Das kurze Leben »im Osten«. Jüdische Deutsche im Distrikt Lublin aus polnisch-jüdischer Sicht; in: Kundras, Birthe und Beate Meyer (Hg.) Die Deportation der Juden aus Deutschland, Göttingen 2004, S. 112–134

Kwiet, Konrad: German-Jewish Refugees in Australia; in: The Australian Journal of Politics and History, Vol. 31, No. 1 (1985), S. 61–77

KZ-Gedenkstätte Vaihingen/Enz (Hg.): Das Konzentrationslager »Wiesengrund«, Vaihingen/Enz 2002

Laqueur, Walter: Was niemand wissen wollte: Die Unterdrückung der Nachrichten über Hitlers »Endlösung«, Berlin 1981

Lipson, Alfred (Hg.): The Book of Radom, o. O., 1963

Longerich, Peter: Heinrich Himmler. Biographie, München 2008

Mainz, Anni: Das ist Tel Aviv! Hamburg o. J. (ca. 1936)

Mallmann, Klaus-Michael und Bogdan Musial (Hg.): Genesis des Genozids. Polen 1939–1941, Darmstadt 2004

Mallmann, Klaus-Michael und Martin Cüppers: »Beseitigung der jüdisch-nationalen Heimstätte in Palästina«. Das Einsatzkommando bei der Panzerarmee Afrika 1942; in Matthäus, Jürgen und Mallmann, Klaus-Michael (Hg.): Deutsche, Juden, Völkermord, Darmstadt 2006, S. 153–176

Mallmann, Klaus-Michael und Martin Cüppers: Halbmond und Hakenkreuz. Das Dritte Reich, die Araber und Palästina, Darmstadt 2006

Marcus, Joseph: Social and Political History of the Jews in Poland 1919–1939, Berlin 1983

Marrus, Michael: The Holocaust in History, Hanover/USA 1997

Mattiello, G. und W. Vogt: Deutsche Kriegsgefangenen- und Internierteneinrichtungen 1939–1945, o. O., o. J.

Meier-Cronemeyer, Hermann: Kleine Geschichte des Zionismus. Von den Anfängen bis zum Jahre 1948, Berlin 1980

Melzer, Emanuel: No Way Out. The Politics of Polish Jewry 1935–1939, Cincinnati 1997

Michlic, Joanna Beata: Poland's Threatening Other. The Image of the Jew from 1880 to the Present, Lincoln 2006

Mlynarczyk, Jacek Andrzej: Judenmord in Zentralpolen. Der Distrikt Radom im Generalgouvernement 1939–1945, Darmstadt 2007

Moser, Arnulf: Die Grenze im Krieg. Austauschaktionen für Kriegsgefangene und Internierte am Bodensee 1944/45, o. O. 1985

Mühl, Albert: 75 Jahre Mitropa, Freiburg 1992

Musial, Bogdan (Hg.): »Aktion Reinhardt«. Der Völkermord an den Juden im Generalgouvernement 1941–1944, Osnabrück 2004

ders.: Die Zivilverwaltung und der Holocaust. Verfolgung und Vernichtung der Juden im Generalgouvernement, in: Löw, Andrea u.a.: Deutsche – Juden – Polen, Frankfurt am Main/New York 2004, S. 97–117

Neuhauser-Pfeiffer, Waltraut und Karl Ramsmaier: Vergessene Spuren. Die Geschichte der Juden in Steyr, Linz 1993

Nicosia, Francis R.: The Third Reich and the Palestine Question, London 1985

Noll, Dieter (Hg.): Die Hedschas-Bahn – Eine deutsche Eisenbahn in der Wüste, Werl 1995

Ofer, Dalia: The Activities of the Jewish Agency Delegation in Istanbul in 1943; in: Rescue Attempts during the Holocaust, Proceedings of the Second Yad Vashem International Historical Conference, Jerusalem, April 8–11, 1974, Jerusalem 1977, S. 435–451

Oppenheim, A. N.: The Chosen People. The Story of the ›222 Transport‹ from Bergen-Belsen to Palestine, London 1996

Palästina-Amt der Jewish Agency for Palestine (Hg.): Alijah. Informationen für Palästina-Auswanderer, 8. Auflage, Berlin 1936

Penkower, Monty Noam: Decision on Palestine Deferred. America, Britain and Wartime Diplomacy 1939–1945, London 2002

Perz, Bertrand: Projekt Quarz. Steyr-Daimler-Puch und das Konzentrationslager Melk, Wien 1990

Pohl, Manfred, Von Stambul nach Bagdad. Die Geschichte einer berühmten Eisenbahn, München 1999

Pohanka, Reinhard: Pflichterfüller. Hitlers Helfer in der Ostmark, Wien 1997

Porat, Dina: The Blue and the Yellow Stars of David. The Zionist Leadership in Palestine and the Holocaust 1939–1945, Cambridge/Mass. 1990

Rabinovici, Doron: Instanzen der Ohnmacht. Wien 1938–1945. Der Weg zum Judenrat, Frankfurt am Main 2000

Rahe, Thomas: Das Evakuierungslager Bergen-Belsen; in: Dachauer Hefte, Jg. 2004, Heft 20, S. 47–57

Reichsministerium des Innern (Hg.): Ministerialblatt des Reichs- und Preußischen Ministeriums des Innern, Berlin, 7. (103.) Jahrgang 1942

Roth, Markus: Herrenmenschen. Die deutschen Kreishauptleute im besetzten Polen – Karrierewege, Herrschaftspraxis und Nachgeschichte, Göttingen 2009

Rubinstein, William D.: The Myth of Rescue. Why the Democracies could not have saved more Jews from the Nazis, London/New York 2000

Rückerl, Adalbert (Hg.): NS-Vernichtungslager im Spiegel deutscher Strafprozesse, München 1977

Rüter, C. F. (Hg.): DDR-Justiz und NS-Verbrechen. Sammlung ostdeutscher Strafurteile wegen nationalsozialistischer Tötungsverbrechen, Bd. 1, Amsterdam/München 2002

Rutkowski, A.: The Martyrdom, Struggle and Extermination of the Jewish Population in Radom District during the Hitlerite Occupation; in: BZIH, 15/16, 1955 (Original Polnisch)

Rutland, Suzanne D.: Edge of the Diaspora. Two Centuries of Jewish Settlement in Australia, New York 2001

dies.: Australian responses to Jewish refugee migration before and after World War II; in: The Australian Journal of Politics and History, Vol. 31, No. 1 (1985), S. 29–48

dies.: »Buying out of the Matter«: Australia's Role in Restitution for Templer Property in Israel; in: The Journal of Israeli History, Vol. 24, No. 1 (March 2005), S. 135–154

Sauer, Paul: Uns rief das Heilige Land. Die Tempelgesellschaft im Wandel der Zeit, Stuttgart 1985

Sauerland, Karol: Die polnische Gesellschaft in der Sicht der deutschen Besatzungszeit aus jüdischer Sicht, in: Löw, Andrea: Deutsche – Juden – Polen, a.a.O., S. 137–156

Schenk, Dieter: Hans Frank. Hitlers Kronjurist und Generalgouverneur, Frankfurt am Main 2006

Schlör, Joachim: Tel Aviv – Vom Traum zur Stadt, Frankfurt am Main 1999

Schulze, Werner: »Keeping very clear of any ›Kuh-Handel‹«: The British Foreign Office and the Rescue of Jews from Bergen-Belsen; in: Holocaust and Genocide Studies Vol. 19 (2005), No. 2, S. 226–251

Seidel, Robert: Deutsche Besatzungspolitik in Polen. Der Distrikt Radom 1939–1945, Paderborn 2006

Shaw, Stanford J.: Turkey and the Holocaust. Turkey's Role in Rescuing Turkish and European Jewry from Nazi Persecution 1933–1945, New York 1993

Steinmatzky Palästina Führer, Jerusalem 1935

Szende, Stefan: Der letzte Jude aus Polen, Zürich 1945

Tempelgesellschaft in Deutschland (Hg.): Damals in Palästina. Templer erzählen vom Leben in ihren früheren deutschen Siedlungen in Palästina sowie von ihrer Vertreibung, Stuttgart 2008

Tomaszewski, Jerzy: Between the Social and the National – The Economic Situation of Polish Jewry, 1918–1939; in: Jahrbuch des Simon-Dubnow-Instituts 2002, Leipzig 2002, S. 55–70

Trietsch, Davis: Palästina-Handbuch, Berlin 1912

Tschellnig, Elisabeth: »Uns kann nichts geschehen: Gewinnen wir den Krieg, sind wir Deutsche, verliert Deutschland den Krieg, sind wir Österreicher!« Der Kriegsverbrecherprozess gegen Otto Perkounig vor dem Volksgericht Innsbruck im Jahre 1953, Diplomarbeit, Innsbruck, 1998

Urban, Susanne: »Rettet die Kinder!« Die Jugend-Aliyah 1933 bis 2003. Ausstellungskatalog, Frankfurt am Main o.J. (2003)

Wasserstein, Bernard: Britain and the Jews of Europe 1939–1945, London 1979

Wawrzyn, Heidemarie: Ham and Eggs in Palestine. The Auguste Victoria Foundation 1898–1939, Marburg 2005

Weitkamp, Sebastian: Braune Diplomaten. Horst Wagner und Eberhard von Thadden als Funktionäre der »Endlösung«, Bonn 2008

Wenck, Alexandra-Eileen: Das »Sonderlager« im Konzentrationslager Bergen-Belsen. Polnische Juden als Austauschgefangene; in: Dachauer Hefte, Jg. 1998, Heft 14, S. 254–277

dies.: Zwischen Menschenhandel und »Endlösung«: Das Konzentrationslager Bergen-Belsen, Paderborn 2000

Weinmann, Martin und Anne Kaiser (Hg.): Das nationalsozialistische Lagersystem, Frankfurt am Main 1990

Weiß, Hermann (Hg.): Biographisches Lexikon zum Dritten Reich, Frankfurt am Main 1998

Widmer, Paul: Die Schweizer Gesandtschaft in Berlin, Zürich 1997

Wildangel, René: Zwischen Achse und Mandatsmacht. Palästina und der Nationalsozialismus, Berlin 2007

Wildt, Michael: Generation des Unbedingten. Das Führungskorps des Reichssicherheitshauptamtes, Hamburg 2003

Witte, Peter und Michael Wildt, Martina Voigt, Dieter Pohl, Peter Klein, Christian Gerlach, Christoph Dieckmann, Andrej Angrick (Hg.): Der Dienstkalender Heinrich Himmlers 1941/42, Hamburg 1999

Yad Vashem (Hg.): From Bergen-Belsen to Freedom, Jerusalem 1986

Zeugin, Bettina und Thomas Sandkühler: Die Schweiz und die deutschen Lösegelderpressungen in den besetzten Niederlanden, Zürich 2001

Zweig, Ronald W.: Britain and Palestine during the Second World War, London 1986

Zeitungen und Zeitschriften

Amtsblatt des Chefs des Distrikts Radom im Generalgouvernement für die besetzten polnischen Gebiete
Jahrgänge 1939, 1940

Haaretz
28.02.2008, 04.05.2009

Jüdische Rundschau
19.06.1936, 23.06.1936, 26.06.1936, 30.06.1936

Manchester Guardian
01.09.1942

Palestine Post
31.08.1939, 08.11.1939, 02.01.1940, 08.02.1940, 29.07.1940, 23.01.1941,
04.05.1941, 03.08.1941, 17.12.1941, 21.12.1941, 01.09.1942, 13.11.1942,
17.11.1942, 22.11.1942, 23.11.1942, 01.12.1942, 20.12.1942, 23.12.1942,
24.12.1942, 31.12.1942, 20.01.1943, 22.02.1943, 01.04.1943, 20.10.1943,
26.10.1943, 31.10.1943, 12.02.1944, 24.05.1944, 11.07.1944, 12.07.1944,
13.07.1944

Profil
26.03.1990

Newsweek Magazine
28.12.1942

The New York Times
24.11.1942

Die Reichsbahn
Jahrgang 1942, Nr. 22/23, 24/25, 26/27, 28/29

Time Magazine
09.11.1942, 21.12.1942

The Times
17.10.1942, 13.11.1942, 14.11.1942, 01.12.1942, 04.12.1942, 08.12.1942,
05.04.1943

Der Treuhänder. Mitteilungsblatt der Treuhand-Außenstelle Radom, Radom
Jahrgänge 1941, 1942

Wiener Mittag
14.11.1942

Wiener Neueste Nachrichten
14.11.1942

Die Zeit
29.02.1980

Internet

Bundesarchiv: Gedenkbuch. Opfer der Verfolgung der Juden unter der nationalsozialistischen Gewaltherrschaft 1933–1945,
www.bundesarchiv.de/gedenkbuch/

Yad Vashem: The Central Database of Shoah Victims' Names,
www.yadvashem.org/wps/portal/IY_Hon_Entrance

Archivalien

Bayerisches Hauptstaatsarchiv, München
Landesentschädigungsamt Nr. 20898

Bundesarchiv, Berlin (BArch Berlin)
NS 19/186
R 52/II Regierung des Generalgouvernements
31XX, verschiedene Bestände
3200A, verschiedene Bestände
PK-G303
RS-0092
RS-D311
RS-E0517
SSO-216 A
ZA VI 0192 A.5

Bundesarchiv, Außenstelle Ludwigsburg (BArch Ludwigsburg)
B 162/4870
B 162/4874
B 162/5930
B 162/6479
B 162/6482
B 162/6484
B 162/6494
B 162/6495
B 162/6496
B 162/6504
B 162/6510
B 162/6515
B 162/6525
B 162/6528
B 162/6603
B 162/19172

Leo Baeck Institute, New York (LBI)
ME 1312

Central Zionist Archives, Jerusalem (CZA)
S26/1159
S25/5183
S6/4526
S104/597
Sc6/158/1108

Dokumentationsarchiv des österreichischen Widerstands, Wien (DÖW)
21.288/3B

International Tracing Service/Internationaler Suchdienst, Arolsen (ITS)
5.55-9.74 List of interned Jewish civilians
Anfrage der United Restitution Organization von 1957 zu Israel Sumer Korman,
Salomon Zalcberg
Unterlagen zu Salomon Zalcberg (Salzberg):
Anlage zum Schutzhaftlager-Rapport des KZ Natzweiler vom 30.9.1944
Auszug aus Transportliste des KZ Natzweiler
Fragebogen des Military Government of Germany für Insassen des KZ Dachau
Befreiungsschein des KZ Dachau
Karteikarte des Central Committee of Liberated Jews, München
Application for Assistance PCIRO vom 10.3.48 wegen Emigration nach Australien
Auszug aus Liste von Personen, die sich in München aufhalten
Inhaftierungs- und Aufenthaltsbescheinigung des ITS vom 29.5.55
Unterlagen zu Mordechai (Mordka) Korman:
Anlage zum Schutzhaftlager-Rapport des KZ Natzweiler vom 30.9.44
Auszug aus Transportliste des KZ Natzweiler
Fragebogen des Military Government of Germany für Insassen des KZ Dachau
Registrierungsunterlage des KZ Dachau (nach der Befreiung)
Application for Assistance PCIRO vom 8.3.1948 wegen Emigration nach Australien
Schreiben der Israelitischen Kultusgemeinde München vom 10.3.1948
Auszug aus Mitgliederliste der Israelitischen Kultusgemeinde München vom
26.2.1948
Schreiben des Bayerischen Landesentschädigungsamts vom 16.5.1957
Anwaltliches Schreiben an den ITS vom 22.9.1955
Schreiben des Central Committee an die Hebrew Immigrant Aid Society, München,
vom 20.5.1946
Schreiben der Hebrew Immigrant Aid Society an das Jewish Committee vom
30.4.1946
Anschreibebogen an das Bayerische Landesentschädigungsamt vom 28.6.1957
Inhaftierungs- und Aufenthaltsbescheinigung des ITS vom 2.12.1955

Landesarchiv Berlin
B Rep. 004 Nr. 861
B Rep. 057-01 Nr. 1718
C Rep. 375-01-08 Nr. 8799 A.21

Politisches Archiv des Auswärtigen Amts, Berlin (PAAA)
R 41527
R 41528
R 41529
R 41530

R 41531
R 41532
R 41533
R 41534
R 41535
R 127591
Rep. IV Nr 636 (3 Bd.)
R 100852 Inland II geheim
R 100878 Inland II geheim
R 99.491 Inland II A/B

National Archives of the United Kingdom, London
CO 980/73
CO 980/75
CO 980/76
DEFE 1/336
DEFE 1/337
FO 369/2546
FO 369/2565
FO 371/30924
FO 371/30925
FO 371/36707
FO 741/10
FO 916/11
FO 916/39
FO 916/76
FO 916/94
FO 916/95
FO 916/233
FO 916/253
FO 916/282
FO 916/289
FO 916/524
FO 916/599
KV 2/1163

National Archives, Washington
T 77 Roll 619, German Records, German Arament Command Radom.
Kriegstagebuch

Schweizerisches Bundesarchiv, Bern
Akte 2500 Ak. 1968/87, Bd. 8

Yad Vashem Archives, Jerusalem (YV)
03/6282
03/10378
06/430
06/435
06/429
012/1
012/2
012/9
012/12
012/22

Privatbesitz Ian Korman
Personalblatt Chaim Shlomo Zelcberg, 1946
Auszug aus dem Geburtsregister der Familie Korman, Radom
Einwanderungsbestätigung für Palästina, 1942

Dank

Ian Korman, Goldcoast/Australien,
der es auf sich nahm, sich mehrfach den auch schmerzhaften Fragen des Autors nach seiner Vergangenheit zu stellen. Ohne seine immerwährende und freundliche Auskunftsbereitschaft und Gastfreundschaft hätte dieses Buch nicht geschrieben werden können.

Lesley Korman, Goldcoast/Australien;
Martina Voigt, Berlin, Gedenkstätte Deutscher Widerstand;
Oded Amarant, Tel Aviv;
Andrej Angrick, Berlin;
Ulrich Asentorfer, Adelaide;
Judith Becker, Jerusalem;
Hannah Blau, Tel Aviv;
Jan Feddersen, Berlin, taz;
Tuvia Friling, Ben-Gurion-Universität Negev;
Winfried Garscha, Dokumentationsarchiv des Österreichischen Widerstands, Wien;
Yoav Gelber, Technion Haifa;
Alfred Gottwaldt, Berlin, Museum für Verkehr und Technik;
Ulrike Harnisch, Berlin, Übersetzungen aus dem Hebräischen;
Sarah Horst, Bern;
Brigitte Kneher, Kirchheim unter Teck;
Konrad Kwiet, Universität Sydney;
Tali Konas, Kirjat-Ono, Transkriptionen des Hebräischen;
Yaron Perry, Technion Haifa;
Robert Seidel, Wuppertal;
Ines Sonder, Berlin, Moses Mendelssohn-Institut, Potsdam;
Julia Stetter, Berlin;
Heidemarie Wawrzyn, Jerusalem;
American Jewish Archives, Cincinnati/Ohio;
Bayerisches Hauptstaatsarchiv, München;
Leo Baeck Institute, New York City, Jerusalem und Berlin;
Bundesarchiv der Bundesrepublik Deutschland, Berlin und Ludwigsburg;
Central Zionist Archives, Jerusalem;
Deutsche Bahn Museum, Nürnberg;
Deutscher Wetterdienst, Offenbach;
Ortsverwaltung Dingelsdorf, Konstanz;
Gedenkstätte Bergen-Belsen;

Gedenkstätte Deutscher Widerstand, Berlin;
Imperial War Museum, London;
Initiative KZ-Gedenkstätte Hessental;
Internationales Komitee vom Roten Kreuz, Genf;
Internationaler Suchdienst, Arolsen;
Botschaft des Staates Israel, Berlin;
Israel Railway Museum, Haifa;
Israel State Archives, Jerusalem;
Jüdische Gemeinde Berlin, Bibliothek;
Militärgeschichtliches Forschungsamt, Potsdam;
Archiv des Museums für Verkehr und Technik, Berlin;
Landesarchiv Berlin;
National Archives of the United Kingdom, London;
Oberösterreichisches Landesarchiv, Linz;
Politisches Archiv des Auswärtigen Amts, Berlin;
Archivum Panstwowe w Radomiu, Radom;
Schweizerisches Bundesarchiv, Bern;
Sydney Jewish Museum, Sydney;
Archiv der Tempelgesellschaft, Stuttgart;
Tiroler Landesarchiv, Innsbruck;
Stiftung Topographie des Terrors, Berlin;
Stadt Wien, Fonds Soziales Wien;
Wiener Stadt- und Landesarchiv;
Bürgeramt Wilhelmsdorf;
Yad Vashem Archives, Jerusalem
Zentrum für Antisemitismusforschung
an der Technischen Universität Berlin,
Archiv und Bibliothek.

Generalgouvernement
Vom Deutschen Reich besetzter und nicht
annektierter Teil Polens in den Grenzen von 1942

O s t s e e

Königsberg ◉

Danzig ◉

**REICHSGAU
DANZIG-
WESTPREUSSEN**

Stettin ◉

Schneidemühl ◉

Ciechanov
Zichenau

DEUTSCHES REICH
(mit den annektierten Gebieten Polens)

◉ Berlin

Posen ◉

**REICHSGAU
WARTHELAND**

Kutno
◉

Chelmno/ ◈
Kulmhof

Lodz ◉

Glogau ◉

Piotrkow ◉

**UNTER-
SCHLESIEN**

Dresden
◉

Breslau ◉

RADO

OBERSCHLESIEN

◉ Prag

Kattowitz ◉

Auschwitz ◈ Kra

─────── Grenze des Deutschen Reichs

─ ─ ─ ─ Grenze der preußischen Provinzen,
der Reichsgaue und des Generalgouvernements

▬ ▬ ▬ ▬ Grenze des Bezirks Bialystok

·········· Distriktgrenzen im Generalgouvernement

·─·─·─· Grenzen der Reichskommissariate Ukraine und Ostland

◈ Vernichtungslager im Generalgouvernement und Umgebung

·──··──·· Grenze des Deutschen Reichs 1939